CHARLES MUNCH

DU MÊME AUTEUR

Francis Poulenc, une biographie, Espasa-Calpe, Madrid, 1978.

Theo Adam, une biographie, Opéra-International, 1979.

Mauricio Kagel: Passion selon saint Bach, livret, textes et entretien traduits de l'allemand, Musica-Dernières Nouvelles d'Alsace, 1985.

Autrement: l'Opéra, numéro dirigé par Philippe Olivier, Autrement, 1985.

La musique au quotidien (Préface de Pierre Boulez), Balland, 1985.

PHILIPPE OLIVIER

CHARLES MUNCH

Une biographie
par le disque

PIERRE BELFOND
216, boulevard Saint-Germain
75007 Paris

Table

PRÉAMBULE

Alors que l'Orchestre de Paris se produit depuis deux décennies et que le souvenir de son fondateur demeure vivace, il n'existait encore pas le moindre livre consacré à Charles Munch, figure emblématique dans Berlioz, Debussy ou Ravel, chef chaleureux et romantique de tempérament dont le critique du *Boston Herald* écrivait en 1952 : « Écouter un programme français dirigé par lui correspond à savoir ce que l'expression *la gloire* signifie en musique. Il célèbre ce répertoire de manière admirable. Il maîtrise le style français avec une sympathie née non seulement de l'intellect mais aussi d'un sens précieux de l'héritage et de l'intuition. »

Mais, si le seul nom de l'illustre interprète de la *Symphonie fantastique* provoque toujours l'enthousiasme d'artistes tels que Seiji Ozawa ou Semyon Bychkov, si sa mémoire reste indélébile parmi les mélomanes, le rassemblement d'une documentation livresque, iconographique et discographique à lui consacrée procède souvent d'investigations policières. Devant l'inexistence de la première de ces sources, il nous a fallu dépouiller des centaines d'articles parus dans la presse entre 1932 et 1968, année de la mort du maestro, mener des entretiens avec une vingtaine de témoins de sa vie privée comme professionnelle, écouter les conversations radiodiffusées qu'il eut jadis en compagnie de Roland-Manuel.

Le travail iconographique n'a guère été aisé non plus. En dehors des rares documents — toujours les mêmes ! — qu'on voit partout, les sources restent maigres. Sans l'aide précieuse de quelques personnes, on risque vite de se cantonner au seul album photographique de Constantin Manos, *Portrait of a Symphony*, essentiellement voué à la vie de certaine formation orchestrale de Boston lorsque Munch en était le directeur musical. Quant aux sources télévisées, elles sont squelettiques. On a beau procéder, ici et là, à des investigations approfondies, interroger les services de l'Institut National de l'Audiovisuel ou fouiller des collections conservées outre-Atlantique, la moisson reste maigre. Elle apporte, en fin de course, la seconde suite de *Daphnis et Chloé* de Ravel ainsi que la cantate *Pacem in terris* de Milhaud, tournée en la cathédrale Notre-

Dame de Paris : un résultat des plus minces, eu égard à la notoriété du grand chef alsacien.

Il en va de même avec sa discographie. Pourtant, celle-ci a été constituée au cours de... trente-trois années de travail. Elle semble commencer le 9 juillet 1935 — jour de l'enregistrement du *Quatrième Concerto pour piano* de Saint-Saëns avec Alfred Cortot et la Société des Concerts — et s'achever en septembre 1968. La Société, devenue entre-temps l'Orchestre de Paris, grave alors un disque Ravel-Munch resté célèbre : on le trouve toujours dans le commerce. On ne saurait, hélas ! en écrire autant à propos des quelque 100 enregistrements analysés au cours de la seconde partie de ce livre, *Explorations discographiques*. Début 1987, seuls 17 d'entre eux demeuraient accessibles au public. Y compris les trois *disques compacts* désormais voués à des repiquages de Ravel, de la *Fantastique* et du *Second Concerto pour violon* de Prokofiev par Jascha Heifetz. On se réjouissait aussi des rumeurs relatives à une réapparition de la *Première Symphonie* de Brahms, un des musts munchiens, grâce à une importation du Japon.

A la rentrée de septembre, la situation évolua soudain d'une manière légèrement plus satisfaisante. Le vingtième anniversaire de la disparition de Munch approchant, trois disques noirs eurent droit à une réédition : le *Concerto pour clarinette* de Mozart par Benny Goodman, le *Concerto pour orgue, cordes et timbales* de Poulenc ainsi que la *Troisième Symphonie* de Saint-Saëns. Par ailleurs, de nouveaux compacts servirent de support de choix à la reprise de gravures anciennes.

Le *Requiem* de Berlioz, réalisé à Boston, la *Symphonie en ré mineur*, *Le chasseur maudit* et les *Variations symphoniques* de Franck, *Pélléas et Mélisande* selon Fauré et l'ouverture de *Pénélope, Ma mère l'Oye* de Ravel et la *Pathétique* de Tchaïkovsky constituaient ces retrouvailles.

Il serait malséant d'oublier les pages de Debussy, Dutilleux, Honegger et Roussel puisées parmi des archives radiophoniques et récemment publiées par les disques Montaigne pour la constitution d'une collection nouvelle : les grands concerts inédits du Théâtre des Champs-Elysées. A ce compact se sont ajoutés, durant l'automne, quatre autres homologues réalisés lors de manifestations publiques données dans la fameuse salle de l'avenue Montaigne comme à Baden-Baden, Besançon, Édimbourg, Montréal et Stuttgart. Le premier est voué à Berlioz, le deuxième à Brahms et Schumann, le troisième à Dukas, Fauré et Franck, le quatrième à Roussel.

Autrement dit, les occurrences de présence de Munch chez les disquaires se sont un peu améliorées. Une large dizaine de compacts fait dorénavant bien meilleur effet que les trois malheureuses galettes disponibles début 1987 ! Pourtant, tout est relatif ; par rapport à sa longue et intense activité discographique, l'héritage actuel de l'Alsacien demeure quand même spartiate.

A cet égard, la position du maestro, victime des fameux retraits du catalogue, s'oppose à l'imposante permanence discographique d'un Karajan, d'un Arturo Toscanini et — surtout — d'un Wilhelm Furtwängler, son supérieur hiérarchique au Gewandhaus de Leipzig. Les amoureux de l'art de Munch affirmeront qu'à force de persévérance il est loisible de se constituer une belle palette de gravures en acquérant des prestations dites pirates, telles que le *Troisième Concerto pour piano* de Beethoven dans lequel il accompagne Clara Haskil. Il s'agit, en l'espèce, d'une bande découverte en Italie, puis commercialisée en Angleterre et aux Etats-Unis. D'autres passionnés recommanderont à l'amateur de faire tourner son enregistreur de cassettes durant les nocturnes *Concerts d'Archives* diffusés régulièrement sur les ondes de France-Musique. Cette suggestion est, en effet, très avisée. Elle peut permettre de retrouver Munch aux côtés de Suzanne Danco dans *Schéhérazade* de Ravel, de la violoniste Annie Giraud aux prises avec Khatchaturian ou de Samson François jouant le *Concerto pour piano* de Schumann. Ces documents, réalisés en compagnie de l'Orchestre National de la R.T.F., remontent respectivement à juillet 1950, juin 1954 et mars 1957.

Mais il ne s'agit là que de palliatifs. Des stratagèmes employés afin de remédier à une situation déjà esquissée. Cependant, ce livre n'aurait jamais pu être mené à bien si nous nous étions contenté d'enregistrements assez confidentiels, du type que nous venons d'indiquer, ou des microsillons et compacts actuellement disponibles dans le commerce : il n'aurait guère excédé une cinquantaine de pages. Nous avons donc adopté deux partis.

Le premier concerne les gravures retenues et commentées par nos soins. Toutes sont ou ont été commercialisées. Leur rassemblement s'est effectué avec la patience de l'amateur de timbres-poste rares. A cet effet, des déplacements professionnels dans divers pays d'Europe, au Canada et aux Etats-Unis se sont révélés profitables. Des boutiques spécialisées de Bruxelles, Cologne ou Milan en passant par la Phonothèque de Radio-France et le… Marché aux Puces de la Porte de Clignancourt ou l'excellent magasin *Sam's* à Toronto, aucune piste n'a été négligée. Nous avons découvert le *Concerto en fa mineur* de Chopin, joué par Alexandre Braïlowsky, dans les boîtes d'un bouquiniste parisien installé près de l'Ecole des Beaux-Arts. Ce microsillon, gravé en 1955, nous fut vendu sans pochette. Malheureusement, nous sommes rentré bredouille en ce qui concerne les 78 tours de Munch, du moins pour ceux qui ne furent pas repiqués à l'avènement du 30 centimètres. Ainsi, nous n'avons pas pu exhumer la fameuse série de musique française réalisée à Londres, après la Libération, avec la Société des

Concerts. Sa valeur documentaire aurait été grande. Pourquoi la Decca ne la tire-t-elle pas de ses réserves ?

La firme de disques britannique fut un des trois partenaires principaux de Munch, puisque ses contrats avec CBS, la Deutsche Gramophon, Erato, Festival et Hungaroton eurent un caractère sporadique. En ce qui concerne la Decca, leur entente couvrit deux périodes : l'immédiat après-guerre, comme on l'a noté, et les années 1966-1967 au cours desquelles Munch retourna vers Londres pour y enregistrer Offenbach et Respighi à la tête du New Philharmonia Orchestra. Le label Jubilee était, en effet, contrôlé par Decca. La deuxième maison à passer des accords avec le Strasbourgeois fut La Voix de son Maître. Ici encore, leur intermittence ne saurait échapper à l'observateur attentif. La collaboration entre les intéressés s'ouvre en 1938, lorsque le chef est nommé à la tête de la Société des Concerts, pour s'interrompre en 1945. Elle reprend en 1967 au moment de la constitution de l'Orchestre de Paris, et s'éteint un an plus tard à cause de la disparition de Munch. Quant au troisième et dernier partenaire, il a pour nom RCA. En vertu d'un contrat d'exclusivité passé en 1949 et rompu en 1965, Munch réalisera, de ce fait, de nombreux enregistrements sous étiquette américaine. Tout s'y prête, alors : sa mission au Boston Symphony, la logistique artistique et technologique de la RCA, les libéralités de celle-ci quand il s'agit de mettre en valeur les œuvres d'un grand mésestimé répondant au nom de Berlioz...

Venons-en, à présent, au second axe de structuration de notre ouvrage. Ce dernier comporte deux parties : *Traverses biographiques* et *Explorations discographiques*. La première permet de prendre connaissance des principales dates de la vie de Munch, de découvrir sa psychologie et de mesurer à quel point il se situa au croisement des cultures française et germanique. On y trouve aussi des développements relatifs au culte de Bach dans sa famille, à la manière plus intuitive qu'intellectuelle dont il exerçait son métier, à son lyrisme revendiqué et à sa collaboration suivie avec les formations qui s'appellent Boston Symphony, Société des Concerts et Orchestre de Paris. *Explorations discographiques* analyse ses enregistrements. Ceux-ci, classés par ordre alphabétique de compositeur, se voient étudiés, commentés et mis en relation avec la vie du maestro.

Une sèche nomenclature ne convient guère à ce personnage flamboyant. En outre, son intérêt pour Franck ou Saint-Saëns ne saurait être réduit à des réalisations discographiques. Le choix de Beethoven, Offenbach ou William Walton au moment de pénétrer en studio procède de préalables généraux dont la définition antérieure était indispensable. Il en va de même pour la passion berliozienne, debussyste et ravélienne de Munch. Dès lors, la nécessité de jeter souvent des passerelles entre l'existence de l'artiste et les seuls témoignages sonores qui subsistent de son style imposait des allées et venues incessantes.

Nous nous sommes également efforcé de définir la singularité du fameux interprète de *La mer* en mettant au jour des refus implicites, des lacunes de répertoire involontaires ou délibérées, des non-dits qui — parfois — renseignent mieux que de longs paragraphes. Ces nombreuses absences informeront sûrement de manière efficiente l'ensemble de nos lecteurs, en particulier ceux des générations nées après 1950. En effet, ces derniers n'ont généralement pas entendu Munch au concert et ne possèdent qu'une poignée de disques de lui, pour les raisons évoquées plus haut. Afin que Munch occupe une place importante — celle qui lui est due — dans la mémoire des mélomanes quelques années avant la célébration du centenaire de sa naissance, il était indispensable de procéder de cette façon.

Depuis 1945, le monde a connu des mutations gigantesques. De nouvelles valeurs sont apparues. Elles ont remplacé un credo qui ne doit pas sombrer dans l'oubli, même s'il est obsolète. Or, Munch en incarnait les paramètres artistiques. Il possédait aussi une foi de charbonnier devant la musique française de son temps, en dépit d'une vénération indubitable pour Bach, Beethoven et Brahms. Aujourd'hui, alors que les clameurs de nationalismes farouches et haineux se sont éteintes, cette double appartenance relève d'un esprit européen qui, à lui seul, vaut qu'on se passionne pour cet enfant de Strasbourg rendue à son étymologie : *Strass-Burg*, le château situé au croisement de voies de communication majeures...

Première partie

TRAVERSES
BIOGRAPHIQUES

« Par archives, j'entends d'abord la masse des choses dites dans une culture, conservées, valorisées, réutilisées, répétées et transformées. Bref, toute cette masse verbale qui a été fabriquée par les hommes, investie dans leurs techniques et leurs institutions et qui est tissée avec leur existence et leur histoire. Cette masse de choses dites, je l'envisage non pas du côté de la langue, du système linguistique qu'elles mettent en œuvre, mais du côté des opérations qui lui donnent naissance.

Mon problème pourrait s'énoncer ainsi : comment se fait-il qu'à une époque donnée, on puisse dire ceci et que jamais cela n'ait été dit ? C'est en un mot, si vous voulez, l'analyse des conditions historiques qui rendent compte de ce qu'on a dit ou de ce qu'on rejette, ou de ce qu'on transforme dans la masse des choses dites. »

Michel Foucault

CHRONOLOGIE

1891. Naissance à Strasbourg, le 26 septembre.

1896. Début des études musicales sous la direction de son père, Ernst Munch. Travaille déjà le violon.

1900. Quelques essais de composition : mélodies, une *Sonatine* et un fragment de *Quatuor à cordes*.

1905. Rencontre avec Vincent d'Indy, venu diriger à Strasbourg. Charles lui fait découvrir les vieux quartiers de la ville. Etudes au Gymnase protestant.

1912. Etudes de violon chez Lucien Capet à Paris. Inscription, de pure forme, à la Faculté de Médecine. Stage avec Carl Flesch, à Berlin.

1914. Enrôlement dans l'armée allemande. Charles est blessé à Verdun.

1918. Reçoit la nationalité française. « Reprise du violon le soir », le reste de la journée étant occupé par un modeste emploi à la Compagnie d'Assurances Rhin et Moselle...

1919. Professeur de violon au conservatoire de Strasbourg ; premier violon à l'Orchestre Municipal de la même ville. Munch exercera ces deux fonctions pendant six ans.

1925. Professeur au conservatoire de Leipzig et premier violon de l'orchestre du Gewandhaus. Collaboration étroite avec Wilhelm Furtwängler et Bruno Walter. Prend la baguette lors d'un des fameux concerts historiques.

1932. Quitte Leipzig pour la France. Débuts parisiens comme chef d'orchestre. Dirige les concerts de la saison d'été à Biarritz.

1933. Mariage avec Geneviève Maury, également issue d'une famille protestante.

1935. Fondation de l'Orchestre Philharmonique de Paris. Munch en assurera la direction jusqu'en 1938.

1936. Professeur de violon à l'Ecole Normale de Musique.

1937. Invitation à diriger à Berlin, dans le cadre du festival de la Société Internationale de Musique Contemporaine.

1938. Nommé directeur de la Société des Concerts du Conservatoire.

Charles conservera cette fonction jusqu'en 1946. Débuts à l'Orchestre Symphonique de la BBC, à Londres.

1939. Débuts aux Etats-Unis, à la tête de l'Orchestre Symphonique de Saint Louis (Missouri). Nomination comme professeur de direction d'orchestre au conservatoire de Paris. A la fin de l'année, commencement d'une intense activité à la Société des Concerts, afin d'oublier la dureté des temps : « Mon rôle consistait, alors, à favoriser l'évasion des esprits vers des mondes plus heureux. »

1945. Débuts à Prague, à l'occasion du cinquantième anniversaire de la Philharmonie Tchèque.

1946. Débuts au festival de Salzbourg, à la tête de l'Orchestre Philharmonique de Vienne. Débuts à l'Orchestre de la Résidence de La Haye. Voyages incessants lors de prestations en Egypte, en Palestine et en Angleterre. A cette occasion, Munch et la Société des Concerts passent un mois à Londres dans le but d'enregistrer trente disques pour Decca.
Tournée de 22 concerts au Canada et aux Etats-Unis avec l'Orchestre National de la Radiodiffusion Française. Principales villes visitées : New York, Los Angeles, Chicago, Houston et Boston.

1947. Nouveaux concerts avec l'Orchestre Philharmonique de Vienne, au festival de Salzbourg. Apparition au New York Philharmonic.

1948. Concerts à l'Orchestre de la Résidence de La Haye. Charles dirige le Chicago Symphony.

1949. Munch devient directeur du Boston Symphony Orchestra (BSO). Il conservera ce poste jusqu'en 1962. Intronisation, en grande pompe, le 18 septembre.

1950. Unique apparition au festival d'Aix-en-Provence. Il y conduit la première audition européenne du *Concerto pour piano* de Poulenc ; le compositeur en est le soliste.

1951. Nomination au poste de directeur du Berkshire Music Center de Tanglewood. Il conservera cette fonction jusqu'en 1962.

1952. Première tournée européenne du BSO. Concerts au festival d'Edimbourg, à Dublin, à Prague et à Vienne. En France, Munch et ses musiciens se produisent Salle Pleyel, ainsi qu'en la cathédrale de Chartres. Ils s'arrêtent aussi à Strasbourg.

1955. Concert avec l'Orchestre Philharmonique de Vienne au festival de Salzbourg.

1956. Décès de l'épouse de Charles Munch. Il accepte, pour deux ans, la présidence de l'Association des Concerts Colonne. Nouvelle tournée en Europe avec le BSO. Cette formation est également le premier orchestre occidental à se faire entendre en Union soviétique. Le *maestro* dirige deux concerts à Leningrad et trois à Moscou.

1960. Tournée au Japon et en Australie avec le BSO. Deux apparitions en France. L'une a lieu au festival de Vichy; l'autre se déroule au festival de Besançon où Munch crée dans notre pays — le 7 septembre — la *Deuxième Symphonie* d'Henri Dutilleux.

1962. Fin de l'activité de directeur du BSO. En décembre, tournée d'adieux avec cette formation au Japon et dans plusieurs pays d'Extrême-Orient.

1963. De retour en France, Charles est nommé président de l'Ecole Normale de Musique. Année à caractère passablement sabbatique.

1965. Concerts avec l'Orchestre Philharmonique de Rotterdam. En mai et juin, tournée triomphale en U.R.S.S. avec l'Orchestre National de l'O.R.T.F.

1967. Fondation de l'Orchestre de Paris. Munch accepte — après réticences — d'en devenir le directeur musical. Concert inaugural le 14 novembre, au Théâtre des Champs-Elysées.

1968. Première tournée de l'Orchestre de Paris à l'étranger. Destination: l'Union soviétique. Victime d'un point de pneumonie, Munch est remplacé — pour certains concerts — par Paul Paray.

A l'automne, débuts de l'Orchestre de Paris aux Etats-Unis. Triomphe à New York. Concerts à Philadelphie, Washington, Raleigh (Caroline du Nord) et Richmond. Le 6 novembre, Munch est emporté par une crise cardiaque. Le 12, obsèques au Temple de l'Oratoire et inhumation à Louveciennes (Yvelines).

1969. Concert *In Memoriam*, donné par l'Orchestre de Paris au festival d'Aix-en-Provence. Herbert von Karajan dirige la *Symphonie fantastique*. Auparavant, il joue le *Concerto pour trois pianos* K.245 de Mozart avec Jörg Demus et Christoph Eschenbach.

1978. Pour le dixième anniversaire de la mort de Munch, Daniel Barenboïm conduit le *Requiem* de Mozart, à la tête de l'Orchestre de Paris et des chœurs liés à cette institution. Le concert se déroule en l'église Saint-Louis-des-Invalides, le 28 octobre.

1987. Célébration — le 14 novembre — du vingtième anniversaire de l'Orchestre de Paris. Le programme est conduit par Daniel Barenboïm et Sir Georg Solti. Y figurent l'ouverture de *Leonore III* de Beethoven, la *Symphonie fantastique* de Berlioz, retenue par Munch il y a vingt ans, et le *Concerto pour deux pianos en mi bémol* K.365 de Mozart.

ÉPISODES DE LA VIE PRIVÉE
D'UN ARTISTE

Un représentant caractéristique de la grande bourgeoisie protestante d'Alsace, celle des Dolfuss-Mieg et autres Schlumberger : tel était l'homme Munch. A Strasbourg, déjà, puis à Leipzig, il s'habitua vite à mener l'existence des *Buddenbrook* de Thomas Mann. Et — une fois devenu directeur de la Société des Concerts du Conservatoire — l'impétueux Chary, comme le nommaient ses proches, acquit une propriété à Louveciennes, paisible localité des environs de Paris, aujourd'hui située dans le département des Yvelines. L'endroit est très vaste. Composé d'un jardin rectangulaire dans lequel des arbres vénérables alternent avec une pelouse et diverses floraisons, il présente deux immeubles. L'un, d'anciennes écuries, témoigne de la proximité de Versailles et de la fameuse machine hydraulique de Marly. Sous le règne de Louis XIV, une noblesse avide de faveurs royales habitait là. Des parents de Charles Munch résident, de nos jours, dans ces communs arrangés avec goût.

L'autre construction — la demeure du maestro — est une villa du dix-neuvième siècle dont le balcon et l'auvent évoquent ceux d'un chalet de la Forêt Noire, de la Suisse ou des Vosges. Pur hasard ? Peut-être. Mais il n'est guère interdit de penser que Munch y perpétuait un art de vivre répandu dans les contrées rhénanes et placé sous le signe d'une écologie bien comprise. Le calme ambiant, les coloris sombres de la végétation, la pureté de l'air — aussi — sentent leur Arthur Schnitzler ou leur Stefan Zweig. Comme ils attestent des habitudes de Furtwängler, de l'alpiniste Richard Strauss ou d'Otto Klemperer, très à son aise au bord du lac de Zurich. Notre grand berliozien était de cette famille-là ; il portait — en vivant ainsi — témoignage d'un accord entre l'art et la nature. Comme à Boston où, treize années durant, il ne retiendra de la Nouvelle-Angleterre que ses paysages. Et non son environnement urbain, ou sa technologie appliquée aux tâches domestiques. Munch était également, sous ce rapport, issu de la *Mitteleuropa* du dix-neuvième siècle.

Ses occupations, en dehors de la musique ? Le golf, la lecture, la chasse aux antiquités et la peinture : il était collectionneur. De cette liste, le cinéma — considéré comme un signe majeur de notre temps — se trouve éliminé. Pourtant, l'expérience américaine aurait pu modifier ses pôles d'attraction. Il n'en fut rien. En revanche, il manifestait une insatiable curiosité à l'égard des objets anciens et des arts plastiques. Selon la pianiste Nicole Henriot, épouse de son neveu Jean-Jacques Schweitzer, Charles Munch « achetait tout ce qu'il voyait pendant ses tournées. S'il avait pu acquérir des minarets, il ne s'en serait pas privé ». En matière de peinture, il se situait aux antipodes de Pierre Boulez dont le domicile parisien rassemble des Miró, ainsi que des œuvres dues aux artistes les plus avancés de notre temps. L'Alsacien était presque un exclusif de la peinture ancienne. Surtout lorsqu'elle venait de maîtres des dix-septième et dix-huitième siècles, avec une préférence pour les écoles flamande ou rhénane, et traduisait une forte spiritualité. Là, comme en musique, régnait une nostalgie du temps passé, une *Sehnsucht* des siècles pendant lesquels l'humanité vivait sous le signe de la Foi, qu'elle soit catholique romaine ou réformée. Munch était, en effet, très croyant. Une certitude qui ne l'empêchait pas, surtout à la fin de son existence, d'évoquer — en présence de ses proches — la *grässliche Todesangst*. Entendez l'« épouvantable peur de la mort ». Malgré la présence d'un théologien éminent dans son entourage, son frère Fritz, il n'en espérait pas moins que cette crainte redoutable lui serait épargnée...

Elle le lui fut, en effet, à Richmond, durant la nuit du 6 au 7 novembre 1968. Il mourut dans son sommeil. Après une journée agréable, comme l'avait été sa vie. Charles était un authentique épicurien. Comme tout Alsacien digne de ce nom. Ne séparant pas — en ce sens — sa vie privée de son existence professionnelle, il affirmait volontiers : « Pour bien chanter, il faut bien vivre. » Nous avons, en écrivant ces lignes, sous les yeux une photographie en couleurs prise à Boston à la fin des années 50. On y voit un homme aux cheveux platinés et au teint passablement rougeaud regarder quelque chose avec l'œil acéré et vif de celui qui a beaucoup (et bien) vécu. Les lèvres indiquent une gourmandise de chaque instant. Celle — dit-on — d'un bon vivant.

Dans ses relations avec ses semblables, le fils d'Ernst Munch a laissé le souvenir d'un homme imprévisible. Si nombre de chefs d'Etat prennent leurs décisions importantes après avoir consulté une voyante supposée extralucide, le responsable du Boston Symphony était, quant à lui, sensible aux augures du... golf. Selon Nicole Henriot, un des rares témoins de sa vie quotidienne, « ce sport jouait une très grande importance. Lorsque Charles gagnait sa partie, tout allait pour le mieux. Il manifestait, par exemple, l'envie de faire une sortie à Paris. Dans l'hypothèse inverse, il se sentait fatigué ; il renonçait, alors, à trois ou quatre projets ». Ces déconvenues de pelouse avaient des conséquences sur le plan professionnel. Survenaient-elles à un moment où Munch réservait sa réponse pour une proposition de contrat, fût-elle de la première grandeur, vînt-elle du Japon? Il retardait l'annonce de sa décision. Pendant des années, son imprésario — Camille Kiesgen — connut des atermoiements. Cet homme, qui s'occupait par ailleurs des intérêts de Geza Anda, Alfred Cortot, Dinu Lipatti, Pierre Fournier et Ginette Neveu eut — avec lui — la vie bien dure. Il en fut de même à Boston. Haïssant les rites de la vie mondaine, il se sentit exaspéré, lors de son arrivée à Boston en 1949, par les inévitables cocktails, thés, réceptions, dîners et soupers dont les fameux comités féminins des orchestres américains ont le secret. Il ne devait jamais s'y accoutumer.

A cette particularité s'ajoutait une vigueur de tempérament qui confinait parfois à la brutalité ou à une détermination ne tenant pas compte des usages suivis dans certains pays, bien qu'il fût d'une exquise politesse. En juillet 1950, Munch doit diriger la création européenne du *Concerto pour piano et orchestre* de Francis Poulenc au festival d'Aix-en-Provence. Malgré des appels incessants au Bureau Camille Kiesgen, Gabriel Dussurget — le directeur artistique du Salzbourg français — ne parvient pas à connaître l'heure d'arrivée du maestro en gare d'Aix. Il l'apprend cependant par téléphone un matin, vers six heures, de la bouche de l'... intéressé. Un Munch furieux dit à l'appareil: « Je vous réveille, et c'est bien normal. Comment se fait-il qu'il n'y ait personne sur le quai pour m'attendre ? » Réponse de Dussurget, connu pour sa franchise verbale: « Vous n'aviez qu'à nous faire savoir votre heure d'arrivée. Si vous n'êtes pas content, rentrez immédiatement à Paris! » Puis il raccroche et regagne son lit. Quelques heures plus tard, à la répétition du *Concerto*, un Munch repentant s'approche de Dussurget: « Veuillez m'excuser. C'est ma faute... »

Mais cette furia, presque digne des *Mémoires* de Berlioz tant elle ne s'embarrasse pas de nuances, s'accompagne d'une audace qui glacerait d'effroi un diplomate. Au cours d'un voyage en Tchécoslovaquie, Munch découvre qu'on a effectué, à son insu, un changement — pour motifs idéologiques — dans un de ses programmes. Il fait un scandale, exige d'être reçu par le ministre de la Culture et — une fois en présence de celui-ci — menace de quitter le pays et de procéder à des déclarations à la presse internationale. Il obtient, évidemment, gain de cause. Début 1967, alors que l'Orchestre de Paris se constitue, il envisage d'engager Luben Yordanoff comme premier violon solo de la nouvelle formation. Mais l'instrumentiste, sujet monégasque, se trouve lié à l'Orchestre National de l'Opéra de Monte-Carlo. Il ne peut venir à Paris. Munch écrit, sans attendre, au prince Rainier afin qu'il accepte de libérer Yordanoff. Sa lettre dort peut-être, aujourd'hui, parmi les archives de certaine chancellerie. Mais on en devine tout de même le ton: comminatoire, malgré les révérences obligées à l'Altesse. Impérieuse, en dépit de l'urbanité naturelle de son signataire.

Celle-ci constitue assurément, aux côtés de son humour particulier et de son extrême générosité, la partie positive de la personnalité du Strasbourgeois. En famille ou avec des amis, Munch faisait mine de ne pas entendre certaines phrases caractéristiques. Mais, des années après, il les citait textuellement à ceux qui les avaient prononcées. A leur stupéfaction. Ennemi déclaré de la logorrhée qui prend pour cible la musique, il déclare un jour à un de ses proches qui l'importunait par des considérations relatives à Maurice Chevalier ou Edith Piaf : « Ecoute ! Moi, tout cela ne m'intéresse pas. Quant à toi, tu n'y connais rien ! » Une repartie définitive. Peut-on aussi, dans ces conditions, écrire le mot *humour* quand on se penche sur ses relations spécieuses avec certaines formations symphoniques parisiennes ? La première d'entre elles est l'Orchestre des Concerts Colonne. Il en accepte la présidence de 1956 à 1958, alors que ce titre est équivalent à celui de directeur musical et que ses obligations bostoniennes le retiennent éloigné de France trente semaines par an. Le résultat n'étonnera personne. En deux ans de présidence, Munch dirige trois concerts chez Colonne.

Il était des plus généreux. Sans restrictions. En tous lieux. L'année 1965 est difficile pour l'Association des Concerts Lamoureux. Comme il le sait et qu'il y conduit un programme, il lui fait don de son cachet. Les visiteurs qui, aujourd'hui, admirent le tableau dit de *La Belle Strasbourgeoise* dans certain musée des rives de l'Ill savent-ils que la ville natale de Munch put l'acquérir grâce à un don considérable de celui-ci, geste pour lequel il exigea l'anonymat ? D'ailleurs, ses héritiers découvrirent — seulement après sa mort — sa générosité pour des œuvres humanitaires. Parmi celles-ci, l'action du Dr Schweitzer en bénéficiera à plusieurs reprises. Munch apporte notamment son aide à la propagation de la pensée du médecin en Amérique du Nord. En 1951, il n'est pas étranger à la parution — chez Beacon Press — d'une série de textes intitulée *Music in the life of Albert Schweitzer*. Deux ans auparavant, alors qu'il vient de prendre ses fonctions à Boston, il met sur pied un *Benefit Concert* afin de venir en aide à l'hôpital de Lambaréné. La recette lui est intégralement versée.

Réaction de Schweitzer, selon les termes d'une lettre du 8 décembre 1949 : « Quand je suis revenu ici, j'étais déprimé de devoir me rendre compte d'une série de dépenses inévitables que je n'avais pas envisagées : rapatriement prématuré de deux infirmières, voyage de dix-huit jours sur mer bien plus coûteux que la traversée d'Europe en Amérique, remplacement du moteur du réfrigérateur (dont j'ai besoin pour conserver les sérums, les vaccins et les médicaments ne supportant pas la chaleur). J'étais comme atterré par la perspective qui s'ouvrait devant moi. Et voici que vous, à Boston, quelques jours auparavant, vous m'avez déchargé de bien des soucis matériels sans que j'en eusse connaissance... Personne ne sait quel fardeau de soucis cet hôpital, devenu si grand, représente pour moi. Je ne savais rien de votre entreprise. Le résultat matériel est extraordinaire. Vous m'avez aidé à porter cette charge dans un des moments les plus critiques de mon existence. » Grâce, entre autres, à une exécution du *Concerto pour orgue* de Poulenc dont un enregistrement, réalisé ultérieurement sous la direction de Munch, devait ravir Schweitzer. Le goût de Bach y est omniprésent.

Ces deux noms viennent à propos au moment de dire l'humanisme profond de Munch. Il ne souffrait ni la calomnie, ni la ségrégation. En 1945, Wilhelm Furtwängler devant se produire aux Etats-Unis avec Yehudi Menuhin, certains milieux juifs américains organisèrent une violente campagne de presse contre le chef allemand qui venait pourtant d'être lavé de tout soupçon par une commission de dénazification. Munch se trouva aux côtés d'Otto Klemperer, Pablo Casals, Ernest Ansermet ou Nadia Boulanger en signant une pétition en faveur de celui qui avait été son patron au Gewandhaus de Leipzig. A Boston, il se rit un jour des tabous de la société américaine et provoque, de ce fait, une vive polémique. La pomme de discorde ? Un concours d'entrée à l'orchestre avait eu pour vainqueurs une femme et un instrumentiste de couleur. Le résultat n'était pas, à proprement parler, du goût des troupes placées sous son autorité. Presque gaullien, il avait hurlé à une délégation du personnel : « Je n'ai rien à faire de vos récriminations. Qu'il s'agisse d'une femme, d'un Jaune, d'un Noir ou d'un Hindou, j'engage les meilleurs. Tenez-le-vous pour dit ! » Cette belle franchise dénote un mépris de la bêtise. Elle n'est pas sans rappeler — dans un contexte toutefois différent — la remarque faite un jour par Munch à la violoniste Hélène Jourdan-Morhange. A l'issue d'un concert où il avait dirigé la *Neuvième Symphonie* de Beethoven, la dame vient le féliciter. Puis elle ajoute : « Bien que l'œuvre soit admirable, j'en trouve l'Adagio trop long. » Réplique immédiate du maestro : « Ma pauvre, c'est toi qui es trop courte ! »

AU CARREFOUR
DE DEUX CULTURES

« Considérant l'homme comme énigmatique, je ne suis pas à l'aise dans l'intelligible. »

André Malraux, *Entretiens avec Frédéric Groves*

Chef d'orchestre français ou allemand? Latin ou germanique? Seul Kapellmeister à exceller dans le répertoire des Debussy, Ravel et autres Roussel tout en brillant dans Brahms et, à un degré légèrement moindre, Beethoven? Le cas Munch pose un problème aux adeptes vétilleux des classifications simplificatrices. En raison d'un paramètre — ô paradoxe! — également sommaire : cet artiste, au lieu de s'installer dans un des camps antagonistes, a choisi une troisième voie. La sienne. Son chemin propre? Peut-être, si l'on songe aux particularités de la ville où il vint au monde et de l'époque de sa naissance, comme aux événements historiques dont il lui arriva — tel Elias Canetti — d'être un modeste acteur.

Le fort accent alsacien qu'il aura toute sa vie, les inflexions de son terroir conservées au long d'interviews radiophoniques, sont autant de signes qui ramènent à Strasbourg. Une cité à considérer à la fois comme symbole de l'identité alsacienne et comme carrefour de deux cultures majeures en Europe. L'étymologie du nom Strasbourg est, nous l'avons dit, Strass-Burg, le château situé au confluent des routes.

Quand Munch naît, le 26 septembre 1891, l'Alsace-Lorraine est annexée à l'Empire allemand depuis vingt ans. Deux décennies au cours desquelles les autorités de Berlin ont procédé à une germanisation massive. En dépit de la résistance dont les dessins de Hansi, les romans de Maurice Barrès ou les plaisanteries locales sont l'expression schématique. La vie culturelle strasbourgeoise constitue, bien sûr, l'illustration de ces déchirements; on aura l'occasion d'y revenir. Mais, entre le droit et le cœur des individus, entre les dispositions du traité de Francfort et la conviction profonde des gens du terroir, une incompatibilité irréductible existe. Les Munch, citoyens allemands à la suite de vicissitudes historiques récentes, sont français au fond de leur âme. A commencer par la mère de Charles, germanophobe notoire dont la vie s'achèvera — en

1943 — comme sous l'emprise d'une fatalité. Française jusqu'en 1870, elle sera allemande de ce millésime à 1918. Avant de reprendre nos couleurs jusqu'en 1939. Et — nouvel avatar — de mourir dans une région annexée par les nazis. Son fils aura un parcours plus simple. Vingt-sept ans sous l'aigle prussien ; un demi-siècle comme Français. Cependant, en août 1914, Charles est versé dans un régiment allemand. Il se bat à Verdun et en rapporte une blessure.

La nuance et la bienveillance ne sont pas nécessairement les choses les mieux partagées du monde. Surtout chez certains collègues, comme disent les chefs d'orchestre quand ils parlent des membres de leur profession. Ainsi, l'un d'entre eux — dont on taira le nom —, patriote pur et dur du genre Troisième République. Excellent interprète de la musique française, il ne voit guère d'un œil favorable l'installation de Munch à Boston. Alors, pour nuire à ce concurrent redoutable, il diffuse une photographie dans tous les Etats-Unis. Elle représente Charles en uniforme de soldat allemand. Au cours de la Première Guerre mondiale, il va sans dire. Procédé lamentable annonçant *Le chagrin et la pitié*, ce grand film sur l'Occupation. De cette période, Charles Munch vivra le triste folklore. Il se rend à... bicyclette de son domicile à la Salle de l'Ancien Conservatoire où se produit la *Société des Concerts*. Son domestique — à pied derrière lui, comme en Orient — porte les partitions. Un jour, il rentre en chemin de fer de Bruxelles où il a dirigé. Comme l'heure du couvre-feu a sonné depuis un moment, une patrouille l'arrête gare du Nord. Il devra la suivre toute la nuit, sa valise à la main...

Durant le dernier trimestre de 1939, lorsque les activités de la Société des Concerts reprennent grâce à son obstination, Yvonne Lefébure, Marguerite Long ou Maurice Maréchal en sont les solistes. Le 10 décembre, Munch dirige la *Symphonie en ré mineur* de Franck et la première audition du *Requiem* de Guy Ropartz. Le 17, il conduit au bénéfice de l'Arbre de Noël des Armées l'*Héroïque* de Beethoven, la *Rapsodie espagnole* de Ravel et *L'apprenti sorcier* de Dukas. Quelques mois plus tard, la capitale envahie et la Kommandantur installée, l'exécution des œuvres de Dukas sera proscrite. Le compositeur est juif. Mais, comme Furtwängler à Berlin, Munch obtient que les musiciens israélites de la Société des Concerts ne prennent pas le chemin de la déportation. Ils restent attachés à l'orchestre. En dépit de difficultés sans nombre pour Munch, dont certaines d'ordre familial. Un de ses neveux, le futur directeur du Fonds monétaire international, est arrêté puis torturé. Après une tentative de suicide, il sera envoyé à Buchenwald. Les démarches de Munch, en vue d'obtenir un adoucissement de son sort, échoueront.

La Résistance, justement. Dès qu'elle s'organise, Charles lui abandonne ses cachets. Il le peut, sa femme, héritière de l'empire laitier

Nestlé, étant richissime. En outre, les concerts proposés chaque dimanche matin par la Société constituent — quant au fond — un acte de
rébellion contre l'occupant. Les créations de musique française s'y
succèdent à un rythme accru et beaucoup d'artistes ou d'intellectuels se
retrouvent régulièrement dans la salle de la rue Bergère comme à
Berlin, à la même époque, l'assistance des Philharmonischen Konzerte
de Furtwängler tient du pied de nez à la terreur brune. Les hôtes
indésirables de Paris le savent bien. Ils chargent un certain Doktor
Pirsick de compromettre Munch en lui offrant monts et merveilles s'il
dirige à Dresde, à Leipzig ou dans la capitale du Reich. Peine perdue. La
dernière note jouée, Charles accepte deux rappels du public et disparaît. Le jour où Pirsick réussit enfin à l'inviter à déjeuner, il n'ouvre pas
la bouche pendant tout le repas. Il quitte le fonctionnaire allemand sur
les mots : « Je n'irai pas chez vous. » Ensuite, il retourne étudier le
Psaume 136 de Jean Martinon, dont il assurera la création mondiale le
21 mai 1943.

Jean-Louis Barrault, le récitant de l'œuvre, s'adresse en ces termes au
public : « Rendez grâce à Yahvé, car il est bon, car éternel est son
amour ! Il frappa des rois puissants, car éternel est son amour ! Fit périr
des rois redoutables, car éternel est son amour ! Il se souvint de nous
dans notre abaissement, car éternel est son amour ! Il nous sauva de la
main des oppresseurs, car éternel est son amour ! » L'allusion aux
calamités du moment est limpide. Elle est aussi directe que le *Quatuor
pour la fin du temps* d'Olivier Messiaen, composé — comme le *Psaume
136* — dans un stalag de Silésie, qui refuse l'actualité immédiate pour
s'abstraire parmi les visions de l'Apocalypse. Les Allemands, furieux,
interdisent toute reprise de l'œuvre de Martinon. Ils en ont trouvé « le
texte tendancieux » (sic). Mais ils n'ont pas prise sur la musique exclusivement orchestrale. Ils ne peuvent rien contre la *Seconde Symphonie*
d'Arthur Honegger. Munch mène sa première audition française au
triomphe un dimanche de juin 1942. Au cours du choral conclusif de
l'œuvre, Honegger fait entendre un chant d'espoir et de liberté. Un
hymne comparable au message de Beethoven, célébré la même année
durant une séance des Jeunesses Musicales de France au Palais de
Chaillot.

Décidément, ce Munch est un drôle de bonhomme. On ne peut même
pas lui reprocher de rayer Beethoven ou Brahms de ses programmes. Au
moment de l'invasion de la zone non occupée, il accompagne Jacques
Thibaud dans le *Concerto pour violon* du second. Il ne néglige pas, non
plus, les cantates de Bach. Ce type de comportement artistique tranche
nettement sur une certaine attitude, déjà observée durant la guerre de
14-18, qui confère à la musique allemande le statut d'un art paria. Qu'on
se souvienne de la violente campagne alors menée par Saint-Saëns

contre Richard Strauss, un « énorme frelon teuton », ou du geste particulier d'une famille « patriote » parisienne. Elle avait dénoncé à la police une malheureuse pianiste jouant chez elle les *Scènes d'enfants* de Schumann ! A l'inverse, les institutions symphoniques, les sociétés de musique de chambre et les théâtres lyriques d'outre-Rhin continuèrent à donner Bizet, Chausson ou Gounod durant les hostilités. Certes, au cours du second conflit mondial, les noms de Richard Wagner et de Hans Pfitzner sont absents des programmes de Munch. Il n'y a guère de mystère à cela. L'un se trouve promu — à titre posthume — thuriféraire d'une idéologie maudite ; l'autre est membre du Parti Nazi. En revanche, les classiques éprouvés du répertoire écrit entre la rive droite du Rhin et les marches de Pologne restent à l'honneur.

Il est, d'ailleurs, temps de revenir au « fleuve nourricier de l'Europe » — pour citer Hugo — et de retrouver Strasbourg. Ainsi que Hans Pfitzner, directeur général de la musique dans cette ville au temps de l'enfance de Munch. Avec un tel gaillard, la germanisation caricaturale de la vie musicale n'est pas une charmante vue de l'esprit. Ni la compétence de ses assistants. Un nommé Wilhelm Furtwängler, engagé comme troisième chef au Théâtre Municipal en 1910, conduit les... opérettes de Gilbert et Sullivan. Otto Klemperer fréquente assidûment la fosse d'orchestre de la même salle de 1914 à 1917 ; on commence à célébrer ses mérites. En outre, un grand festival dit d'Alsace-Lorraine est mis sur pied pour damer le pion aux zélateurs exclusifs de la musique française. Celui de 1905 ne manque pas d'éclat. Le 21 mai, Gustav Mahler en personne conduit sa *Cinquième Symphonie*. Quelques jours plus tard, il mène une exécution spectaculaire de la *Neuvième* de Beethoven. Enfin, histoire de se reposer au côté de Richard Strauss également venu en Alsace, il assiste à un concert dont le chef est Ernst Munch, le père de Charles. Au programme de la soirée figure la *Rhapsodie pour alto et chœur d'hommes* de Brahms. Le futur interprète de ce compositeur vit peut-être, dans ces circonstances, les deux grands hommes accompagnés d'Alma et de Pauline, leurs épouses respectives.

La même année, Charles — âgé de quatorze ans — est chargé de guider Vincent d'Indy dans les quartiers les plus pittoresques de Strasbourg. Le directeur-fondateur de la Schola Cantorum est venu diriger un concert. Comme Edouard Colonne ou Gabriel Pierné, applaudis en Alsace pour leurs lectures de Berlioz et de Franck. Ces rois de la baguette viennent ici pour un affrontement politico-culturel : glorifier la musique française et ses figures, réputées sans pesanteur, face à l'artillerie bayreuthienne et à la pâte compacte d'Arthur Nikisch emmenant un orchestre sur les ténébreuses crêtes d'une symphonie de Brahms. Il faut lutter — pensent-ils — contre le festival d'Alsace-Lorraine. Bientôt, Charles-Marie Widor rejoint le bataillon de ces artistes-miliciens. Il régale les mélomanes du cru de ses *Symphonies pour orgue*. Charles écoute, ravi. Il ne l'est pas moins par les *Passions* de Bach, la *Messe en si* ou les poèmes symphoniques de Strauss. Serait-il prédisposé à devenir l'ouvrier de la réconciliation entre deux cultures rendues ennemies par Bismarck et quelques autres politiciens ? Poser la question en ces termes relève d'une insondable naïveté. Pourtant, elle peut permettre de crever l'abcès. L'amas de pus existe bel et bien. Il consiste à confondre, de façon grossière, le tracé fluctueux des frontières avec une culture supranationale. Celle de Charles Munch l'est. Son père a étudié à Berlin. Albert Schweitzer aussi. La famille est dispersée entre l'Alsace et la Suisse alémanique. Le futur directeur du Boston Symphony court d'Unter den Linden à la place de la Concorde afin de perfectionner son violon. Là, sous la conduite de Carl Flesch. Ici, avec Lucien Capet. Devenu un praticien émérite de cet instrument, il passe sept ans — de 1925 à 1932 — à Leipzig, en qualité de Konzertmeister au Gewandhaus. Il quitte ce poste après avoir été sommé de contracter la nationalité allemande, Hitler pointant à l'horizon. Alors, Munch s'installe à Paris. En homme motivé par une philosophie européenne. On se devait bien de souligner cet état dont — depuis l'âge mûr de notre maestro — Strasbourg s'est fait en quelque sorte le symbole en devenant le siège d'un Parlement. Ni Reichstag, ni Palais-Bourbon. Seulement « communautaire ». A l'instar de la conception de la musique qui prévalait dans le cercle de famille. Au salon, à table, en promenade au Jardin botanique ou près de la cathédrale, Ernst et ses fils ne dressent jamais Bach contre Fauré. Ils ne séparent pas l'algèbre et la théologie du reste des disciplines de la pensée. Surtout pas de l'art des sons, entité dont Platon et Pythagore avaient mis en lumière la complexité. Ainsi que la portée universelle.

Sous ce rapport, Munch était des plus clairvoyants. Certes, il collectionnera — en Amérique — de vieilles gravures représentant le lieu de sa naissance. Certes, un lycée portant son nom existe aujourd'hui, en souvenir de lui, près de Strasbourg. Mais un musicien appartient d'abord au monde. Par le fait que son art ignore les frontières et s'adresse à *tous* les hommes. Pareille caractéristique unitaire n'est pas sans sous-tendre deux questions en forme de paradoxe. Comment atteindre l'harmonie universelle, alors que nous sommes différents les uns des autres ? Par quel biais un chef appartenant à une nationalité quelconque s'imposera — et imposera sa représentation du jeu instrumental — à un orchestre d'une autre nationalité, si tant est que des musiciens *étrangers* n'en fassent pas partie, cas de figure rarissime ? Ces interrogations — posées pour la forme — démontrent l'absurdité de certains clichés. Toute phalange est, en effet, comme l'écrivait Fred Golbeck dans *Le parfait chef d'orchestre*, un rassemblement d'artistes « entraînés en des disciplines et traditions divergentes : élèves d'Auer et disciples de Capet » pour le violon ; « cornistes d'école germanique et bois français ; quelques-uns enthousiastes, plusieurs grognons ; fervents de Bach ou amis de Tchaïkovsky ». Bref, une espèce d'auberge espagnole dont les visiteurs se fondent — pourtant — en un unanimisme à la Jules Romains ou à la Dos Passos.

Sans ces gens — nouvelle lapalissade —, le chef n'est rien. Seule, sa collaboration avec eux permettra éventuellement de rendre perceptibles les particularités d'un style, d'une école, d'une tendance nationale. Cette dernière notation est même devenue, de nos jours, un élément obsolète. L'essor des communications, les conditions socio-économiques, l'internationalisation d'une vie musicale dominée par quelques grandes firmes discographiques, l'uniformisation du goût de Chicago à Helsinki démontrent à quel point un tel concept doit être manipulé avec précaution. Ne nous laissons d'ailleurs pas abuser. Nous avançons ici sur un terrain dangereux, composé de molécules d'une complexité et d'une variété innombrables. Munch est, sous ce rapport, bien mieux qu'un excellent sujet d'étude. Il conforte — par sa personnalité et sa trajectoire — la thèse selon laquelle la plupart des écoles nationales se sont dissoutes après la Seconde Guerre mondiale. Son Beethoven n'est déjà plus de l'acabit de celui de Furtwängler, lié profondément au dix-neuvième siècle tel qu'on le vécut en Prusse. Son Berlioz est — bien sûr — différent de celui défendu par Ansermet, Colonne ou Monteux ; il n'entretient guère de rapports avec la lecture qu'en donnera Boulez, surtout sensible aux innovations prophétiques de *Lélio* ou de la *Fantastique*.

Il est, dans l'île grecque de Délos, une mosaïque dont les carrés blancs et noirs pourraient laisser supposer qu'ils ont été dessinés par Vasarely. En réalité, des artistes anonymes du cinquième siècle avant Jésus-Christ se trouvent à l'origine de cette pièce magnifique. Cependant, elle entretient une illusion, une confusion. Ne la commettons donc pas en méditant sur l'art de Munch. En nous laissant abuser par un jeu d'apparences d'autant plus dangereuses qu'elles sont pure tromperie. Le Strasbourgeois n'était ni allemand ni français, ni latin ni germanique quand il levait — d'un geste impérieux — sa baguette. Il était lui-même ; il suivait la troisième voie, la sienne propre. Efforçons-nous dorénavant de cerner la subtilité de Munch dans ce qu'on nommerait aujourd'hui sa politique artistique. Non content de susciter un nombre de créations impressionnant, il profite de ses fonctions à la tête de la Société des Concerts ou de l'Orchestre Philharmonique de Paris pour manifester un esprit d'ouverture européen.

En 1946, alors que bien des plaies ne sont encore pas fermées, il engage un Allemand du nom d'Otto Klemperer pour deux programmes de la Société, présentés au Théâtre des Champs-Elysées. Le 19 mai, Beethoven est à l'honneur. Le 26, Mozart et la *Première Symphonie* de Brahms — pourtant éminente spécialité munchienne — retentissent sous le bâton de l'irascible Doktor. L'événement appelle, a posteriori, deux commentaires. En invitant un confrère étranger, Charles rompt avec une tradition qui ignorait le principe — devenu universel depuis — du Guest-conductor[1]. La Société découvre enfin d'autres interprètes que son seigneur et maître. Quant au choix d'un autre brahmsien célèbre pour conduire la *Première Symphonie*, il dénote peu d'attraits pour les autres pratiques exclusives. Munch souligne, à cette occasion, que le chevalier servant de Clara Schumann mérite autant un Kapellmeister français à la tête d'un orchestre allemand qu'un chef munichois en plein accord avec des instrumentistes parisiens. Le résultat est incontestable. Par l'intermédiaire du jovial Alsacien, l'œuvre orchestrale de Brahms s'introduit en France. Marguerite Long a beau, dans sa classe du Conservatoire, fulminer des bulles contre lui, en interdire l'audition à ses élèves ou invoquer les mânes de Vincent d'Indy, un des ennemis les plus acharnés du compositeur des *Quatre Chants sérieux*. Il triomphe par la passion du serpent — au demeurant inoffensif — que le même d'Indy réchauffa en son sein à Strasbourg en 1905. Un délicieux gamin au demeurant, ce petit Charles...

Trois décennies durant, il convertira les mélomanes de notre pays à ce Rembrandt de l'orchestre. A Boston, le melting-pot ne nécessite pas de pareils efforts. Mais, à Paris... Alors, Munch se démène sans relâche pour Brahms. On aurait tort d'oublier certaine *Première Symphonie* — l'œuvre-fétiche — enregistrée avec le jeune Orchestre de Paris en janvier 1968 ; mais une autre initiative originale mérite également d'être mise en lumière. Le 1er novembre 1937, Munch conduit *Un Requiem allemand* à la tête de l'Orchestre Philharmonique. Les solistes de l'exécution sont la soprano néerlandaise Jo Vincent et le baryton Koubitzsky. Les chœurs ? Ceux de l'église Saint-Guillaume de Strasbourg. Charles les a fait venir exprès car, à l'époque, aucune chorale de la capitale ne connaît l'œuvre. Les meilleurs chefs de chœur, Nadia Boulanger ou Yvonne Gouverné, ne goûtent pas une pareille musique. Tant et si bien que, dans le Paris de l'avant-guerre, entendre ce *Deutsches Requiem* est une rareté. Pour ce qui est de Bruckner, ainsi que de Mahler, on devra encore s'armer de patience. La période de l'Occupation, trop favorable à l'un en raison d'une honteuse récupération nazie de ses compositions, ne peut être propice à l'autre : il est né juif. Par voie de conséquence, un désagréable souvenir des Diktate et une vive différence de sensibilité

---

1. Chef invité.

aidant, les deux Autrichiens traverseront, chez nous, un long purgatoire. Rompu, pour Mahler, en 1967 par la création parisienne de sa *Neuvième*. Sans l'aide de Munch.

En revanche, que de batailles en faveur de la musique française! Combats — au demeurant — rarement emportés à l'arraché. Durant les années de jeunesse et de maturité de Munch, les compositeurs de notre pays restent bien considérés à l'étranger parce qu'il existe alors une volonté officielle de les faire connaître et de les mettre en valeur. Depuis, la situation a bien changé. La France s'est dépouillée progressivement d'une identité qu'on ne trouve plus que dans la gastronomie, la haute couture ou les recherches historiques d'un Fernand Braudel. Munch fut, alors septuagénaire, le témoin privilégié de cet écroulement. Pour tenter de l'enrayer, les autorités supplièrent le Strasbourgeois de devenir le commandant de l'arme inventée dans le but de conserver la tête haute : l'Orchestre de Paris. On reviendra sur cette affaire. Remarquons quand même, au passage, l'aspect ironique de la situation. A l'époque de la nouvelle vague cinématographique, personne ne paraît se souvenir des prodiges réalisés vingt ans plus tôt par la vénérable *Société des Concerts*.

Ces compositeurs français évoqués plus haut, qui sont-ils ? Des vivants et des morts ; des artistes joués par les meilleures formations symphoniques du monde et d'autres, à la réputation assez limitée. Parfois même confinée à l'hexagone. Débutons par les sommités dont Munch effectua des premières auditions absolues. On y trouve Henri Dutilleux et sa *Deuxième Symphonie*. Arthur Honegger avec les *Troisième* et *Cinquième Symphonies*. Ensuite, André Jolivet et sa *Première Symphonie*. Quant à Darius Milhaud et à Francis Poulenc, ils se rapprochent d'Honegger en ce sens qu'ils ont droit à une part royale. De l'Aixois si populaire en Amérique du Nord, Munch crée — entre autres — la *Sixième Symphonie* et la cantate *Pacem in terris*. De l'autre, il porte sur les fonts baptismaux le *Concerto pour piano* et le *Gloria*. Un hymne à l'action entreprise par Munch, de l'autre côté de l'Atlantique, pour établir le répertoire français de demain. Albert Roussel n'est jamais oublié, non plus, même si notre *maestro* n'eut pas la charge de conduire la création de *Bacchus et Ariane*. Car il fut réellement son apôtre. Un serviteur aussi dévoué qu'à l'égard de Brahms.

Autres musiciens à bénéficier des dispositions favorables de *Chary* ? Jacques Ibert, dont il révèle *Bostoniana*. Le titre de l'œuvre se passe de commentaires. Florent Schmitt, avec notamment une *Stèle pour le tombeau de Paul Dukas*. Et Marcel Landowski. En 1965, Munch offre sa *Deuxième Symphonie* au public parisien. Une telle somme de créations fait de lui le héraut de la musique française. Contemporaine, comme de répertoire : on le notera prochainement. Cette particularité résulte autant d'une conviction profonde que d'un contexte favorable. Des années 40 à la fin des années 60, les baguettes françaises de réputation internationale vouées à la création ne sont pas légion. En outre, des avanies se produisent.

Si Paul Paray lance le *Requiem* de Maurice Duruflé en affichant une santé éclatante, Pierre Monteux passe déjà pour un chef historique et vénérable. Non content de fêter ses soixante-dix ans en 1945, il est entré vivant dans la mémoire collective pour avoir été le premier chef de *Jeux* de Debussy. Comme de *Petrouchka* et du *Sacre du printemps* de Stravinsky. Bref, Monteux est *le* chef des Ballets Russes. Roger Désormière, quant à lui, sera victime d'une insigne malchance. Lors d'un séjour à Rome en 1952 — il a cinquante-quatre ans —, il est frappé d'une attaque qui mettra fin à ses activités professionnelles. Il avait pourtant créé les *Trois Petites Liturgies de la Présence divine* de Messiaen et *Le Soleil des Eaux* de Boulez. Au milieu de ce désert, Munch peut aller à sa guise. Même si, de Baden-Baden, le même Boulez proclame les Évangiles de la Musique Nouvelle. Ou encore au Théâtre Marigny, siège du Domaine Musical. On est, en effet, fondé à penser que des étincelles, d'autant plus vives qu'elles furent discrètes, crépitèrent entre le Kappellmeister strasbourgeois et l'auteur d'un *Marteau sans maître*, jetant alors une grande panique parmi les bonnes gens. Si cette question sera traitée lors de l'examen du credo artistique de Munch, il n'en demeure pas moins que Boulez possédait un auxiliaire officieux en la personne d'Ernest Bour. Ce chef mosellan, né en 1913, créera *Lontano* de Ligeti et *Cosmogonie* d'André Jolivet. Il est une vieille connaissance de Munch. Mais, sur le fond de cette question, des considérations esthétiques se profilent déjà. Or, leur entrée en scène est prématurée.

Abordons donc les classiques de la musique française, défendus et illustrés par Munch avec autant de grandeur que Georges Thill dans le domaine de l'art lyrique. Ils tiennent en une douzaine de noms, donnés ici par ordre alphabétique : Berlioz, Bizet, Chabrier, Chausson, Debussy, d'Indy, Dukas, Fauré, Franck, Offenbach, Ravel et Saint-Saëns. Au terme d'une ou deux lectures, il apparaît qu'une telle liste peut se comprimer, sans encombre majeur, quand on a besoin d'en extraire des créateurs hautement représentatifs de l'art de Munch et du goût national. Dans cette hypothèse ne resteront en lice que sept personnages. A savoir Berlioz, Franck, Saint-Saëns, Debussy, Fauré, Ravel et Roussel. Si l'on ajoute à cette nomenclature les créateurs du vingtième siècle servis, au long de sa carrière, par le magnétique Alsacien au point d'être l'accoucheur de leurs partitions, on devra y incorporer Dutilleux, Honegger, Milhaud et Poulenc. En fin de parcours, on se trouve en présence du fonds français de Munch. Il est à la fois représentatif, varié et substantiel. Pour sa partie répertoire, c'est-à-dire constituée d'œuvres de compositeurs décédés avant 1900, deux artistes méritent un intérêt particulier.

Ils se nomment respectivement César Franck et Hector Berlioz. Un tandem d'intrus, de personnages atypiques pénétrant par effraction dans la maison Ars Gallica. Les origines belges de Franck ne sont, bien sûr, pour rien dans l'âme très septentrionale de sa musique. Elle provient de sa vénération pour Bach, perceptible au fil de ses œuvres pour orgue, et de son culte de Beethoven, figure quasi freudienne à laquelle il élève un monument avec la *Symphonie en ré mineur*. On rétorquera que cette rigueur, cette élévation de la pensée sont autant d'armes pour conjurer la frivolité et l'insouciance qui menèrent à la défaite de 1870. En un mot, elles aident *Le chasseur maudit* à jouer contre *La vie parisienne*. Mais l'essentiel demeure. En aucun cas, Franck n'est représentatif d'un certain folklore français, d'un mets dont les ingrédients seraient douceur, séduction, sensualité, élégance latine. La musique comme forme de divertissement lui est étrangère. Il ne fait jamais, comme Chabrier ou Poulenc, dans la gauloiserie ou le clin d'œil. Munch, au pupitre de *Psyché* ou des *Variations symphoniques*, refuse de s'écarter — lui aussi — de ces axes majeurs. Il sait pertinemment que la musique française est l'Alsace des sphères sonores de l'Europe : ballottée entre le Nord et le Sud, l'intériorité et l'exubérance, les ombres et la lumière, la hantise du fond et l'obsession de la forme...

Avec Berlioz, *le* compositeur de prédilection de Munch, nous abordons la même problématique. Plus marquée, cependant ; aussi démesurée que l'effectif instrumental et vocal nécessaire à l'exécution du *Requiem*. Disons-le une fois pour toutes : le compositeur dauphinois est aussi peu français que Stravinsky fut américain. Son romantisme regarde vers Beethoven. Il est agité de *Triebe* — de pulsions — dont chacune représente la négation des principes d'équilibre raisonnable, de sobriété, de pondération, de civilité enseignés par la tradition de l'Ile-de-France ou de la Touraine. Du coup, les succès remportés — de son vivant — dans les principautés allemandes, les cités d'Europe centrale et de la Russie impériale tombent sous le sens. Comme la coexistence de deux traditions de l'interprétation berliozienne. L'une est la prérogative d'une minorité de praticiens. Tel le chef Edouard Colonne, responsable des premières exécutions intégrales de *La Damnation de Faust* après le décès du tumultueux Hector. La seconde est allemande. Elle repose surtout sur Felix Weingartner, un Kappelmeister né en 1863 et mort en 1942. Cet Autrichien de Dalmatie collabora de près à l'édition complète des œuvres de Berlioz. Tout en les conduisant à l'Opéra de Vienne, dont il fut directeur après Mahler, et lors de concerts donnés avec l'Orchestre Philharmonique de la même ville. Il devait être son chef principal.

Colonne et Weingartner, invités chacun à se produire à Strasbourg durant les années 1890-1900, ont également révélé Berlioz à un petit garçon nommé Charles Munch. L'un ressentait en ce novateur de première importance la continuation des pompes sonores de la Révolution de 1789. L'autre le voyait tout à l'admiration — et à la sujétion — de la *Symphonie héroïque*, voire de *Fidelio*. Ces variations autour de la perception d'un objet unique peuvent être comparées aux fameuses lettres bilingues du Dr Schweitzer. Le sens de cette correspondance rédigée soit en allemand, soit en français reste constant, identique à lui-même. Mais la syntaxe d'une langue ou de l'autre, les nuances de vocabulaire, le rythme — aussi — apportent un élément de diversification. La réalité pure est donc entre les lignes. Comme l'art du successeur de Philippe Gaubert à la Société des Concerts s'établit toujours sur les marches carolingiennes qui servent à distinguer le passage progressif de la Gaule romaine à la Germanie. Pas à les séparer d'un coup de couteau.

UNE TRIBU
CONSACRÉE A BACH

« Un livre de souvenirs est aussi peu vrai qu'un roman. »

Jean Genet, *Un captif amoureux*

La tradition musicale strasbourgeoise repose essentiellement sur le culte de Bach. Dans cette ville-frontière, l'ambivalence culturelle, l'architecture des églises, l'abondance des orgues construites — au dix-huitième siècle — par les frères Silbermann, la pratique intense du chant choral, l'importance de la foi luthérienne ont contribué, depuis des décennies, à mettre l'auteur du *Clavier bien tempéré* à une place prééminente. Chaque Vendredi saint, les chœurs de l'église Saint-Guillaume participent encore à l'exécution de la *Passion selon saint Jean* ou de celle *selon saint Matthieu*. Certains dimanches et jours de fête, la cantate de rigueur est également interprétée par la même formation.

En outre, les deux festivals implantés dans la capitale alsacienne ne manquent jamais de saluer le Cantor de Leipzig, pour employer une respectable métaphore : le premier, fondé en 1938, a reçu — au cours des temps — le violoniste Yehudi Menuhin, l'organiste Helmut Walcha, le chef d'orchestre Karl Munchinger ou le claveciniste Gustav Leonhardt pour qu'ils régalent les auditeurs de certaine *Partita*, de l'*Orgelbüchlein*, des *Concertos Brandebourgeois* ou des *Variations Goldberg*. Le second, nommé Musica et consacré à la musique d'aujourd'hui, permit — en 1985 — à Strasbourg d'accueillir la création française de la *Passion selon saint Bach* du compositeur argentin Mauricio Kagel, récit des souffrances et des mornes obligations quotidiennes de Jean-Sébastien.

Si une pareille tradition se perpétue, elle provient presque exclusivement de l'action menée, au siècle dernier, par Ernst Munch, père de Charles. Ernst, né en 1859 à Niederbronn-lès-Bains, une modeste station thermale du Bas-Rhin, emploiera les sept décennies de son existence à bon escient. Il est organiste et chef d'orchestre. Il enseigne aussi son instrument au conservatoire de Strasbourg. Puis, en 1918, bénéficiant d'un préjugé favorable de la part des autorités compétentes en raison d'un attachement indéfectible à la France, il devient directeur de cet établissement. Pour dix ans. En 1928, la mort le déloge d'un poste pour lequel il dépense une énergie considérable.

Pourtant, la grande affaire de sa vie, l'unique préoccupation de ses jours concernent Bach. Depuis le moment où, élève de Haupt à l'Institut Royal de Musique Sacrée implanté dans le Berlin des années 1870, il a découvert l'œuvre gigantesque du « vieux Sébastien » — comme on l'appelait alors —, il se fait un de ses plus ardents prosélytes. A la suite de musiciens romantiques, comme Mendelssohn ou Schumann. Voire de Brahms, lui aussi impatient de rendre à César ce qui lui appartient et de conférer au *Rex gloriae* saxon un statut de première dimension.

Ernst Munch, cependant, est un pragmatique. Il n'entend pas s'adonner à des activités uniquement musicologiques. Il cherche, au contraire, à faire connaître et apprécier l'art de Bach par de fréquentes exécutions ici et là. Ici? A Strasbourg. Après l'annexion, il fonde les chœurs de Saint-Guillaume, appelés à devenir un ensemble d'élite. Albert Schweitzer, dans *Ma vie et ma pensée*: « Cet édifice cultuel et ses chœurs passaient, à ce moment-là, pour un des centres les plus importants de la redécouverte de Bach. » Ernst Munch en sera le chef durant près de quarante ans. Des décennies actives, dominées par une reconnaissance en bonne et due forme de la part de la Bachgesellschaft de Leipzig. Notre homme fait partie de cette société savante. Il entretient des relations suivies avec Karl Straube, Cantor de l'église Saint-Thomas. Ce dernier est alors *le* spécialiste international de Bach. Tel est donc le cadre dans lequel le futur interprète de Berlioz *par excellence* — comme diraient les Allemands — vient au monde le 26 septembre 1891. Son père est âgé de trente-deux ans. L'année précédente, l'épouse d'Ernst avait accouché d'un autre garçon, l'aîné de Charles, un petit Ernst-Frédéric, vite nommé Fritz par commodité. Il vivra jusqu'en 1970.

Da Capo. Comme son père, Fritz brille à l'orgue un jour de Noël pendant que Charles chante le *Superius* du choral de Bach, *Du haut du ciel*. L'aîné prend, à l'occasion, la baguette. En particulier afin d'exprimer son militantisme en faveur d'Anton Bruckner: un entrefilet du journal *Le Ménestrel* de novembre 1935 nous apprend qu'il a récemment dirigé la *Septième Symphonie* du maître autrichien à la tête de l'Orchestre Municipal de Strasbourg. Un acte courageux, eu égard au peu d'intérêt de l'époque pour Bruckner, et la répétition d'une attitude familiale. A chaque génération, les Munch semblent vouloir chercher à imposer un compositeur mésestimé, quoique majeur. Munch n'agira-t-il pas de cette façon en vengeant Berlioz, en l'imposant partout, de Rotterdam à la Nouvelle-Zélande? Revenons, cependant, à Fritz. Il fut un champion de la longévité, comme de la reprise des postes paternels. Il succède à Ernst à Saint-Guillaume, de 1924 à 1961. Soit trente-sept ans. Il est, lui aussi, directeur du conservatoire de Strasbourg. De 1929 à

1961. Si l'on peut trouver dommage qu'un photographe tel qu'August Sanders n'ait pas réalisé des clichés d'Ernst en compagnie de ses fils Fritz et Charles, on imagine — cependant — les caractéristiques de pareils documents. Mieux, on se les représente.

Nous voyons donc trois gaillards bien nourris, sûrs d'eux. Pas de femmes dans le cadre. Chez les Munch, la vie professionnelle — en l'espèce, la musique — comme sa figuration sociale devant l'objectif sont des activités masculines. Charles ne faillira pas à cette règle. Il n'existe pas, dans des journaux ou des publications, de clichés de lui en compagnie de son épouse, Geneviève Maury. D'ailleurs, parlant d'elle, il disait toujours Madame. « Madame reste chez elle ; Madame ne viendra pas. » Du coup, les femmes absentes, l'impression d'avoir affaire à une tribu se renforce. Voici assemblés les seigneurs de la vie musicale strasbourgeoise, les potentats locaux du son, l'embryon d'une dynastie artistique appelée à régner sur une ville de haute culture pendant près d'un siècle. De la jeunesse d'Ernst à la mort de Fritz, survenue sous le septennat de Georges Pompidou. L'impétueux Charles a, en dépit de mérites intrinsèques, sa place réservée au banquet des notables. Dès 1919, il enseigne le violon au conservatoire. Dans le cercle de famille : Papa est le directeur. De très belles espérances se dessinent, pour lui, au plan local. Mais, en 1925, il rompt avec ces perspectives. Il part pour Leipzig et y devient Konzertmeister de l'orchestre du Gewandhaus. Les Munch d'Alsace germanique avaient aussi de la famille en Suisse alémanique. Un neveu d'Ernst, Hans Munch, fut professeur de chant choral, de piano et de direction d'orchestre au conservatoire de Bâle. Avant d'en devenir le responsable de 1935 à 1947. Il était également compositeur, puisqu'on lui doit maintes pages pour chœurs, piano, orgue ou formations de chambre. Une voie goûtée par ses parents d'Alsace. On jouait force trios, quatuors et quintettes durant les vacances dans la petite maison familiale de Niederbronn-lès-Bains, surnommée la boîte à musique par les voisins. En 1900 — il a neuf ans —, Charles se lance dans l'élaboration d'une *Sonatine* et d'un *Quatuor à cordes*. Deux tentatives qu'il ne mènera pas à leur terme. En dehors de Hans, la famille est — en effet — bien plus vouée à l'interprétation qu'à la création. Surtout quand il s'agit de prendre la baguette. Elle compte, on l'a noté, quatre Kappellmeister : Ernst, Fritz, Charles et Hans. Ou, plutôt cinq. Hans avait un frère, Eugen-Gottfried, décédé en 1944. Il fut le seul de ces messieurs à embrasser une carrière de chef de théâtre, en dirigeant l'Orchestre de l'Opéra de Strasbourg.

Il aurait été étonnant que les prérogatives de la famille ne s'étendent pas jusque dans le monde de l'art lyrique. N'avait-elle pas la main haute sur les activités musicales de la cité ? Déléguer un seul des siens au royaume des divas et du carton-pâte, là même où Richard Strauss en personne avait conduit *Elektra* en 1932, procédait à la fois d'une démonstration de puissance et d'une exclusion. Comment ne pas prendre acte de la rareté extrême des chefs de théâtre dans une tribu dont les activités, les réseaux d'influence, le sens de l'entraide évoquent les usages d'un autre clan, originaire de Thuringe, celui des Bach? Un autre point commun — d'ordre religieux — explique cette singularité. De même que Jean-Sébastien et ses ancêtres étaient des luthériens fervents, les Munch vénéraient la doctrine du grand Reformator. Charles, élevé dans cette tradition, éduqué au gymnase protestant de Strasbourg jusqu'au baccalauréat, en gardera la mémoire sa vie durant. En s'accordant quelque liberté, toutefois. Alors que les protestants bon teint ne pratiquent pas le culte marial, il aimait la Vierge au point de posséder une statue de celle-ci et de l'avoir installée dans sa chambre à coucher, à Louveciennes. Lorsqu'il lui arrivait d'être souffrant, il lui disait: « Aide-moi, aide-moi donc! »

Dérive œcuménique? Peut-être. Pour mieux se distinguer, une fois encore, du groupe familial et entamer une brèche dans sa cohérence. Spirituelle, notamment: à cet égard, les Munch étaient — pourrait-on dire — protestantissimes. Du plus lointain au plus proche d'entre eux. En 1929, afin de s'associer à la célébration du quatrième centenaire de la sécession luthérienne, Hans le Bâlois compose et fait jouer un *Reformationsgedenkspiel*. En d'autres termes, un *Jeu commémoratif de la Réforme*. Mendelssohn, un siècle plus tôt, n'avait pas réalisé autre chose en écrivant cantates et hymnes de circonstance. A ses activités déjà évoquées, Fritz peut ajouter le métier de pasteur. Il l'était, ayant obtenu les diplômes appropriés dans sa ville natale, à Berlin et à Leipzig. En 1919, il est nommé responsable de la Fondation d'Etudes Théologiques de Strasbourg. Mais le meilleur reste à divulguer. Emma, la fille jusqu'alors invisible d'Ernst, la sœur de Fritz et de Charles, devait épouser un certain Paul Schweitzer, le propre frère du Dr Albert Schweitzer. Le médecin des lépreux fréquentait souvent chez les Munch. Il connaissait Ernst depuis le jour où Charles-Marie Widor, son professeur d'orgue, le lui avait présenté. On s'imagine, dès lors, concerts et soirées de musique de chambre communes, le chef des chœurs de Saint-Guillaume s'opposant — à l'occasion — avec une vigueur des plus affirmées aux propos de Schweitzer. En présence du jeune Charles qui écrira, plus tard, dans son livre *Je suis chef d'orchestre*: « J'écoutais ces maîtres discuter âprement sur des détails d'exécution, si violemment parfois que notre mobilier était en danger... »

Pourtant, ces polémiques d'experts cessaient au temple. Ils y ressentaient la présence divine de manière si forte qu'ils n'avaient pas besoin de draper leur sens du sacré dans les costumes de la représentation théâtrale. Devenu un chef de réputation mondiale, Munch n'aura guère envie — à une exception malheureuse près — de se consacrer à des activités lyriques. Alors que, durant son enfance, Bayreuth révélait les cycles du *Ring* et le drame sacré de *Parsifal* devant des foules en transe, Saint-Guillaume proposait une autre *saga* — purement liturgique — au rythme des saisons. Chacun des 52 dimanches de l'année y était représenté par sa propre cantate ; à Noël et à Pâques retentissait un *Oratorio*. Les dernières souffrances du Christ se reproduisaient le Vendredi saint par l'exécution d'une des deux *Passions* de Bach. Alors, les fidèles massés devant une espèce de tribune entendaient le voile du temple de Jérusalem se déchirer. Tels les futurs spectateurs de certain film de Pasolini, ils regardaient Jésus surgir du tombeau, ressusciter au son de l'éclatant *Der Held aus Juda siegt mit Macht*, péroraison du pathétique air pour alto *Es ist vollbracht*. Nous sommes, ici, en plein théâtre luthérien. Le livret, imagé jusqu'à en être naïf, les couleurs instrumentales, le rôle expressif des *soli* d'un hautbois d'amour ou d'une viole de gambe, le travail rythmique de Bach, le moindre élément constitutif de ce puzzle se voient — tous — distribués dans un rôle. Ils contribuent à l'édification d'une puissante théâtralité, sûre au point que le plus infime décor serait une insultante redondance. Voilà bien avant les recherches actuelles les syntagmes d'un authentique théâtral musical.

Charles en sera marqué. De manière si forte que, désigné comme responsable de l'Orchestre Philharmonique de Paris en 1935, il célèbre la Nativité — le 21 décembre — en conduisant une exécution de l'*Oratorio de Noël* dépeinte, dans la presse, comme dominée par une « émotion et une ardeur puissamment communicatives ». Il s'agit d'une de ses premières prestations dans la capitale. Un peu moins d'un an après, Bach est toujours là. Comme les amis de la famille. A l'invitation de Charles, Karl Straube et le Chœur de Saint-Thomas de Leipzig s'arrêtent à la Salle Pleyel le 29 octobre 1936. Pour un programme consacré au *Troisième Concerto brandebourgeois*, à la *Cantate 78* et au motet *Jesu, meine Freude*. Ce soir-là, Munch et le maître, tant visité en Saxe, se partagent la baguette. Pour célébrer un culte auquel le peintre d'origine russe Vassili Kandinsky consacra un essai intitulé *Du spirituel dans l'art*. Certes, on peut s'étonner de la référence à un plasticien longtemps considéré comme d'avant-garde et établi à Munich au début du siècle, au moment même où le père de Charles faisait répéter à ses braves choristes et instrumentistes de Saint-Guillaume quelque *O Lamm Gottes Unschuldig*.

Mais elle s'impose. Elle est non moins nécessaire à l'information du lecteur que les réflexions du pianiste et penseur canadien Glenn Gould au sujet d'Albert Schweitzer. Evoquant une « mystique extra-musicale », il dénote en lui la possibilité exceptionnelle d'« accomplir ce que des théologiens appelleraient un *saut de la foi* ». En clair, l'aptitude à exprimer des sensations métaphysiques par le simple geste de jouer un *Prélude et Fugue*, les *Variations canoniques* ou le choral *Seigneur, me voici devant ton trône*. Imprégné de cette dimension indicible, Munch la reproduira une fois devenu chef d'orchestre. Elle demeurera surtout le lien unique, bien qu'essentiel, entre lui et les siens. Serait-il devenu *progressivement* un étranger, au sens où le philosophe Jean-Paul Sartre — un autre parent du Dr Schweitzer — le sera, en raison de prises de position peu agréables, pour le moins, à la conservatrice Alsace ?

Un facteur reste indubitable, en tout cas. Charles Munch cumule, par rapport à ses collatéraux, des différences majeures. Il quitte la terre familiale pour aller s'établir dans un département dit de l'intérieur, puis en Amérique du Nord. Il vénère la Vierge comme s'il était catholique ; il tourne le dos au protestantisme littéral en menant une vie épicurienne. Il dirige des concerts où la *Joyeuse Marche* de Chabrier ainsi que le paganisme solaire du *Daphnis et Chloé* de Ravel figurent au programme. A l'âge de soixante-seize ans, il enregistre même *Gaîté parisienne* d'Offenbach avec le New Philharmonia de Londres. On s'imagine la réaction du strict Ernst s'il avait pu vivre un peu plus de cent ans pour constater une telle trahison. Faire, ainsi, dans la futilité quand on a été nourri par *L'art de la fugue* !

DE LA CHAISE AU PODIUM

« Chaque époque rêve la suivante. »
Jules Michelet

De même que Champollion eut besoin de se rendre en Egypte pour interpréter les hiéroglyphes, Charles Munch se devait d'aller étudier en Allemagne. Voire d'y travailler. Une tradition musicale prestigieuse et les préceptes d'une exécution — présumée authentique — de Bach ayant force de loi imposaient ce séjour à la plupart des musiciens du début du siècle. Qu'on pense au pianiste d'origine chilienne Claudio Arrau venu, tout enfant, apprendre son art à Berlin, auprès du vieux Martin Krause, un des derniers élèves de Liszt !

Charles Munch séjournera dans la capitale de la Confédération germanique dès que son professeur strasbourgeois, un certain Nast, n'aura plus rien à lui apprendre en matière de violon. Un maître célébrissime enseigne, en effet, à proximité de l'avenue Unter den Linden. Il s'agit du Hongrois Carl Flesch, décédé à l'âge de soixante et onze ans en 1944, après avoir formé Ginette Neveu et Henryk Szeryng, deux solistes que Munch — devenu chef d'orchestre — aura souvent l'occasion d'accompagner. Appartenant à la même génération qu'Enesco et Thibaud, ses condisciples au conservatoire de Paris, le fougueux Flesch transmettra quelques règles très personnelles au jeune Alsacien. En particulier le sens de la couleur et du lyrisme extraverti. Il lui ménagera également des rencontres avec certains interprètes éminents des années précédant la Première Guerre mondiale, dont le légendaire virtuose Fritz Kreisler, auteur de pièces de caractère telles que *Caprice viennois* ou *Tambourin chinois*.

Dans son livre *Je suis chef d'orchestre,* Charles relate une conversation au cours de laquelle Kreisler lui aurait raconté avoir joué le *Concerto pour violon* opus 77 de Brahms sous la direction du compositeur. On peut ici émettre quelques réserves. En effet, lorsque Brahms meurt, en 1897, Kreisler a interrompu — pour une dizaine d'années — sa carrière de soliste afin d'étudier la médecine et de faire son service militaire comme officier des uhlans. La seule possibilité d'une apparition publique sous la baguette de l'auteur de l'*Ouverture tragique* se limite à l'année 1888, pour les motifs donnés précédemment. Kreisler avait alors treize ans, ce qui rend l'hypothèse très peu vraisemblable. Ou Munch fut abusé par ce charmeur patenté, ou il se trompe, ou il affable, se comportant ainsi avec un sens de la fiction digne des *Mémoires* de Berlioz.

La période berlinoise ne lui fut pas profitable sur le seul plan violonistique. Il suivit aussi les concerts d'Arthur Nikisch chez les *Philharmoniker* et ceux d'Oskar Fried — ce défenseur des causes nouvelles — avec le Blüthnerorchester, applaudit Gustav Mahler venu diriger ses symphonies, alors regardées comme des ruches d'audace, ou se pénétra de l'art gestuel de Richard Strauss, officiant au pupitre de la Hofoper. Mais l'attentat de Sarajevo arrive. Il précipite l'Europe vers une guerre à la cruauté encore inconcevable. Munch, versé dans l'armée allemande, la subira tout particulièrement. Désireux d'effectuer une synthèse internationale de l'art de son instrument, il partira aussi travailler à Paris avec Lucien Capet. Celui-ci, né la même année que Flesch, est un pédagogue fameux. Il a gagné sa réputation en tant que spécialiste éminent de la musique de chambre, à un degré tel que, depuis 1907, il anime la classe vouée, au Conservatoire, à cette discipline. On est encore loin des explosions sonores et de l'expansivité dont Munch tirera, un jour, sa célébrité.

Pourtant, prendre conseil auprès de Capet, avoir été un des disciples de Flesch, à une époque de nationalismes vivaces, témoigne — là encore — de l'appartenance à une double culture. Ce rapport au monde penche, par certains de ses aspects, néanmoins en faveur de l'Allemagne. Bien que Français corps et âme, Capet fut un des rares solistes de la Troisième République à pénétrer le marché d'outre-Rhin, tenu en coupe réglée par la prestigieuse Konzertdirektion Wolff de Berlin, et — de ce fait — à y être très connu. Sa passion pour Beethoven est probablement à l'origine d'un accueil aussi favorable. En 1893 — à vingt ans —, le violoniste parisien fonde un quatuor à cordes dont la mission principale sera de diffuser les œuvres écrites pour cette formation par l'auteur de la *Grande Fugue*. L'élève Munch ne fera pas une carrière aussi prestigieuse. Il ne sera jamais un soliste recherché, ni le *Primarius* d'un quatuor adoré du public. En 1919, il devient professeur de violon au conservatoire de Strasbourg et — simultanément — Konzertmeister de l'Orchestre Municipal. Cette dernière fonction est le degré qui précède, dans certains cas, l'accession au métier de chef. Il a vingt-huit ans.

Mais l'Allemagne continue, en permanence, à exercer sa force d'attraction, aussi irrésistible que la Lorelei, créature légendaire immortalisée par Heine. En 1925, Karl Straube — Cantor de l'église Saint-Thomas de Leipzig et personnalité connue de la famille Munch au point que Fritz lui consacre un livre intitulé *Karl Straube et le culte de Bach en Alsace* — communique une alléchante information à Charles. La place de premier violon solo de l'orchestre du Gewandhaus est libre.

Munch, vivement intéressé, se présente au concours organisé pour l'obtention de ce poste prestigieux et le remporte. Le voici intronisé dans l'un des sanctuaires majeurs de la vie musicale internationale. Il est chargé, par ailleurs, d'enseigner son instrument au conservatoire de Leipzig. Bref une situation déjà vécue en Alsace, mais à un niveau incomparablement plus modeste. Pendant sept ans, marchant sur les traces de Fritz qui avait aussi étudié dans la ville de la *Bataille des Nations,* Charles sera témoin de l'agonie de la République de Weimar, de la dépression économique et de la misère du Lumpenproletariat. Il assistera, inquiet, à l'ascension du nazisme. En 1932 — un an avant la prise de pouvoir par Hitler —, « des événements historiques, écrit-il dans *Je suis chef d'orchestre,* m'incitèrent à quitter définitivement l'Allemagne ». Pure clause de style employée pour ne pas entonner le leitmotiv, en forme d'alternative, bien connu des Alsaciens : ou vous devenez citoyen allemand, ou vous abandonnez votre travail. Décidément.

Au moment où Munch prend possession de son poste, un très grand Allemand — au propre comme au figuré —, Wilhelm Furtwängler, exerce les fonctions de Gewandhauskapellmeister, pour utiliser le terme vernaculaire désignant cette position fort enviée. Charles sera son collaborateur le plus proche. Pour trois années, seulement. Furt — diraient les initiés — fait sans cesse la navette entre Leipzig et Berlin, où il est également directeur de l'Orchestre Philharmonique, ceci au détriment de la ville saxonne, en raison des nombreux engagements du maestro dans d'autres cités allemandes comme à l'étranger ! Ainsi, sur les 127 concerts dirigés en tous lieux par le Doktor au cours de la saison 1928-1929, onze seulement eurent lieu dans la salle du Gewandhaus. Un mauvais point pour la légende d'un Wilhelm regardé sous l'angle d'une rigueur maniaque. A cause d'un pareil abus, les autorités leipzigoises sont exaspérées ; elles remercient Furtwängler. Il quitte son poste en 1929. Bruno Walter, élève chéri de Mahler, lui succède. Jusqu'en 1933, année de malheur pour l'Allemagne et pour Walter lui-même. De confession juive, il est renvoyé. Malgré les protestations de la grande bourgeoisie libérale locale qui lui apportera des… fleurs à la gare le jour de son départ. Munch ayant regagné la France en 1932, leur travail en commun aura duré trois ans. Trente-six mois au premier pupitre, passés à communiquer de très près avec les regards de Walter.

Quelles étaient les caractéristiques du violoniste Munch ? Il est particulièrement difficile de répondre à cette question. Pour trois raisons. Primo, nous ne possédons pas de disques où il intervient comme soliste. A l'inverse de Lorin Maazel, interprétant la *Méditation* de *Thaïs* sur microsillon tout en la dirigeant, Munch ne jouera plus de son instrument une fois devenu un chef confirmé. Il ira même jusqu'à vendre son violon — un Guarneri — à Henryk Szeryng. Secundo, rien ne permet d'affirmer que les disques, gravés au Gewandhaus sous les règnes de Furtwängler et de Walter, consacrés à des œuvres dans lesquelles — telle *Une vie de héros* de Richard Strauss — le Konzertmeister joue des *soli* très développés ont été réalisés avec le concours de Munch. Il est, en effet, de rigueur — dans les formations germaniques — d'avoir deux violons-solo qui alternent au concert, comme en studio. A cette époque, la mention de leur nom figurait rarement sur l'étiquette d'un disque. Tertio, il serait — pour le moins — maladroit de chercher à identifier Munch dans le solo de la *Missa solemnis* de Beethoven, en arguant d'un style violoniste ample et chaleureux, d'un art annonciateur de la manière dont il dirigera.

Se souvenant, au printemps 1986, des séances privées de musique de chambre auxquelles elle se livrait avec lui, comme en compagnie de la fille d'Arthur Honegger, Nicole Henriot-Schweitzer déclarait : « Charles était un curieux violoniste. Il jouait d'une façon classique et sobre, en laissant au vestiaire sa passion, sinon sa furia naturelles de chef d'orchestre. » Cette singularité ne doit pas être entièrement comprise comme le résultat d'une enfance placée sous le signe de Bach, figure tutélaire perçue comme austère. Voire comme modèle d'un art à la perfection presque divine. Les années passées au Gewandhaus confortèrent Munch dans cette tendance. La tradition de cet orchestre repose, depuis sa fondation en 1781, sur des principes interprétatifs qui se distinguent par la calme grandeur et la noble simplicité chères à l'écrivain Johann Winckelmann. Ajoutez-y la concentration, la rigueur, la maîtrise à la fois athlétique et cartésienne du son et vous obtiendrez une définition assez acceptable du style de Munch.

Nous écrivons ces lignes à l'hôtel Astoria de Leipzig le 19 septembre 1986, lendemain d'un concert donné au nouveau Gewandhaus, un palais de béton et de verre inauguré voici quelques années. Bien que les souvenirs de Munch dorment parmi les archives de l'orchestre, une maxime demeure. Gravée jadis au fronton du vieux bâtiment et reproduite aujourd'hui au-dessus des orgues qui dominent l'espace réservé à cette glorieuse phalange, elle dit : *Res severa verum gaudium*. Cette sentence latine signifie : la vraie joie est celle due aux choses sévères. Pourtant, la devise du Gewandhaus définit d'emblée des normes qui furent jetées aux orties par le Munch chef d'orchestre. Mais les contradictions d'une personnalité, le labyrinthe énigmatique des âmes, tant mis en évidence par Lou Andréas-Salomé, sont un lot commun. En tout cas, le Konzertmeister strasbourgeois avait une dévotion sans limites, ce qui n'est pas inattendu, pour Furtwängler, lequel la lui rendait bien. La veuve de l'éminent interprète de Brahms et de Bruckner se remémore aujourd'hui volontiers l'amitié entre les deux hommes : « Munch est toujours resté très fidèle à Wilhelm. Il était présent à ses répétitions quand il est venu à Paris avec les Berliner fin avril 1937. Il a pris position en se faveur, lorsque les Américains se sont déchaînés contre lui après la guerre. Ils l'accusaient de collusion avec les ex-dirigeants nazis. »

On connaît la suite. Furtwängler meurt de chagrin dans une clinique de Baden-Baden, fin 1954. Le 30 août de l'année suivante, l'Orchestre Philharmonique de Vienne donne un concert au festival de Salzbourg. Munch est au pupitre. Il a inscrit à son programme la seconde suite de *Bacchus et Ariane,* la *Cinquième Symphonie* d'Honegger, l'*Héroïque* de Beethoven et la *Musique funèbre maçonnique* de Mozart, jouée — précise un document remis aux auditeurs — *In Memoriam Wilhelm Furtwängler*. Même attitude à l'égard de Bruno Walter : Munch n'oubliera jamais les années de Leipzig. Très vite après la fin de la guerre, Munch invite l'exilé à conduire la Société des Concerts. Le 1er décembre 1946, ce citoyen américain de très fraîche date retrouve Paris et un orchestre qu'il connaît bien pour l'avoir mené plusieurs fois avant-guerre. A cette occasion, Beethoven et Mozart tiennent compagnie au *Prélude à l'après-midi d'un faune*. Ces excellentes relations ont, cependant, tendance à nous faire perdre de vue le moment où Munch entra chez les seigneurs de la baguette. L'événement se produisit-il en France où, en 1936, il fut nommé professeur de violon à l'École Normale de Musique, à l'instigation d'Alfred Cortot, le fondateur de cet établissement ?

Non, puisque — l'année précédente — il présidait déjà aux destinées de l'Orchestre Philharmonique de Paris. Cette *naissance* eut lieu à Leipzig. Toujours au milieu d'un environnement dans lequel le culte de Bach et Karl Straube relèvent presque de structures comme en observent les ethnologues parmi les peuplades de l'Amazone ou de l'Océanie. En sa qualité de premier violon du Gewandhaus, Charles devait également prendre part aux services sacrés de l'église Saint-Thomas. Celle-ci était — et reste encore — sous la juridiction de l'orchestre. Un jour — situation classique —, le Cantor Straube se trouve empêché ou malade. Il charge alors Munch de diriger l'exécution d'une cantate de Jean-Sébastien, depuis son siège. C'est un grand succès. Quelques semaines plus tard, Munch se voit confier la direction d'un des concerts historiques du Gewandhaus. On désignait, par ce terme, une manifestation durant laquelle le premier violon faisait, comme au dix-huitième siècle, office de chef d'orchestre. Un pareil usage se perpétue, de nos jours, en Italie grâce à l'ensemble *I Musici*. Le concert historique en question est un triomphe. Notre homme ne pense plus qu'à monter, lui aussi, au pupitre. La métamorphose s'accomplira progressivement. Jusqu'au jour où le Guarneri de Munch trouvera un nouveau propriétaire.

Considérons — cependant — la liste des différents concertos pour violon enregistrés par Yehudi Menuhin, Jascha Heifetz ou Jaime Laredo en compagnie de Munch. Elle comporte les compositions célébrissimes de Beethoven, Bruch, Mendelssohn et Tchaïkovsky destinées à cet instrument. Or, plus d'une d'entre elles possède une généalogie commune avec le Gewandhaus. Le *Second Concerto* de Mendelssohn eut sa création mondiale lors d'un concert de l'institution, donné en 1845. L'œuvre de Tchaïkovsky se vit ardemment soutenue par Arthur Nikisch, le prédécesseur de Furtwängler à Leipzig de 1895 à 1922. Et — si l'on passe au répertoire exclusivement symphonique —, on constate d'emblée que, même à Boston, Charles reproduira l'estampille maison, le catalogue Gewandhaus. Pour deux raisons : l'abondance des créations mondiales confiées à cette phalange et sa politique artistique, définie dès l'époque où Mendelssohn en était le chef permanent. En dehors des concertos cités précédemment, le public saxon fut le premier à entendre la *Troisième Symphonie* de Mendelssohn, la *Neuvième* de Schubert, les *Première* et *Quatrième* de Schumann, le prélude des *Maîtres Chanteurs de Nuremberg* de Richard Wagner. Sous le mandat de Felix Mendelssohn entre 1835 et 1848, des cycles Beethoven attirèrent l'attention des sphères musicales européennes sur les œuvres révolutionnaires d'un misanthrope décédé en 1827. Dans un tel climat, Munch apprit beaucoup. Son éthique future se profila entre le Markt et les rives de l'Elster.

Si Furtwängler fut d'une trempe propice à la création, ainsi qu'en témoignent les premières auditions de Bartok, Hindemith, Prokofiev et Schönberg confiées à ses soins, l'exemple Nikisch ne manqua pas — non plus — d'impressionner Charles Munch. Non content d'avoir porté sur les fonts baptismaux la *Septième Symphonie* de Bruckner comme le *Poème Divin* de Scriabine, le maestro hongrois suivait vivement les représentants de l'école britannique de la fin du dix-neuvième siècle. Sir Adrian Boult, au sujet de Nikisch, dans le livre *On Music* : « Il fut toujours un explorateur amical et intéressé par les mouvements nouveaux ; lorsqu'il venait en Angleterre, chaque été, il s'intéressait lui-même à nos compositeurs. Je me souviens qu'il fit un voyage spécial à Londres afin de conduire la première exécution de la symphonie *Thalassa* d'Arthur Somervell ; il prit soin d'un opéra d'Holbrooke, comme de plusieurs œuvres d'Elgar. » En dépit de la notoriété du dernier de ces messieurs, on admirera l'attrait d'un monstre sacré comme Nikisch pour des artistes dont le nom ne nous est guère familier et qui méritent une brève présentation. Somervell, mort en 1937 à l'âge de soixante-quatorze ans, était un musicien d'obédience brahmsienne connu, en particulier, pour un cycle de mélodies sur des poèmes de Tennyson, intitulé

Maud. Joseph Holbrooke vivra de 1878 à 1958. Le temps de mettre, notamment, sur pied une trilogie lyrique tirée des légendes du Pays de Galles.

A l'instar de Nikisch, Charles Munch aura — une fois responsable de la Société des Concerts ou du Boston Symphony — ses propres Somervell et Holbrooke. Ils se nommeront Louis Aubert, Eugène Bozza ou Vladimir Vogel. Des compositeurs honorables. Des artisans remplis de conscience et de technique, en lieu et place du génie. Mais, comme on le verra dans les réflexions relatives au credo artistique de Munch, savoir prendre des risques pour des créateurs vivants est une des dimensions éthiques du métier de chef d'orchestre. Mieux, une pareille nécessité est le sel de la terre dont traite maint texte sacré. Comme l'environnement familial était phagocyté par la statue d'un Commandeur nommé Bach, et — de ce fait — moins porté vers l'innovation, les années du Gewandhaus orienteront opportunément le jeune Munch vers les inventeurs de combinaisons inouïes, au sens premier du terme. Les œuvres qu'il doit alors jouer provoquent un élargissement de son champ de conscience esthétique. Sans oublier une occasion incomparable de se frotter aux affects de maîtres prestigieux, Wilhelm Furtwängler ou Bruno Walter.

A son poste de Konzertmeister, le violoniste est l'épine dorsale de leurs interprétations ; la courroie de transmission de leurs desiderata, remarques et instructions. Selon la hiérarchie, il exerce la fonction la plus proche de celle assumée par le chef. Aussi, son expérience ne sera-t-elle pas seulement riche en pédagogie de la gestique, de l'agogique, des *trucs* coutumiers du métier, de la battue et du regard. Elle lui enseignera certaines vagues de fond qu'il fera siennes, une fois la baguette en main. De Furtwängler, il retiendra la clarté, la grandeur et le pathos afin — tout en suivant son propre sentier — de se distinguer par la primauté du cœur et de l'instinct. Bruno Walter ne devait laisser une trace durable, chez lui, que pour un motif extérieur à son célèbre esprit de mesure, paramètre incompatible avec la personnalité de l'Alsacien. Comme il restait profondément humain au pupitre, il eut toute la sympathie du premier violon. Celui-ci, devenu son collègue, s'empressa de reproduire ce type de comportement. Il était d'ailleurs inscrit dans sa propre nature depuis belle lurette. Et Toscanini, monstre sacré de l'époque, incarnation suprême — voire caricaturale — de la profession, avec une force telle qu'il fut à la baguette ce que Billie Holiday était au black-song? Charles aura, en commun avec lui, la passion. A l'inverse, la virtuosité éclatante du Parmesan colérique, le respect maniaque du texte dont il marquait la moindre mesure ne devaient passionner Munch qu'au plan exclusivement formel.

UN MAGICIEN
PARFOIS IRRÉGULIER

> « Tu me demandes ce qu'est la vie. C'est comme si tu
> me demandais ce qu'est une carotte. Une carotte est
> une carotte ; il n'y a rien à savoir de plus. »
>
> *Lettre d'Anton Tchékhov à sa femme,* 1904

En 1954, les Editions du Conquistador firent paraître un livre intitulé *Je suis chef d'orchestre.* Appartenant à la collection *Mon métier*, cet ouvrage était signé Charles Munch. En l'espace de six ans, il fut traduit dans plusieurs langues et publié chez les éditeurs de quelques grandes capitales. 1955 : New York, grâce à l'adaptation anglaise de Leonard Burckart, le plus proche collaborateur du maestro au Boston Symphony 1956 : Londres. 1957 : Zurich, en allemand. 1960 : Moscou, en russe, une performance lorsqu'on connaît la lenteur avec laquelle les écrits occidentaux pénètrent généralement en Union soviétique.

L'heure était aux récits « sur le vif », aux relations d'expériences professionnelles insolites. En outre, le métier de chef d'orchestre fascinait quelque peu les Français. Qu'on se souvienne du film *Prélude à la gloire*, au cours duquel on voyait Roberto Benzi, enfant, imposer ses desiderata à une phalange de musiciens professionnels éblouis par ce jeune prodige ! Munch, quant à lui, n'avait jamais été un Mozart de la baguette. Tout au contraire. Ses débuts dans ce domaine remontaient à 1932 : il avait alors quarante et un ans. S'il avait conduit des cantates de Bach et les *Gesangscenen* de Louis Spohr à Leipzig, il n'entra vraiment dans la profession qu'un soir de cette année-là, à Paris. « Rassemblant quelques économies, je louai l'orchestre Straram. » La formation instrumentale en question n'était pas la première venue. Réunion de l'élite des instrumentistes de la capitale, elle avait été retenue par Toscanini à l'occasion de ses débuts parisiens avec un orchestre français.

Walter Straram, le créateur du *Boléro* de Ravel au Palais-Garnier, n'avait plus qu'un an à vivre. Sa formation ne lui survécut pas. Depuis 1925, moment de sa fondation, elle avait effectué les créations mondiales d'*Hymne* et des *Offrandes oubliées* de Messiaen. Elle s'était aussi trouvée retenue pour les premières auditions françaises du

Concerto de chambre de Berg, de la *Kammermusik* avec piano de Hindemith, de la *Passacaille* opus 1 et des *Cinq pièces* opus 10 de Webern. En d'autres termes, Munch n'avait pas fait confiance au hasard. Ce détail a son importance. Il procédera, pour ses premières apparitions à la tête d'autres formations, de la même manière. Avec les Concerts Lamoureux, alors en pleine notoriété, comme avec l'association symphonique de Robert Siohan. A l'instar de Straram, ce confrère de Munch était un fervent défenseur d'Ibert, Milhaud et autres. Il créera *L'Ascension* de Messiaen en 1934 dix ans après avoir révélé *Le roi David* d'Honegger. Le décor était donc campé pour faire de Munch un des propagandistes les plus dynamiques de la musique nouvelle...

Cependant, tout interprète a besoin d'un maître. Ou, si l'on préfère, d'un père métaphorique. Le Socrate de Munch, pour l'art de la direction, se nommait Alfred Szendrei. Il travailla avec lui, à Paris. En dehors d'un patronyme dénotant des origines hongroises, on ne sait rien de ce pédagogue. Les archives de la musique n'ont pas conservé sa trace. Serait-ce le jeu d'un hasard objectif, d'une conjuration de la mémoire afin que le mystère inhérent au métier de chef reste entier ? Tout aussi énigmatique demeure le contenu de l'enseignement dispensé par Munch au conservatoire de Paris de 1939 à 1943. A la lecture des Palmarès, consignés sur du papier à en-tête de la Bibliothèque nationale pour cause de... pénurie, on ne trouve guère de noms connus. Sauf ceux d'André Girard et de Pierre Sancan. Ils n'avaient, pourtant, obtenu qu'un Second Prix. Alors, pourquoi écrire *Je suis chef d'orchestre,* si ce n'est pour réaliser un travail de large vulgarisation que les professionnels liront très vite, avant de retourner à *La direction d'orchestre*, l'ouvrage fondamental d'Hermann Scherchen ? Pourquoi traiter d'un thème à ce point énigmatique que sa simple évocation met des sarcasmes insultants dans la bouche de Sergiù Celibidache, autre glorieuse baguette du vingtième siècle ?

Munch désire simplement faire état de sa propre expérience. En procédant selon deux axes essentiels : le physique et le métaphysique. Examinons le premier d'entre eux. C'est presque une suite de lapalissades. Diriger sans baguette ? « Une mauvaise habitude qui rend plus difficile la tâche des musiciens. » Apprendre les partitions par cœur et se présenter au public sans les avoir sous les yeux ? « J'ai vu les plus grands acrobates de la mémoire commettre des erreurs bien fâcheuses. » Vouloir *tout* diriger ? « A de rares exceptions près, je ne crois pas à l'universalité du talent des chefs. On en a vu édifier leur carrière sur une dizaine de partitions. » Être en excellente condition physique ? « Je considère la pratique de la gymnastique comme une nécessité... Le chef a besoin d'un équilibre nerveux et musculaire qu'on ne soupçonne pas. » On croirait entendre des bribes de la consultation donnée par certain médecin au cours de la pièce de Jules Romains, *Knock*. Ou se prendre à lire les conseils, répandus par des psychologues et des diététiciennes à la page *Courrier des lecteurs* d'un magazine populaire. Le grand interprète de Berlioz et de Brahms s'adresse, de toute évidence, à des béotiens. Il est en train de leur expliquer le B.A.BA. du métier de Kapellmeister, pour employer un terme revenant fréquemment sous sa plume.

Sans cesse, le seuil de la naïveté est franchi. Notamment au moment de définir l'art du chef : « On dirige avec les oreilles bien plus qu'avec les bras. » Au chapitre *Comment devient-on chef d'orchestre ?*, il est donné de lire ce qui suit : « On doit connaître un ou plusieurs instruments. L'étude approfondie de l'un d'eux permet d'étudier la musique par le dedans. Il faut une bonne mémoire. » Arrive un mot d'auteur : « Être chef d'orchestre, ce n'est pas un métier. C'est une vocation, parfois un sacerdoce... souvent une maladie ; une maladie dont on ne guérit qu'en mourant... » Une rupture de ton que l'on comprendra mieux, peut-être, si l'on se souvient que le livre paraît dans une collection dirigée par Bernard Gavoty : faut-il beaucoup d'imagination pour y percevoir, bien souvent, l'influence du critique du Figaro ? Et Charles Munch de manifester sa bonhomie naturelle, son attitude d'une autre époque. Au cours d'un chapitre sur les musiciens d'orchestre, il se montre plein de commisération quant à la dureté de leur condition et aux fatigues causées par leur métier. Avant de conclure, majestueux : « Ils font un travail de galériens, mais de galériens enivrés par l'air du large. » Il est vrai qu'il écrivait ceci au début des années cinquante... Dernière surprise ? Le fragment suivant : « Je trouve qu'il est intéressant de faire travailler des éléments peu entraînés. Leur bonne volonté, leur enthousiasme compensent souvent le métier qui leur fait défaut. Des concerts donnés avec des orchestres de jeunes ou d'amateurs de province m'ont laissé de bien charmants souvenirs. »

Mesurée à l'aune de 1987, une telle profession de foi ne laisse pas de déconcerter. Certes, Claudio Abbado ou Sir Georg Solti ont collaboré avec l'Orchestre des Jeunes de la Communauté Européenne. Mais il s'agit d'un ensemble de très haut niveau, qu'on ne saurait comparer à ces groupements « d'amateurs de province » dont Munch évoque l'existence avec affection. La spécialisation à outrance, phénomène majeur de notre temps, aurait-elle — du moins en France — jeté le discrédit sur ceux qui ne font pas métier de jouer de la musique, comme sur ceux qui les entraînent de leur baguette professionnelle ? Certainement. De son vivant — et surtout pendant ses années de jeunesse — Munch fut le témoin de rapprochements entre des artistes célèbres, ou sur le point de l'être, et des instrumentistes du dimanche. Il vit, à Paris, le compositeur Gustave Charpentier diriger l'harmonie des « masses laborieuses » dans certain *Couronnement de la muse du peuple*. Il entendit parler des concerts donnés, à Berlin comme à Vienne, par Hans Eisler et Anton Webern avec des chorales ouvrières. Bref, il était ouvert à une autre pratique musicale. Ce grand bourgeois était demeuré, quelque part, d'esprit populaire. En dépit des critères extrêmement élevés de professionnalisme ayant cours au Boston Symphony, comme dans d'autres institutions d'Amérique du Nord.

Pour se comporter de cette manière, il faut ne pas se prendre pour un mandarin et disposer de la candeur des autodidactes. Charles Munch l'était, en matière de direction. Il était aussi ingénu, au point de consacrer près d'un dixième du livre *Je suis chef d'orchestre* à la répétition ; nous y reviendrons. Ou d'écrire, au sujet de l'emploi des bras droit et gauche : « Le droit bat la mesure. Il est la raison. Le gauche donne les nuances. Il représente le cœur. » Formule lapidaire, mais tellement simplificatrice ! Avec un background comme le sien, Munch aurait pu, au long de son ouvrage, raconter Gustav Mahler, Richard Strauss, Edouard Colonne, Wilhelm Furtwängler, Bruno Walter, Otto Klemperer ou Serge Koussevitzky au pupitre. Il aurait eu l'occasion de comparer, soupeser, polémiquer. De prendre position sur des paramètres précis d'interprétation. Expliquer d'où venait sa passion pour Berlioz. Comme son manque d'intérêt pour le théâtre lyrique. Nous faire comprendre comment — au concert — il parvenait à détailler les couleurs, les reliefs, les volumes des œuvres choisies pour régaler le public. Nul ne trouvera réponse à ces questions dans *Je suis chef d'orchestre*. En revanche, un passage de *Ma vie et ma pensée* d'Albert Schweitzer pourrait fournir une des clés de l'art de Munch, incapable — comme bien de ses confrères — d'en livrer l'accès. Evoquant son livre *Jean-Sébastien Bach, le musicien poète*, paru en 1905, le célèbre médecin écrit : « Au Bach de la musique pure, j'opposais le Bach qui est aussi peintre et poète en musique, l'artiste qui cherche à rendre de la manière la plus claire et la plus vivante dans la langue des sons la valeur affective et descriptive des paroles du texte. Sa constante préoccupation est de traduire les images en lignes sonores. Par ce goût de la description, son art s'avère plus proche de celui de Berlioz que de celui de Wagner. »

Voici revenir trois noms symboliques, la basse continue de l'existence münchienne : Schweitzer, en compagnie de Bach. Puis Berlioz. Munch délègue à quelqu'un d'autre le soin d'expliquer. L'homme choisi pour cela emploie, à juste raison, le mot d'affectivité. On peut disposer, maintenant, à ses côtés ceux d'instinct et d'autodidaxie. Dans *Je suis chef d'orchestre*, Munch n'agit ni en lettré, ni en docteur de la Loi. Il n'est ni Bergson, ni Plotin. Sa formation de Kapellmeister provient exclusivement de ses réflexions et de l'observation attentive d'autres chefs en train d'officier. Les leçons d'Alfred Szendrei comptent probablement pour très peu. Du coup, ce don énigmatique, cette capacité à conduire les tumultes structurés de la *Fantastique* ou de *La mer* évoquent les nuages rosés des fresques baroques ; ils sont souvent le réceptacle mystérieux d'où un dieu ou un héros sortiront par enchantement. Ou par l'effet de la magie. Nous retrouvons l'aspect incantatoire de la musique. Il ramène à ces phrases métaphysiques de *Je suis chef d'orchestre* : « Je crois que tout être humain... porte... en lui une fraction de pouvoir surnaturel. Libérer ce potentiel surhumain, le laisser irradier et envoûter les musiciens de l'orchestre, tel est, en définitive, le rôle suprême du chef. »

On croirait, pourtant, lire un éloge de Toscanini, tant admiré de Munch qu'il parlait sans cesse de lui à son entourage. Ou des extraits d'une interview d'Olivier Messiaen. Ce dernier nom illustre l'aspect double, les visages de Janus de tout artiste : immatériel et matériel, désintégré et solide. L'auteur de la *Turangalîla-Symphonie* incarne cette règle. Son langage est images, symboles, merveilleux chrétien comme on en trouve chez les Bollandistes et leur *Acta sanctorum*, tandis que son support repose sur des techniques et un savoir-faire complexes et raffinés. Il fut le centre d'intérêt majeur de la classe animée par Messiaen au conservatoire de Paris durant plusieurs décennies. On y venait, du monde entier, découvrir, apprendre, assimiler des secrets de fabrication. Ceux de Munch sont, cependant, sujets à une remise permanente en question. A cause de fréquentes contradictions entre les dogmes énoncés dans *Je suis chef d'orchestre* et leur mise en pratique, généralement contraire à l'intitulé formel. Reprenons, dans ce but, quelques points d'appui.

Ainsi, la question de diriger avec ou sans partition. Alors que Charles en prescrit l'usage, il ne l'emploie presque jamais dès qu'il conduit une œuvre bien connue de lui, exception faite pour des productions contemporaines. Dans son blâme aux chefs obsédés par « l'universalité du talent », il a la modestie de ne pas signaler à quel degré son propre répertoire était des plus étendus. Ne couvrait-il pas près de trois siècles, partant de Bach pour s'arrêter à Darius Milhaud, en passant par les romantiques, marquant des stations dans l'Europe entière, en Amérique du Nord comme en Russie ? Vient aussi l'élément de la bonne condition physique. Voire l'éloge du sport, l'intéressé ayant appartenu à une génération dont les idoles se nommaient Georges Carpentier ou le baron Pierre de Coubertin. L'iconographie dont nous disposons montre un homme qui ne passait certainement pas ses moments libres à la piscine, au stade ou en salle de gymnastique. Arrive, également, le substantiel développement sur la répétition. On sourit.

Examinons deux témoignages. Ils émanent d'instrumentistes de très haut niveau. Celui d'abord de Guy Arnaud, aujourd'hui clarinette-basse à l'Ensemble InterContemporain : « Une des caractéristiques de nos rapports avec Munch n'était pas seulement sa mystérieuse battue pour les mesures à 5/4 de *Daphnis et Chloé*. Ils se distinguaient aussi par une grande désinvolture à l'égard des répétitions et une tolérance étonnante quant à l'ambiance de celles-ci. Un jour, durant une séance de travail aux Concerts Lamoureux, plusieurs de nos collègues se mettent à bavarder. Or, la répétition bat son plein. Munch s'arrête et leur dit sans la moindre ironie : "Quel plaisir de travailler avec vous ! Au Boston Symphony, on n'entendrait pas une mouche voler. Au moins, ici, j'ai affaire à des vivants"... » Otto Strasser, dans son livre *Ma vie avec l'Orchestre Philharmonique de Vienne* : « Munch rappelait beaucoup Knappertsbusch, lorsqu'il faisait de la musique, car il aimait l'improvisation et ne répétait pas beaucoup. Comme Knappertsbusch, il savait aussi captiver les instrumentistes le soir du concert ; le rayonnement de sa personne donnait à ses prestations un niveau orienté vers la grande classe. » Il importe — pourtant — de raffiner notre propos. En particulier, grâce à la belle réflexion d'un ancien membre du Philadelphia Symphony : « Avec Munch, on répétait juste de quoi avoir peur pour le concert. » Quant à la pianiste Nicole Henriot-Schweitzer, soliste de bien des prestations de Charles, elle ajoute : « S'il avait affaire à un grand orchestre, il avait *confiance* et répétait peu. Mais il travaillait beaucoup avec les formations d'importance secondaire. »

Ces éléments coulent d'évidence. Comme la nécessité de ne pas trop s'étendre sur la notion de répétition ou de travail en studio ; les disques témoignent de son art avec une continuité nécessaire. On ne peut, pourtant pas, éviter de revenir sur la bonhomie de l'intéressé. Munch n'osait pas toujours dire leur fait à des instrumentistes ou à des solistes. Il cultivait presque l'attitude paternaliste propre au patronat du dix-neuvième siècle. Ou il craignait de blesser. Préparant l'exécution d'une des *Passions* de Bach, il dira à la basse chargée de la partie du Christ : « Vous êtes, ici, Jésus. Créez une auréole avant chacune de vos phrases. Provoquez un silence mystique chaque fois que vous vous préparez à intervenir. » Mais, en dépit de ces conseils largement répétés, le chanteur n'y parvient pas. Alors, l'interprète une fois parti, notre homme déclare : « Je n'ai pas trop insisté à dessein. Pourquoi faire de la peine ? » Toscanini ou Karl Böhm n'auraient jamais pu tenir un tel langage. Néanmoins, Charles était sans pitié pour les musiciens qui refusaient de s'engager physiquement dans le *jeu*. Habitué à se changer à l'entracte des concerts, tant il transpirait à la suite de son don physique, il lancera ceci à un instrumentiste à l'issue d'une... répétition : « Votre chemise est sèche. La mienne est à tordre. Vous n'avez donc presque pas joué. C'est très mal ! »

Nous sommes, de nouveau, en plein mystère. Un célèbre chef d'orchestre se contredit sans cesse, voue quasiment aux gémonies l'indispensable exercice de la répétition et montre un stupéfiant laxisme à l'égard de son personnel artistique. Mais il est apprécié — dans le même temps — pour ses interprétations remarquables ; il parvient, malgré les défauts énumérés ci-dessus, à mettre en application constante les propos suivants, tenus en 1920 par Sir Adrian Boult dans le *Handbook on the Technique of Conducting* : « Dans tout art, l'objet de la technique est l'accomplissement du but désiré avec les plus grandes simplicité et économie de moyens. » Cette citation de son confrère britannique peut, quant au fond, nous satisfaire même pour Munch. Et ce fond procède d'une acception très... large ! En revanche, un hiatus intolérable apparaît pour la forme. Avec, en sus, divers degrés de contradictions internes. Qu'on considère ces phrases, extraites de *Je suis chef d'orchestre* : « L'expression des yeux est plus importante que la main ou la baguette. Il y a, aussi, la mimique. Mais attention : un chef d'orchestre n'est ni un clown, ni un gymnaste. » Telle n'est pas l'impression dominante pour qui regarde une émission de Jean-Paul Carrère, diffusée le 30 mai 1964 sur les antennes de la télévision française.

Un hommage au pape Jean XXIII, décédé l'année précédente, se déroule en la cathédrale Notre-Dame de Paris. Les chanteurs Ruth Hesse et Louis Quilico, l'Orchestre National et les Chœurs de l'Office de Radiodiffusion-Télévision Française interprètent, sous la direction de Munch, la cantate *Pacem in terris* de Darius Milhaud. Lorsque les caméras veulent bien ne plus donner, durant quelques instants, dans le film documentaire sur la rosace, les statues et les piliers de cet édifice historique, quand les travellings s'interrompent, nous pouvons observer Munch au pupitre. Peut-être ne se considère-t-il pas en effet comme « clown » ou « gymnaste ». Mais l'observateur le voit chantonner, à l'occasion, et — surtout — grimacer. Sa gestique est fort large, la battue très ample. A certains moments, elles deviennent même généreuses, allant dans le sens de la hauteur. Parfois, le maestro joint les deux mains. Il place sa baguette entre elles. Comment ne pas citer, une fois encore, une bribe de *Je suis chef d'orchestre* : « Au concert, le rôle du chef est de se faire remarquer le moins possible » ? Le réseau des contradictions s'épaissit. Sa problématique devient digne de Kafka. Tandis qu'une unique question revient sans cesse : comment Munch s'y prenait-il ?

La pianiste Irène Aïtoff peut y répondre, en ce qui concerne l'aspect technique de son art. Lors de l'entretien qu'elle a bien voulu nous accorder au mois de septembre 1986, elle déclara ce qui suit : « En 1941, Yvonne Gouverné me demanda de préparer les chœurs, en vue d'une exécution de *La danse des morts* d'Honegger à la Société des Concerts. Munch vint assister à ces répétitions. Satisfait de mon travail, il me demanda si j'accepterais de devenir sa collaboratrice. Je dis oui et, pendant près de dix ans — jusqu'à son installation à Boston en 1949 — , je l'aidai à mémoriser les œuvres qu'il se trouvait appelé à diriger. La première d'entre elles fut *Schéhérazade*, cycle de mélodies pour chant et orchestre de Maurice Ravel. Notre méthode était la suivante : je me mettais au piano et je jouais la réduction de l'orchestre. Quant à lui, il dirigeait comme s'il était déjà en plein concert. Nos séances recouvraient deux domaines : les créations absolues ou françaises et les œuvres du répertoire. Celles de Beethoven, par exemple. Je me souviens qu'un jour il se mit à hésiter entre deux symphonies de Mozart, pour un programme à conduire dans le cadre de la Société. Il me demanda de choisir pour lui, ce que je fis... »

A présent, Irène Aïtoff présente la technique de travail adoptée lors de ces séances : « Munch apprenait toujours par cœur. Il me récitait, ainsi, des œuvres entières. Par exemple, il pouvait dire — de mémoire — les parties de piccolo ou de basson d'une partition faisant appel à ces instruments. Il nous arrivait de nous amuser en nous livrant à des concours de mémoire. La *Symphonie en ré mineur* de César Franck ou le *Concerto pour violon* de Brahms en étaient, notamment, l'objet. Ce grand homme avait un procédé bien à lui pour retenir les œuvres. Il les découpait en petites tranches. Ainsi, sa périodisation des symphonies de Beethoven se réalisait-elle toujours par sections de quatre mesures chacune. A l'opposé, il eut des difficultés considérables avec *Le sacre du printemps* de Stravinsky, en raison des groupes irréguliers qui en constituaient les périodisations. "Je n'y arriverai jamais !" me déclara-t-il. Du coup, il ne conduisit presque pas ce sommet de la musique du vingtième siècle. » Au moment où le chef rencontrait fréquemment Irène Aïtoff, il était encore professeur de direction au conservatoire de Paris. On ne manquera pas, par voie de conséquence, de rapprocher pareille technique avec celle prônée durant ses cours et indiquée par un passage de *Je suis chef d'orchestre*. Il procédait de la façon suivante pour montrer comment on mène l'exécution d'un mouvement de symphonie : il en analysait la construction — le travail de périodisation — , puis un de ses étudiants se mettait au piano pour interpréter la page en question. Comme Irène Aïtoff. Pendant ce temps-là, un autre apprenti dirigeait. Munch le corrigeait.

Une telle tactique, la supériorité de la mémoire et la sécurité qui en résulte ne pouvaient que placer Munch parmi les interprètes et non chez les exécutants, si l'on se réfère au distinguo établi par Igor Stravinsky dans son livre *Poétique musicale*. L'exécutant agit selon des normes presque mécaniques. D'un concert à l'autre, l'exécution d'une œuvre change fort peu. Or, des conversations avec le violoniste Luben Yordanoff, la pianiste Nicole Henriot-Schweitzer, la soprano Rita Streich ou le baryton Gérard Souzay insistent toutes sur un vecteur commun : Munch était imprévisible. Qu'il dirigeât *Daphnis et Chloé*, le *Concerto en sol*, une scène de *La Damnation de Faust* ou une œuvre de Dutilleux, il agissait en interprète. Tel un Vladimir Horowitz de la baguette. L'humeur, le climat, la durée d'une prestation ne revenaient jamais à l'identique. Arthur Honegger fit même — à mots couverts — une constatation analogue, lorsqu'il évoqua l'art de Munch dans son livre *Je suis compositeur*.

Ecoutons, à présent, le témoignage de François Dupin, percussionniste à l'Orchestre de Paris. Il écrit dans son ouvrage *L'orchestre nu* : « Munch ne battait pas la mesure avec son bras, mais avec ses émotions. Le critique Jean Cotté a écrit qu'il était un James Dean septuagénaire qui dirigeait dangereusement, mais avec faste. On lui pardonnait tout. D'ailleurs, quand il le voulait bien, il savait battre avec précision. Il arrivait, en effet, que ses erreurs deviennent périlleuses. Un soir, à Montréal, lorsque la trompette en sourdine et le cor anglais jouent à l'octave le même motif au-dessus d'une orchestration vaporeuse dans *La mer* de Debussy, le bras de Munch perdit le contrôle de la mesure, tant il était ému lui-même par ce qu'il dirigeait. Alors les deux musiciens, Marcel Lagorce et Jean-Claude Malgoire, offrirent au chef le plus beau cadeau qui soit. Ils jouèrent le motif avec un tel ensemble qu'on ne pouvait déceler, par l'oreille, la trompette du cor anglais. »

François Dupin souligne les caractéristiques d'un travail dont — à côté de l'aspect purement technique — on retrouve les principales accentuations : élan, émotion, intuition. Nous aimerions beaucoup examiner les partitions sur lesquelles Charles travaillait, pour prendre connaissance des diverses annotations tracées de sa main. Malheureusement, sa bibliothèque a été dispersée après son décès. La partition de la *Symphonie fantastique* se trouverait chez Yehudi Menuhin ; l'illustre violoniste en avait demandé communication aux héritiers du chef en 1969. Cependant, une telle analyse ne donnerait guère de résultats probants. Tout du moins selon Nicole Henriot-Schweitzer. L'ancienne soliste privilégiée de Munch affirme qu'il ne respectait pas les indications portées par lui-même sur les partitions. On sait que le cuisinier Paul Bocuse *officie* selon les arrivages du jour. Si l'on peut oser une comparaison, Munch procédait de même : les annotations n'étaient là que pour la forme. Il variait en fonction de l'humeur.

Pourtant, il est passé à la postérité. En d'autres termes, une ligne de force, une constante indestructible dominent — voire transcendent — l'aspect journalier de son art. Cet homme changeant, parfois irrégulier, toujours inattendu était, quelque part, un *magicien*. Comme plus d'un de ses confrères, comparables aux chamans dont le *Petit Larousse* nous dit : « Dans certaines régions (Asie septentrionale, Amérique du Nord), prêtre magicien. Sa fonction est d'entrer en communication avec les esprits de la nature, en utilisant les techniques de l'extase et de la transe. » Ce rapprochement vient à point nommé. S'il est évident que la précision exceptionnelle, la rigueur, le pragmatisme de Pierre Boulez au pupitre ne le feront jamais entrer dans le monde des chamans, la trace de Munch leur appartient. Déjà, la définition du dictionnaire employait le mot de transe. Nous utilisions, au préalable, celui de magicien. Un tel vocabulaire revient aussi très souvent dans les articles ou les comptes rendus de concerts consacrés à Munch. Selon Pierre Hiégel, il « se laissait aller à une sorte d'*ivresse*. Maître absolu de ses réflexes, il donnait l'impression d'improviser tout en assurant aux œuvres qu'il interprétait une solide mise en place ». Entendez celle obtenue lors des séances avec Irène Aïtoff.

Un autre critique — Bernard Gavoty — parle de transe quand il relate l'exécution, sous la conduite de Charles Munch, de la seconde suite de *Bacchus et Ariane* d'Albert Roussel. Ses proches le comparent aussi à un derviche-tourneur après une cérémonie initiatique. « Quand Charles revenait à la maison, explique l'amiral Jean-Jacques Schweitzer, il s'était tellement donné qu'il se trouvait dans un état complet d'épuisement. » Le trac — car il l'avait, et avec intensité — entièrement dominé, les musiciens se souviennent de l'avoir entendu pousser une espèce de cri orgastique au terme d'un *crescendo* ou à l'apogée d'une œuvre. D'ailleurs, les exécutants emploient volontiers — eux aussi — le mot de magnétisme pour évoquer leur collaboration avec lui. Ou, plutôt, sous ses ordres. En 1967, l'Orchestre de Paris enregistre la *Symphonie fantastique*. Au bout de plusieurs prises du même passage, la trompette solo se fait morigéner par l'ingénieur du son : « Monsieur, vous jouez beaucoup trop fort. L'aiguille du cadran passe sans cesse au rouge. » Réponse de l'instrumentiste : « Je regrette ; mais je ne peux pas résister aux gestes du *maestro* Munch ! » Ce dernier dira, un jour, à Irène Aïtoff : « La moindre de mes impulsions doit être irrésistible. »

La Société des Concerts en fera abondamment l'expérience. Dans *La danse des morts*, Munch obtenait qu'on dise la phrase « Souviens-toi, homme, que tu es poussière » avec une expression quasi magique. On trouve, au cours d'une des symphonies d'Arthur Honegger, cinq groupes de cinq mesures chacun joué *crescendo*, puis *piano subito*. Durant un concert, Munch sauta, par inadvertance, un d'eux si bien qu'ils ne furent plus qu'au nombre de quatre. L'orchestre, soumis à un tel point à son emprise, ne se fia plus au texte de la partition imprimée. Il incarnait la seule et unique vérité.

On manifestera une certaine réserve à l'égard de la manière dont le critique new-yorkais Harold C. Schonberg présente sa personnalité dans le livre intitulé *The Great Conductors* : « Il dirige avec autorité et brillance. Quand on parle de l'école française, on pense à la grâce et à l'élégance ; à la logique plus qu'à la haute émotion... Tous ces traits sont montrés par Munch dans sa façon de diriger, comme ils le sont aussi dans le travail de chefs aussi admirés que Paul Paray, André Cluytens et Jean Martinon. Munch semble plutôt impatient dans la musique allemande, où ses *tempi* ont tendance à être très rapides... » En effet, affirmer que, chez lui, la logique a le pas sur « la haute émotion » est une regrettable erreur. Le créditer (?) de *tempi* trop volants, dans Brahms ou Beethoven, est une affirmation infirmée par des comparaisons chronométriques avec les prestations de Furtwängler ou de Klemperer qui appartenaient à la même génération que lui.

Munch eut, en ce qui concerne le théâtre lyrique, des activités discrètes et réduites. Parmi ses projets — toujours différés — figurait *Tristan et Isolde* de Richard Wagner. Comme deux journées du *Ring*; elles auraient dû être données au Teatro Comunale de Florence en 1956. Mais l'intéressé y renonça, alors qu'Elisabeth Schwarzkopf brillait de tous ses feux et qu'une certaine Maria Callas-Meneghini révolutionnait — de fond en comble — les présentations scéniques de ce genre, essentiel pour la culture européenne. Le disque abonde dans le même sens. A cet égard, Munch est passé — comme nombre de ses célèbres pairs — par des fourches caudines incontournables : fragments de la *Tétralogie*, ouvertures de Beethoven ou des *Nozze di Figaro* de Mozart en... 45 tours, frontispices symphoniques laissés par Berlioz pour *Benvenuto Cellini* ou *Béatrice et Bénédict*. Dans cette banalité générale sonnent aussi les vigoureux flonflons de *Gaîté parisienne*. Hector Berlioz, l'affaire de la vie de Charles, n'a pas même eu droit à un enregistrement intégral des *Troyens*. Seule *La Damnation de Faust* se trouve représentée.

Les compositeurs contemporains voient aussi leur production lyrique oublier. Où sont *Le fou* et *Le ventriloque* de Landowski, *Juliette* de Martinu, *Christophe Colomb* de Milhaud, *Padmavâti* de Roussel, *Dialogue des Carmélites, Les mamelles de Tirésias, La voix humaine* de Poulenc, *L'enfant et les sortilèges* de Ravel, *Pelléas et Mélisande* de Debussy ? Ce drame musical sera, au demeurant, l'unique expérience vécue par Munch dans la fosse d'un théâtre. En 1966, il se rend à Florence afin de le conduire au Comunale. Jacques Jansen tient le rôle-titre et met en scène. Il se trouve entouré de Gérard Souzay, d'André Veyssières et de la magnifique Suzanne Danco, venue en voisine : elle habite Fiesole. L'affaire tourne à la catastrophe. Munch est désarçonné par le décor, tout en toile peinte à même le lointain. Comme, à certains moments de l'action, une vingtaine de mètres le séparent des chanteurs, il s'emporte pendant les répétitions. Au point de hurler : « Je ne les entends pas ; je deviens sourd ! » En réalité, il n'est pas habitué aux distances du théâtre, ni aux décalages en résultant. Passons vite. Comme lorsqu'il lui prend fantaisie d'inscrire des extraits du *Coq d'or* de Rimsky-Korsakov et de *La Khovantschina* de Moussorgsky à ses programmes.

Munch vivra dans la mémoire des mélomanes parce qu'il possédait d'éminentes qualités de symphoniste et qu'il a laissé aux générations futures un double héritage sur lequel il convient de se pencher. En premier lieu, ses préventions à l'égard de la nécessité de répéter longuement une œuvre reposaient sur une philosophie aujourd'hui disparue : celle de la conception d'ensemble, de la globalité données *a priori* comme supérieures au souci du détail. Il n'aurait certainement pas aimé — en peinture — le pointillisme. Ses préoccupations allaient toujours en direction de la forêt, pas de l'arbre qui — selon le proverbe — la cache. Cette métaphore montre aussi que Munch regardait son art avec une sensibilité quasiment allemande. On le savait déjà. Mais il est primordial d'insister sur cette dimension. Alors que son cœur est français, que son impulsivité a on ne sait quoi de presque latin, il considère un concerto, un oratorio, une symphonie comme exemples des fameuses grandes formes, chères aux adeptes de la Gestalttheorie. Un tel mouvement, refusant d'isoler les phénomènes les uns des autres pour les expliquer et les considérant comme des ensembles indissociables — structurés — , n'apparut-il pas chez le psychologue praguois Max Wertheimer? Ses compagnons de recherches, Wolfgang Köhler et Kurt Koffka, étaient — comme lui et Munch — de la même génération. Ils naquirent respectivement en 1880, 1887 et 1886. Munch était de 1891. La vie intellectuelle du début du vingtième siècle rejoignait, sous ce rapport, une des principales traditions de l'identité culturelle allemande.

De telles affirmations doivent, cependant, être modulées par l'apport d'un élément international, représentatif d'une période au cours de laquelle les particularismes des divers pays européens étaient des plus intenses. Celui-ci est la lente introduction du phonographe, inventé par Thomas Edison en 1877. Quand Munch eut vingt ans — en 1911 —, le cylindre acoustique était regardé comme une curiosité technologique. Au même titre que le téléphone d'Alexander Bell. Après la Seconde Guerre mondiale, l'introduction de la stéréophonie passe encore pour quelque chose de plus ou moins magique. Son raffinement et son aptitude à mettre en évidence des détails que — seules — des auditions répétées laissent déceler apparaissent, alors, comme des phénomènes sans précédents. Si, à l'ère du disque compact, ils nous semblent déjà presque obsolètes, n'oublions pas — pour autant — que les auditeurs des années 1910 ne retenaient d'une œuvre que ses ossatures. La mémoire du détail était réservée aux professionnels aguerris. Puis aux amateurs, par la suite de plus en plus nombreux, de disques. Munch était de cette génération. L'absence de moyens d'enregistrement — donc de duplication et de répétition illimitées des copies — a formé son talent. On pourrait même écrire : l'a forgé. Dans le sens de la globalité.

Le second trait distinctif de son héritage est le romantisme orchestral, pour reprendre l'expression employée par Fred Golbeck dans son livre *Le parfait chef d'orchestre*. Selon lui, il aida au succès de Munch. « Le style des orchestres français avait, pendant longtemps, gardé un caractère presque de musique de chambre. Survint Munch, et voilà la Société des Concerts qui déploie l'*espressivo* le moins habituel et le plus spectaculaire. Des instincts orchestraux et des voluptés sonores que, jusque-là, on avait sinon refoulés, tout au moins peu encouragés se déchaînent, du coup, chauffés à rouge et à blanc. » Nous devons croire Golbeck sur parole. Un enregistrement étant, un peu, une espèce de trahison, il serait faux d'accorder foi à l'impression, conservée des orchestres hexagonaux des années 20, par le disque. En revanche, le remplacement du boyau par des cordes métalliques est un facteur objectif. Il a doté les phalanges d'une intensité, d'un brillant et d'une puissance de timbre encore inconnus du vivant de Brahms. Qu'on y ajoute l'aspect instinctif de l'art de Charles, sa propension au résultat spectaculaire, sa fougue naturelle. On obtient le fameux romantisme orchestral, expression des plus éloquentes et carte de visite d'un homme ennemi de la grisaille.

« LAISSER PARLER SON CŒUR »

> « Pour suivre la poésie comme tu le dois, tu abandon-
> neras père et mère et tu ne tiendras qu'à elle.«
>
> Alexander Pope

Richard Strauss fut, un jour, sollicité par un jeune Kappellmeister qui désirait obtenir de lui conseils et recommandations. L'auteur du *Chevalier à la rose* formula ceux-ci sous la forme de *Dix Commandements* à inscrire dans le livre d'or des chefs d'orchestre débutants. Ils sont une manière de credo artistique. Un acte de foi indispensable, une rubrique qu'il est nécessaire d'aborder en traitant de Munch. Ne constituent-ils pas, à côté de ses enregistrements et aussi grâce à eux, le propre de l'héritage qu'il a légué à la postérité ? Ne sont-ils pas un thème de réflexion pour ceux qui ont raison de ne jamais négliger la dimension éthique de l'art ?

Le Strasbourgeois s'est ouvert, à plusieurs reprises, au long de son livre *Je suis chef d'orchestre* sur la dimension sentimentale de la musique. Or, il s'appuie — dans ce but — sur des éléments purement intuitifs, voire métaphysiques. Grâce à un discours dont la Raison de Descartes, la démonstration, l'esprit de déduction, la logique, la rigueur, l'analyse érigée en dogmes préexistants ont été évacués. Pour preuve l'allusion aux âpres discussions tenues, durant l'enfance, par Ernst Munch et Albert Schweitzer au sujet de l'exécution des œuvres de Bach. Le fondateur de l'Orchestre de Paris écrit à ce sujet : « Finalement, on oubliait tous les raisonnements pour laisser uniquement parler son cœur. C'est ainsi, je crois bien, que j'ai appris à aimer la musique. » Plus loin, il cite la devise inscrite par Beethoven au début de la *Missa solemnis* : « Cela vient du cœur... Que cela aille aux cœurs ! » Cette hantise du sentimental n'est pas seulement le propre d'un homme appartenant à une génération proche du romantisme — au sens chronologique du terme — mais aussi le fruit d'une expérience et d'une pratique professionnelles précises. L'expérience ? Les années passées en compagnie de Furtwängler au Gewandhaus. S'il existait un interprète au monde à sentir la musique comme un sacerdoce découlant d'une consistance métaphysique, c'était bien celui-là. On peut même employer, à son sujet, l'expression de mystique de la baguette. Quant à la pratique, elle se rapporte à celle du violon. On n'a guère besoin d'une capacité de création romanesque puissante pour se représenter Munch en train de jouer une *Partita* de Bach ou la *Sonate* de Franck. Il entrait, alors, en communication avec un univers dominé par l'émotion et la spiritualité.

Nouveau témoignage de François Dupin, membre de l'Orchestre de Paris : « S'il avouait diriger plus par intuition que par technique, ne pas savoir battre justement la mesure et posséder certaines connaissances de façon insuffisante, il était aussi sans cesse sous l'emprise d'une sensibilité à fleur de peau. Un jour, nous répétions *La mer* de Debussy. Munch s'arrêta, soudain, au milieu de l'œuvre. Il descendit de son podium et partit en pleurant. » Ce genre de comportement, observé en 1967, était alors déjà devenu anachronique. Il aurait mieux convenu aux années 20, lorsque *Turandot* de Puccini mettait en larmes les machinistes de la Scala de Milan. Voire quand le pianiste français Victor Gilles sanglotait, en public, entre deux mouvements d'une sonate de Schubert. Peu avant les événements qui secoueraient la vie estudiantine, puis les milieux du travail, cette sensibilité — sinon cette sentimentalité quasi germanique par certains de ses aspects — tombait sous la loi de l'obsolescence. L'heure n'était plus aux épanchements lacrymaux.

A cet égard, le jeune Pierre Boulez a joué un rôle considérable. Sa doctrine de la direction d'orchestre — considérée de nos jours comme un must — se trouvait et se trouve toujours aux antipodes du credo de Munch. D'où des attaques en bonne et due forme de la part du second contre un collègue bouillonnant. Elles vont, d'ailleurs, *crescendo* au fur et à mesure de l'avancement de *Je suis chef d'orchestre*. Des piques, tout d'abord : « Les jeunes musiciens veulent toujours, et à tout prix, créer un mouvement ; ils veulent l'imposer et le font avec ardeur, souvent avec insolence, pour pouvoir se libérer d'un passé qu'ils méprisent et dédaignent. » L'allusion est transparente. L'année de la parution de l'ouvrage de Munch — 1954 —, le futur auteur du *Marteau sans maître* n'avait pas seulement conspué le romantisme de Berg. Il avait aussi pris le contrôle des Concerts du Petit Marigny, devenus Le Domaine Musical, afin d'en faire une institution majeure. Elle allait révéler la Nouvelle École de Vienne et bien des compositeurs du moment à un public parfois ébahi. De telles orientations inquiétaient vivement Munch. Comme leur rassemblement sous la bannière boulézienne. Il devint donc l'objet d'un tir à boulets rouges : « Aujourd'hui, on réclame de l'"objectivité" ! Nous devons avoir honte de nos sentiments, honte d'être sensibles... On veut bien nous permettre encore d'écouter avec les oreilles, mais pas avec le cœur. Nous serait-il donc interdit de chanter avec âme ? »

Ces propos sont d'autant plus piquants à considérer de manière rétrospective que la destinée de Boulez passa, elle aussi, par les Etats-Unis où il fut principal guest conductor à Cleveland en 1969, puis directeur musical du New York Philharmonic de 1971 à 1977. Mais il y a encore plus étonnant. Les répertoires symphoniques de l'homme de l'I.R.C.A.M. et du vieux maître se recoupent en ce qui concerne la musique française. L'un comme l'autre ont acquis une réputation universelle pour la façon dont ils ont dirigé Berlioz, Debussy et Ravel. On pourrait en écrire autant en ce qui regarde Ernest Ansermet ou Pierre Monteux. Cependant, le parallélisme s'arrête là. La communauté de programmes définie — de la *Fantastique* à *La mer* en passant par la *Rapsodie espagnole* —, d'énormes divergences apparaissent dans l'approche respective de ces chefs-d'œuvre par Boulez et par Munch. Le benjamin est attaché à l'aspect prophétique de leur contenu, sous l'angle de l'instrumentation, de l'harmonie, de la métrique, du rythme. Le doyen, au lieu d'insister sur les composantes techniques du discours et de considérer le concert comme une structure pédagogique, célèbre un office riche en énigmes et en rites religieux. On assiste, donc, au choc entre un pragmatique de première grandeur et un magicien désireux de perpétuer l'adoration de l'art pour l'art.

Continuons à explorer ces champs d'interférences, d'autant plus spéciaux que, leurs zones communes une fois définies, ils deviennent complètement hétérogènes. On sait que Munch a effectué une bonne soixantaine de créations mondiales en l'espace de trente ans. Dans *Je suis chef d'orchestre*, il confère à son métier le statut d'« un détecteur de trésors » ; il s'écrie, lyrique : « Notre devoir n'est-il pas de défendre les jeunes auteurs ? » Autant de déclarations de principe analogues à celles de Boulez. Certaines d'entre elles deviennent presque interchangeables, si bien qu'on ne sait plus lequel des deux en est l'auteur. Ainsi, de quel ouvrage sont extraites les citations suivantes ? « Nous devons écouter la musique nouvelle avec les mouvements esthétiques d'avant-garde, avec les formes inédites » ; « N'est-elle pas l'expression vivante des aspirations, des goûts, de l'esthétique de notre temps ? La musique contemporaine devrait être celle que l'on comprend le mieux. » Les a-t-on empruntées à *Relevés d'apprenti* ou à *Je suis chef d'orchestre* ? Inutile de chercher longuement la réponse, comme les enfants de jadis qui parcouraient coins et recoins d'une image pour trouver la solution d'un rébus. Ces phrases sont signées Charles Munch.

Affirmer est une chose, passer aux actes une autre. Au Philharmonique, à la Société des Concerts, au Boston Symphony et à l'Orchestre de Paris, notre homme prêchera sans interruption l'Evangile de la Nouvelle Musique. Comme à l'occasion d'importantes apparitions à l'étranger, en qualité de guest conductor. Lors de ses débuts au New

69

York Philharmonic, effectués avec un énorme succès, il consacre le programme de la soirée à *Jeanne au bûcher*, l'oratorio écrit par Arthur Honegger sur un texte de Paul Claudel. Ce militantisme constant vaut aussi à Munch — et de très bonne heure — d'être considéré, dans certains pays, comme l'égal de ses collègues Hans Rosbaud ou Hermann Scherchen. A savoir comme un chef spécialisé dans l'innovation. En 1937, la Société Internationale de Musique Contemporaine tient son festival à Berlin. Les organisateurs de la manifestation le désignent au poste de premier chef. Une expérience séduisante, en dépit de l'atmosphère tragique du moment. 3 500 réfugiés allemands se trouvent déjà à Prague, ainsi qu'en témoigne Milena Jesenska, l'aimée de Kafka. Furtwängler, le mentor de Charles, est surveillé de très près, l'« art dégénéré » interdit, les musiciens juifs boutés hors du pays. Le festival de la S.I.M.C. apportera, au milieu de ce désastre, un dernier souffle d'air pur. De qualité, aussi : la création, à l'Opéra *Unter Den Linden*, de *Rembrandt Van Rijn* d'un nommé Paul von Klenau, effectuée le 23 janvier 1937, ne fut pas un événement. L'auteur de l'œuvre avait abandonné toute inspiration personnelle pour plaire aux séides d'Hitler.

A la subordination pleutre, Munch préfère la liberté ; on le sait. La liberté est aussi de pouvoir aider ses contemporains créatifs : « Pour ma part, j'ai eu la chance de vivre en un temps où des musiciens tels que Roussel, Honegger, Schmitt, Messiaen, Martinu, Dutilleux, Hindemith avaient encore besoin d'être joués. Dans vingt ans, cette liste s'allongera car l'histoire de la musique ne s'arrêtera point. Les chefs de demain n'auront pas à envier leurs aînés. » Expression vivace d'une philosophie progressiste qui rejoint — de nouveau — celle pratiquée par Pierre Boulez. A trois différences, cependant. D'abord la situation de ces artistes dans le temps. Albert Roussel et Henri Dutilleux, leur doyen et leur benjamin, sont respectivement nés en 1869 et en 1916. En dehors de Florent Schmitt, venu au monde en 1870, les autres appartiennent à la génération de Munch, celle des années 1890. Martinu : 1890, justement. Honegger : 1892. Hindemith : 1895. Ils auraient pu être les pères de György Ligeti ou de Karlheinz Stockhausen ! Ensuite, ils n'ont jamais intégré la technologie — comme à la radio de Cologne après la Seconde Guerre mondiale ou présentement à l'I.R.C.A.M. — à leurs œuvres. Enfin, et nous confinons ici au syllogisme, ces compositeurs confessent leur art comme un rejet de la machine. Ils préfèrent un Stradivarius à un instrument élaboré par les *Futuristi* italiens. Ils placent l'émotion, l'âme, le lyrisme, l'humanisme au sommet de leur échelle de valeurs. Les méfaits des régimes totalitaires européens, la tragédie de la guerre d'Espagne les conforteront dans ce dogme. Partagé — bien sûr — par Munch. Sinon, il se serait constitué un autre type de répertoire.

Arrêtons-nous, une fois encore, sur celui-ci. Il procède — on l'a vu —

de deux grandes lignes. La française et la germanique. Sous ces classifications, le passé et le présent se mêlent. Honegger tient compagnie à Berlioz. Le conservateur Max Bruch s'adresse à l'inventif Paul Hindemith. Mais bien des invités de marque manquent au cours des agapes organisées par notre Kapellmeister. Ou bien, ils n'y font qu'une timide apparition. Même Gustav Mahler. On a beau chercher, compulser des archives, parcourir les indications discographiques du présent livre, ce visionnaire ne se trouve représenté que par une seule œuvre : les *Chants d'un compagnon errant*, enregistrés avec le Boston Symphony et la contralto canadienne Maureen Forrester. La Sainte Trinité viennoise — Berg, Schönberg et Webern — ne passionna pas, non plus, Munch. De même que les Russes Dimitri Chostakovitch et Igor Stravinsky. En ce qui concerne l'incommode protégé de Serge de Diaghilev, Munch conduisit son *Sacre du printemps* lors du premier concert donné par la Société après la Libération. Divers témoignages attestent que cette prestation ne fut pas digne de demeurer dans les mémoires. Misia Sert, présente dans la salle, désapprouva même à... haute voix le parti pris par le chef. Contrairement à l'habile Ansermet ou à Pierre Monteux, il ne serait jamais un stravinskien-né.

Une fois installé à Boston, il s'involve — comme on dirait là-bas — dans la musique des compositeurs américains vivants. Une mission étayée par ses fonctions, dès 1951, au Berkshire Music Center de Tanglewood. Egalement directeur de cette institution, originale et progressiste, il est en charge d'organiser chaque été un festival de quatre jours consacré à la création. Tant et si bien qu'entre le Symphony-Hall et les pelouses de Tanglewood les services rendus à la musique américaine du moment méritent l'épithète de *signalés*. Munch créera, notamment, les *Prayers of Kierkegaard* de Samuel Barber, l'*Ode symphonique* d'Aaron Copland, des symphonies signées Piston, ou Roger Sessions ; William Walton n'entre, cependant, pas en ligne de compte. Contrairement à une idée assez répandue, il était britannique, même si Munch créa son *Concerto pour violoncelle* à Boston avec Gregor Piatigorsky. Le domaine du disque abordé, dressons la liste des compositeurs américains ayant mené Munch dans les studios de la RCA. Ils sont trois. Barber, Menotti et Bloch, dont on peut s'étonner qu'il n'ait pas enregistré le superbe *Service sacré*. Cette partition lui aurait totalement convenu. Pourtant, les figures majeures de la musique américaine de ce siècle — considérées comme telles en raison de l'importance de leur pensée, de leur technique et de leur rayonnement international — font ici défaut. Leonard Bernstein manque. Munch ne prenait-il pas *West Side Story* au sérieux ? John Cage est absent. Sûrement pour incompatibilité d'humeur entre l'Alsacien et un attirail de pianos préparés, d'astrologie chinoise et de calculs des probabilités.

Constatation encore plus forte pour le mélomane éclairé de 1987, Charles Ives — le père de la musique américaine — semble ignoré de notre jovial maestro. Ses quatre symphonies visionnaires, les *Three Places in New England* ne retinrent pas, de toute évidence, son attention. Ives, ayant fait fortune dans les assurances, appartenait néanmoins à la génération d'Albert Roussel ; il naquit en 1874. Mais le contenu déroutant de ses œuvres, leurs collages et leur humour particulier les gardèrent fort éloignées de la sensibilité munchienne. Que dire, dès lors, des inventions jugées comme agressives d'un émigrant épris de modernisme, l'audacieux Edgar Varèse ? Sinon qu'*Ionisation, Déserts* ou *Amériques* provoquèrent la réprobation chez le directeur du Boston Symphony. Les démonstrations ont été faites en bonne et due forme. Les dénominateurs communs sont apparus avec une vigoureuse clarté : la primauté du cœur sur l'objectivité boulézienne, le culte des instruments traditionnels en lieu et place des acquisitions technologiques, le refus de toute allusion au monde du Coca-Cola et des *jean's* dans l'enceinte sacrée des salles de concert. Donc, un discours quasiment mystique mis en pratique par la constitution d'un répertoire approprié.

En l'espèce, les prophètes ne sont pas toujours les individus dont l'action et le nom viennent tout de suite à l'esprit. Qu'on pense à Glenn Gould, pourtant regardé comme un homme de l'avenir. Dans une interview donnée à Tim Page du journal *Soho News*, il déclarait : « En 1912, Arnold Schönberg est en train d'écrire *Pierrot lunaire* ; Webern travaille aux pièces brèves qui suivent immédiatement ses miniatures pour quatuor à cordes, et Berg compose les *Altenberg Lieder*. Imaginons que le monde s'arrête à cet instant précis : l'historien serait forcé de dire : "L'âge des formes épiques est terminé ; nous sommes maintenant à une époque de fragmentation, et l'idée d'une longue ligne de continuité musicale a vécu." En ce qui me concerne, je n'arrive pas à croire qu'il s'agirait là d'une description exacte de l'année 1912, même si, effectivement, beaucoup d'historiens de la musique devaient y souscrire. Au même moment, Jan Sibélius travaillait à la première rédaction de sa *Cinquième Symphonie* qui relève beaucoup plus de l'épopée que de la fragmentation !... Je trouve tout à fait déplorable cette manière d'envisager les choses, cette tendance qu'on a de dire : "L'anti-héros est pour cette année ; le héros reviendra l'année prochaine." Cela ne devrait pas avoir d'importance, on devrait en être affranchi. »

La comparaison Ecole de Vienne-Sibélius se transpose, bien sûr, aisément au phénomène Munch, comme au cas de nombre de ses collègues tels que Sergiù Celibidache ou Eugen Jochum. Et pour cause. La grande forme, le somptueux et confortable déroulement d'une symphonie de Beethoven ou de Dvořàk, de Brahms ou de Franck procèdent d'une délectation métaphysique sans commune mesure avec les cellules de génération spontanée disposées par Webern au long des cinq *Orchesterstücke*, opus 10. L'opposition entre ces deux types d'œuvres procède de la métaphore du Gange comparé à la Mosellote, minuscule cours d'eau des Vosges. Or, Charles n'aimait que les navigations sonores sur l'Amazone ou le Mississippi. Le modeste effectif de l'orchestre baroque ne lui aurait jamais convenu. Il s'accomplissait seulement en communiquant sa volonté à un rassemblement d'environ cent personnes. Celles-ci représentaient, en constituant une phalange symphonique, l'axe principal de la culture musicale occidentale. Aux côtés de l'opéra. Il y a donc du religieux, ici. De cette délectation mystique, aussi forte — dans les pays d'Europe centrale dont Munch était également le produit — que le théâtre Nô au Japon. Chaque jour de sa carrière, Munch fut un des grands prêtres d'un culte essentiel à Vienne comme ailleurs.

Qui dit culte, au sens premier du terme, dit aussi liturgie. Au concert, cette dernière se manifeste — entre autres — par la confection d'un programme. L'exercice était d'importance, pour Munch. Il lui consacrera un chapitre distinct dans *Je suis chef d'orchestre*. Au milieu d'une ribambelle d'évidences, le maestro insiste sur la relative brièveté d'un bon programme. « Ne le faites pas trop long, vous lasseriez l'auditoire. » Un pareil point de vue constitue, quelque part, la négation de la tradition dont notre homme était issu. En effet, les soirées musicales du début du siècle duraient généralement deux fois plus que celles d'aujourd'hui. Quant à Wilhelm Furtwängler, un des maîtres à penser de Munch, il avait pour principe de se présenter devant le public avec des programmes particulièrement copieux, souvent articulés en trois parties: 1. Une ouverture. 2. Un grand concerto (ou une symphonie). 3. Une symphonie très développée, durchkomponiert pour s'exprimer à l'allemande, considérée comme l'apogée du concert. Ce type de manifestation durait aisément 90 minutes. Encore n'a-t-on pas tenu compte, dans ce module, de séances des Berliner Philharmoniker où le *Concerto pour violon* de Brahms précédait la *Huitième Symphonie* de Bruckner! Dans ce cas, on passait à deux heures de musique.

Sous ce rapport, Munch fit montre d'une nette sobriété. Examinons — à titre d'illustration — les deux programmes qu'il conduisit, en 1946 et 1947 au festival de Salzbourg, à la tête de l'Orchestre Philharmonique de Vienne. Pour le 25 août 1946, il a choisi le *Concerto en sol* de Ravel, interprété par Nicole Henriot-Schweitzer, la seconde suite de *Daphnis et Chloé* ainsi que la *Fantastique* de Berlioz. Durée de l'ensemble, si on la mesure en fonction des enregistrements de ces œuvres sous la baguette de Munch: 82 minutes. Lors de son apparition du 17 août 1947 au Grosses Festspielhaus, l'*Iberia* de Debussy figure entre la *Symphonie en ré mineur* de César Franck et la *Troisième* d'Albert Roussel. Il donne ce programme en près de 90 minutes. Application stricte — et constante, comme on le remarque à l'examen de nombreux autres programmes — du principe de brièveté. Les 7 et 8 janvier 1965, il est l'invité de l'Orchestre Philharmonique de Rotterdam. Pour la *Water Music* de Händel, le *Concerto* K. 453 de Mozart, deux des *Nocturnes* et *La mer* de Debussy. 70 minutes environ suffisent. Par ailleurs, on notera la variété des compositeurs mis en valeur. Elle ne résulte pas du hasard, mais constitue — plutôt — la mise en pratique d'une thèse formulée dans *Je suis chef d'orchestre*. Evoquant une des caractéristiques de la vie musicale des années 50, Munch se plaint qu'« on abuse beaucoup, à l'heure actuelle, des *festivals* Beethoven, Berlioz, Tchaïkovsky, Ravel ». Une allusion bien sentie aux concerts en forme de catalogue promotionnel, alors proposés par des associations telles que Colonne, Lamoureux ou Pasdeloup.

Comme toute règle est confirmée par son exception, dépistons-la de suite grâce à deux *festivals* (!) mis au point avant-guerre à la Société des Concerts. Le 20 novembre 1938, Charles s'offre un festin Schubert constitué d'une des *Symphonies*, ainsi que d'un *Offertoire* peu joué et de la *Messe en la bémol*, donnés avec le concours de la chorale Yvonne Gouverné. L'inauguration de la salle du Trocadéro, le 12 mars 1939, est placée sous le signe exclusif de Gabriel Fauré. La célèbre *Ballade* est jouée par Marguerite Long. On entend aussi le *Requiem*. Des fragments de *Prométhée* sont offerts avec le concours de Germaine Cernay, du ténor canadien Raoul Jobin et de la jeune comédienne Gisèle Casadesus. Ces manifestations entravent réellement la règle de variété puisque l'examen des programmes de la Société des Concerts pour la même période montre des patchworks accomplis. Le 11 décembre 1938, Munch a mis à l'affiche un des *Concertos brandebourgeois* de Bach et la *Sérénade pour treize instruments à vent* K. 361 de Mozart, en compagnie de pièces de Jean Françaix, Debussy et Monteverdi confiées à l'Ensemble Vocal Nadia Boulanger. Au cours de la matinée du 12 février 1939, l'auditeur pénètre dans une auberge espagnole. Après que la basse André Pernet a interprété des extraits de l'opéra de Maurice Emmanuel, *Salamine*, la pianiste britannique Moura Lympany joue un *Concerto* de Rachmaninov. Puis défilent l'ouverture du *Carnaval romain* de Berlioz, l'*Enchantement du Vendredi saint*, le *Voyage de Siegfried sur le Rhin* et l'ouverture de *Tannhaüser*.

Une telle tendance est-elle à mettre en corrélation avec le côté baroque de la personnalité de Munch? Sûrement. On le voit même diriger, le 8 décembre 1945 au Théâtre des Champs-Elysées, un amusant Festival de la Qualité française. Le soliste du jour est... Charles Trénet. Ensuite, il conduit un ballet de Jean Hubeau, intitulé *La fiancée du diable*, que dansent deux débutants nommés Jean Babilée et Roland Petit. Cette préoccupation de la variété se retrouve dans la discographie munchienne. Obligatoire aux temps héroïques du 78 tours, en raison de la durée limitée de chaque face de disque, elle s'établit avec solidité dès l'avènement du microsillon. En dehors des œuvres très développées et des symphonies occupant deux faces, Munch se délecte de couplages divers qui sont comme la mémorisation de sa doctrine en matière de programmes. La rhapsodie hébraïque d'Ernest Bloch, *Schelomo*, tiendra compagnie au *Concerto pour violoncelle* de William Walton, également confié à l'archet de Gregor Piatigorsky. *Images* de Debussy se retrouvent aux côtés de deux pièces de Samuel Barber, *Méditation de Médée* et *Danse de la vengeance*. Quant à *La création du monde* et à la *Suite provençale* de Darius Milhaud, elles voisineront avec le *Concerto pour orgue, cordes et timbales* de Francis Poulenc. D'autres exemples ne manquent pas. Citons encore *Roméo et Juliette* de Tchaïkovsky accolé à *Till l'Espiègle*, le poème symphonique de Richard Strauss.

Faire un programme était, aux yeux de Munch, un processus d'une telle importance qu'il donne un exemple de plan dans *Je suis chef d'orchestre*. Il devait, selon lui, se composer de trois parties: 1. Une symphonie classique, ou une pièce de Bach ou de Händel. 2. « Une œuvre difficile »; soit du Bartok ou du Stravinsky. 3. « Une grande symphonie. » Comme on le remarque immédiatement, l'éthique boulézienne en matière de programmes est encore malmenée avec détermination. Pour des motifs simples. L'auteur de l'*Improvisation sur Mallarmé* abhorre les perspectives chronologiques, comme le plaisir naïf. Les joies rousseauistes du *bon sauvage*, les émotions du *Naturmensch* cher aux philosophes du dix-huitième siècle ne sont pas pour lui. A l'inverse, en commençant ses prestations, Munch se comporte en instituteur. Soucieux que son public ne place pas Henri IV avant le règne de Charlemagne, il ouvre — comme on dit dans le jargon du métier — sur une partition d'un maître ancien. Puis vient, en seconde position, la fameuse « œuvre difficile ». Le plaisir en serait-il absent, notre Kappellmeister se refusant à le croire dissimulé derrière les secrets d'une partition ardue? Sonne, enfin, et de préférence après l'entracte, le moment de la « grande symphonie ». On reconnaît bien là l'admirateur de Nikisch, le fidèle de Furtwängler. Selon ces maîtres d'obédience conservatrice, une symphonie était la pièce de résistance du concert. Elle tenait aussi, de par son exécution, d'une obligation quasiment rituelle. Elle incarnait l'accomplissement d'un cycle vital, marquait la consécration définitive d'une pompeuse cérémonie. Munch partagera entièrement ces thèses. Elles furent également, pour lui, une profession de foi, une somme théologique. A cet égard, il était lié au passé. Le concert en tant que structure pédagogique ne retint jamais son assentiment. Malgré de timides tentatives pour établir des programmes légèrement en décalage par rapport aux usages sacro-saints. Le 29 juin 1954, il conduit — au

Palais-Garnier — un hommage au violoniste Jacques Thibaud. Pour cette manifestation *In Memoriam*, il a choisi la *Water Music* de Händel, l'*Héroïque* de Beethoven, *Iberia* de Debussy et la *Troisième Symphonie* de Roussel. Le principe ternaire est donc respecté : 1. Un baroque, le concurrent de Bach. 2. Une partition d'accès encore réputé peu commode, *Iberia*. 3. Deux « grandes symphonies », au lieu d'une, celles de Beethoven et de Roussel. L'audace du jour fut sûrement leur présence dans un même programme.

UN HOMME
TROIS ORCHESTRES

« La science est une jouissance non moins grande que la propriété. »

Charles Baudelaire, *Salon de 1846*

Il est extrêmement rare, à partir du moment où un chef se produit à la tête de nombreux orchestres, de posséder sa discographie en compagnie d'une quantité élevée de phalanges. Surtout dès la fin de la Seconde Guerre mondiale. Les carrières sont alors devenues internationales. Les conductors ont, sans cesse, la valise à la main et jonglent avec les horaires des compagnies aériennes. Furtwängler ou Toscanini ne connurent guère ce type de frénésie. Le premier eut un long mariage d'amour avec l'Orchestre Philharmonique de Berlin, rarement interrompu par des escapades. Le second, ayant quitté l'Italie pour incompatibilité d'humeur avec Mussolini, trouva — lors de son arrivée en Amérique du Nord — un ensemble taillé sur mesure, modelé à son intention : le NBC Symphony Orchestra. Il lui demeura fidèle jusqu'à sa mort, survenue en 1957.

Recenser les orchestres de Munch est une tâche infiniment plus compliquée et malaisée. On doit, en effet, distinguer les formations avec lesquelles il n'enregistra pas un seul disque de celles qu'il retrouva en studio. D'une part figurent l'Orchestre Philharmonique de Paris, le BBC Symphony, les Wiener Philharmoniker, l'Orchestre de la Résidence de La Haye et le Chicago Symphony. D'où, on le devine, un triple regret : ne pas posséder un seul document de lui au volant des Cadillac nommées BBC, Wiener et Chicago. D'autre part apparaissent la Société des Concerts, le Boston Symphony, l'Orchestre de la Radiodiffusion Bavaroise, l'Orchestre Symphonique de Budapest, l'Orchestre National de l'O.R.T.F., l'Orchestre de Paris, le Philharmonique de Rotterdam, le New Philharmonia, l'Orchestre des Concerts Lamoureux et le New York Philharmonic. Soient dix institutions. Fournissent-elles une photographie exacte ou, à l'opposé, approximative de l'art de Munch ? Le débat reste ouvert. Mais il n'est pas propre à ce chef. Comme le pianiste devant son instrument, le chef n'est jamais entièrement maître de l'orchestre. Ce dernier a son identité, sa tradition, ses qualités, ses défauts, ses hauts et ses bas. Il a — également — son histoire. Ainsi, l'Orchestre Philharmonique de Rotterdam avec lequel Munch grava la *Symphonie en ré mineur* de Franck en mars 1967 fut-il fondé en 1918. Cette particularité fait de lui un ensemble jeune par opposition, notamment, au Gewandhaus de Leipzig. En outre, la très forte proportion d'instrumentistes d'origine slave parmi les cordes confère à ce disque une teinte assez crépusculaire non désirée par Munch. Nous avons la preuve d'un tel rejet en écoutant l'enregistrement de la même œuvre avec la Société des Concerts. Comme le signe d'une différenciation fondamentale, en forme de théorème : aucun orchestre ne ressemble exactement à un autre.

Dans ce cercle des distinguos, il importe aussi de séparer les orchestres qu'un chef conduit en invité des formations dont il est le directeur permanent. Les lignes suivantes consacrées — en 1947 — par Virgil Thomson à l'Orchestre Philharmonique de New York introduisent une pareille ligne de partage : « Aujourd'hui, le Philharmonic est, pour la première fois dans notre mémoire, l'égal des orchestres de Boston et de Philadelphie, peut-être même leur supérieur. Mahler et Toscanini étaient de très grands interprètes, mais pas de grands constructeurs. Si Stokowski et Munch, également de grands interprètes, ont été capables — comme invités — d'obtenir de l'orchestre des beautés sonores et expressives de la plus haute qualité, cette perfection n'a été rendue possible que par son entraînement soigneux, confié à Arthur Rodzinski... » Comme on s'en doute, cette citation n'est pas innocente. D'emblée, elle place Munch parmi la minorité des interprètes par excellence. Il ne fut jamais de ces patients pédagogues, de ces body-builders du genre symphonique heureux de faire croître un orchestre de la même manière qu'on élève un enfant. Mais cultiver une certaine tradition le passionnait. On le vit à Boston. On le constata, vite, à la Société des Concerts dont le prolongement existe encore de nos jours. Il se nomme Orchestre de Paris. Nous y reviendrons.

Au disque, trois orchestres se partagent — avec une belle constance — les faveurs de Munch. Il s'agit du Boston Symphony, de la Société des Concerts, de l'Orchestre de Paris. Leur ordre a été établi en fonction du temps qu'il passa comme directeur musical de chacun d'eux. Treize ans — de 1949 à 1962 — à Boston ; huit ans — de 1938 à 1946 — à la Société ; un an — de 1967 à 1968 — à l'Orchestre de Paris. Pour être rigoureusement exact, il faudrait inclure ici l'Orchestre Philharmonique de Paris — de 1935 à 1938 — et l'association des Concerts Colonne — de 1956 à 1958. Mais nous ne possédons pas de disques de Munch avec eux. Au demeurant, l'ordre déterminé ci-dessus semble constituer le miroir de la discographie qui nous intéresse. On estime à une bonne centaine le nombre d'œuvres de tout calibre dirigées par ses soins. Près des deux tiers l'ont été avec le Boston Symphony. Le reste se partage entre la Société et l'Orchestre de Paris. Ou, si l'on préfère, Boston : environ 70 partitions. Société : environ 20. Orchestre de Paris : 8. Un tel traitement statistique a, bien sûr, ses limites. Par nombre, on entend une pièce très courte comme la *Joyeuse Marche* de Chabrier et un titre tel que *L'Enfance du Christ* de Berlioz. Cependant, comme en géographie ou en démographie, les schémas dégagés se recoupent. Ils se recouvrent, aussi. A l'instar de certaines cartes, prenant comme objet d'étude l'agriculture ou le peuplement.

Avant de marquer une station à propos de chacun de ces orchestres, un double commentaire s'impose. En premier lieu, Charles Munch n'a jamais cumulé les fonctions. Exception étant faite pour sa présidence de deux ans chez Colonne. Il préférait la sobriété à la surabondance, mêlée de dispersions inévitables. La carrière actuelle d'un Riccardo Muti, simultanément directeur musical du Philadelphia Orchestra et de la Scala de Milan, ne l'aurait pas attiré. Aussi est-on en droit de considérer le jeune Britannique Simon Rattle, responsable du City of Birmingham Orchestra, comme issu d'une tradition du cursus digne de Munch. En second lieu, et en dehors des bandes de retransmissions radiophoniques qui nous valent aujourd'hui de disposer de documents précieux notamment avec l'Orchestre National de la R.T.F., la discographie de Charles ne procédera quasiment jamais de l'enregistrement sur le vif, dit *live*. Cette technique, désormais fort appréciée, lui était étrangère. Pour les hommes de sa génération, la gravure d'un microsillon était un acte grave. Voire solennel. On ne pouvait pas le ranger parmi les activités courantes de la pratique musicale.

Comment se retrouva-t-il nanti du titre prestigieux de Musical Director du Boston Symphony ? Il avait effectué ses débuts américains à Saint-Louis en 1939. Dès 1946, dans l'enthousiasme général pour le gigantesque pays de Roosevelt, il y retourne. En tournée avec l'Orchestre National de la R.T.F. Le temps de 22 concerts dont un à Boston où il est très remarqué, d'autant qu'on cherche déjà un successeur à Serge Koussevitzky. Du coup, la capitale du Massachusetts l'invite à effectuer un galop d'essai avec le Boston Symphony. Il a lieu le 27 décembre 1946. Cependant, le New York Philharmonic — également en quête d'un responsable et ce en dépit de la présence de Bruno Walter comme conseiller musical — lui fait les yeux doux. Il le conduit fréquemment au cours de l'année 1947. Finalement, Charles tranche en faveur de Boston. Il en devient le *Doctor*, comme disent les Américains, au mois d'avril 1949. Le tandem fonctionnera près de quatorze ans. Jusqu'en 1962. Alors septuagénaire, Munch désire rentrer en France. « Pour y mourir », dira-t-il.

Au moment de sa nomination, il a cinquante-sept ans. Tant d'heures fastes s'écouleront dans la clepsydre bostonienne qu'on ne sait lesquelles sélectionner. En 1952, il assure la première tournée européenne de la phalange. Elle passe par le festival d'Edimbourg, Dublin, Vienne, Prague, Londres, Berlin, Amsterdam, Francfort — où a lieu un concert pour les troupes américaines basées en Allemagne — et par la France. Strasbourg est presque en folie, lorsqu'un de ses fils les plus célèbres se produit au Palais des Fêtes. A Paris, il dirige en souvenir de Serge Koussevitzsky, décédé un an auparavant. En la cathédrale de Chartres retentissent la symphonie dite *Liturgique* d'Honegger et l'*Héroïque*. Puis vient le tour de l'Union soviétique. On est en 1956, et en pleine guerre froide. Peu importe ; le Boston Symphony sera le premier orchestre occidental à se produire de l'autre côté du rideau de fer. Un grand dîner a lieu, à Moscou, en l'honneur du chef. Des convives portent des toasts. Ils se nomment Dimitri Chostakovitch, Kabalevsky, Aram Khatchatourian, David Oïstrakh et Mstislav Rostropovitch...

Au cours du périple japonais de 1960, les mélomanes se trouvent en surnombre par rapport aux places dont on dispose pour 22 concerts. Comme le public nippon est connu pour sa discipline, il emploie un subterfuge de nature à satisfaire chacun. Les billets en vente sont seulement valables pour la moitié du programme. A l'entracte, les salles se vident et se remplissent de nouveaux auditeurs. Décembre 1962 voit la tournée d'adieu de Munch. Elle a pour cadre le Japon, à nouveau, et le reste de l'Extrême-Orient. Tandis que notre homme, rendu à Boston, supervise son retour définitif en France, il reçoit une lettre signée John F. Kennedy. Le président des Etats-Unis lui écrit : « Je tiens à vous exprimer la chaleureuse admiration que tout le pays, comme les habitants de Boston, vous porte pour votre splendide maîtrise musicale. » Un an plus tard aura lieu la fusillade de Dallas. Mais pour l'instant — et comme toujours depuis 1949 — Charles Munch est fêté par la gentry du Massachusetts. Déjeuners, dîners, réceptions, drinks, cadeaux en tout genre se succèdent. Les compliments aussi. Munch répond avec hésitation. Comme le dit Nicole Henriot-Schweitzer, « son anglais fut toujours rudimentaire, si ce n'est chancelant. Il avait bien pris quelques leçons en 1948. Mais la plupart du temps son fidèle collaborateur Leonard Burckart faisait office de traducteur. Charles ressemblait, sous ce rapport, à certains Russes blancs établis à Paris après la révolution de 1917. Au bout de vingt ans de séjour, ils ne savaient toujours pas le français. »

Cette déficience ne l'empêcha pas de trouver dans la patrie de Liz Taylor ou de Montgomery Clift l'assise incomparable d'une carrière au rayonnement planétaire. Il y a tout à parier que Munch n'aurait jamais été l'interprète que nous connaissons sans le sérieux, l'efficacité, la logistique représentatives de la civilisation américaine. S'il était resté en France et avait eu la charge d'un de nos orchestres, la firme de disques RCA ne l'aurait probablement jamais approché afin de lui proposer un contrat. N'oublions pas, en effet, l'entrée de notre pays dans des gouffres musicaux. Une éclipse très forte commence au moment de la Libération. Elle durera jusqu'en 1965, année où André Malraux, alors ministre de la Culture, charge le compositeur Marcel Landowski de mettre en place une politique musicale. Munch sera, au demeurant, un des fleurons de celle-ci. Comme il avait été, à Boston, le prestigieux ambassadeur d'un style d'interprétation qui n'est plus — de nos jours — qu'un souvenir. Seules des personnes mal informées pourraient croire que Pierre Boulez incarna également une heureuse exception quand il présida, de 1971 à 1977, aux destinées du New York Philharmonic.

Avant lui, plusieurs de nos compatriotes s'étaient taillé une solide réputation sur le continent nord-américain. Paul Paray officia dans le cadre du Detroit Symphony douze années durant, de 1951 à 1962. Pierre Monteux sauva le San Francisco Symphony de l'écroulement ; ses mandats californiens s'étalèrent de 1935 à 1962. Auparavant, il avait eu la responsabilité du... Boston Symphony de la fin de la Première Guerre mondiale à 1924. Prédécesseur de Koussevitsky et de Munch en Nouvelle-Angleterre, Monteux établit cette phalange dans une position d'agent diplomatique, chargé de faire la propagande de la nouvelle musique française aux Etats-Unis. Il y réussit si bien qu'après son départ les troupes de Serge le Grand continuèrent sur cette lancée. Ainsi, le 17 octobre 1930, le BSO créait-il la *Troisième Symphonie* d'Albert Roussel. Maurice Ravel vint également le conduire, dans le cadre d'une tournée transatlantique. Or, ces deux compositeurs se trouvent parmi les préférés de Munch. Mais il y a encore plus significatif. En vue de son long séjour américain, Pierre Monteux avait emmené à Boston un certain nombre d'instrumentistes français. Ceux-ci, ravis du dépaysement comme des avantages de l'American way of life, prirent racine sur place. Durant la décennie de Munch, ils seront au nombre de 23 — soit le quart de l'orchestre — et ne reviendront plus en Europe. Aujourd'hui, ces musiciens sont de paisibles retraités. Ils habitent le Massachusetts ou le Connecticut.

De même que l'Orchestre Symphonique de Bamberg, localité de la République fédérale allemande, fut composé — en 1946 — par des membres de l'ancien Orchestre Philharmonique Allemand de Prague, le Boston Symphony mérita, durant l'ère Munch, le surnom d'orchestre d'émigrés. Si ses cordes et ses cuivres — tout du moins en partie — étaient d'une autre extraction, les pupitres des bois étaient tenus par des artistes formés essentiellement à Paris. Cette particularité transparaît au fil des phrases suivantes de Charles, dans *Je suis chef d'orchestre* :

« J'ai eu l'occasion de diriger bien des orchestres aux quatre points cardinaux. Partout, j'ai rencontré des instrumentistes français. Les clarinettistes, les hautboïstes surtout sont recherchés comme les grands crus de la Bourgogne ou du Bordelais. » Et — précision implicite — leur son a une couleur inimitable. A l'instar de celui des vents de la Société des Concerts, au temps de sa splendeur. Dans un tel contexte, on trouvera logique que Munch ait si bien réussi à Boston. Son expérience, son magnétisme et l'école originale d'une partie de l'orchestre — en fait le goût tricolore tant apprécié du maestro — le menèrent vers des succès énormes. On ajoutera à ces ingrédients un travail acharné.

Etre le directeur du BSO n'était pas, en 1949, une sinécure. Cette formation, alors dans sa soixante-huitième saison — elle avait été fondée en 1881 avec le soutien du banquier Henry Lee-Higginson — donnait la bagatelle de cinq concerts par semaine. Aujourd'hui encore, on joue toujours autant en Amérique du Nord. Durant la saison 1985-1986, le Los Angeles Philharmonic a soutenu un rythme analogue. De plus, cette cadence dure 50 semaines par an. Soient 31 semaines au Symphony-Hall, la demeure de l'orchestre érigée en 1900, 11 aux Boston Pops et 8 à Tanglewood. Les Boston Pops sont des concerts de musique légère, durant lesquels Munch n'intervenait jamais. Il en laissait le soin à leur chef titulaire, Arthur Fiedler. Ce dernier les conduisit, de 1930 à l'orée des années 70, devant un public attablé comme au restaurant. Ces manifestations avaient, en effet, lieu en plein air au bord d'une rivière. Cependant, Munch devait aussi succéder à Koussevitzsky au Berkshire Music Center. Installée à Tanglewood, cette institution avait été fondée par le grand chef russe en 1935. Elle avait pour buts d'organiser de prestigieuses master-classes et un grand festival d'été. Le Boston Symphony vint rapidement y jouer en présence de 6 000 auditeurs, installés sur des pelouses. Notre Alsacien s'y produisit surtout dans des programmes où la création avait la part belle.

Le 4 juin 1951, Serge Koussevitzsky vint à mourir. Son successeur à Tanglewood fut vite désigné. C'était — on le sait — Munch. En raison de très brillants états de service dans l'action en faveur de la musique contemporaine. Dès sa désignation, il eut encore plus de travail. Il était à la fois directeur du BSO et responsable du Berkshire Music Center. Entre l'analyse constante des grandes œuvres du répertoire et la lecture de partitions souvent inédites, le labeur devenait incessant. Il le fallait, en vertu des principes d'une efficacité maximale, des nécessités d'un festival annuel de quatre jours voué à l'innovation du moment et d'une réflexion faite au compositeur Henri Dutilleux : « Nous devons travailler chaque jour comme si nous allions mourir demain. » Quand il le voulait, Munch avait le sens des maximes à la Saint-Simon. De nombreux étudiants viendront prendre des leçons de baguette du côté de

Tanglewood. Parmi eux, un jeune homme de nationalité japonaise, quoique né en Mandchourie, n'en manquait pas une. Il hantait également les couloirs du Symphony-Hall et suivait Munch partout. Celui-ci fit de Seiji Ozawa — c'est de lui qu'il s'agit — un protégé des plus prometteurs.

D'ailleurs, ne fut-il pas bien plus qu'un simple pygmalion ? Après les intermèdes d'Erich Leinsdorf et de William Steinberg, cet elfe dansant devint — en 1973 — Musical Director du Boston Symphony. Il l'est toujours, poursuivant la manière de Charles : brio, fougue, magnétisme, sens du rythme et de la couleur, amour des grandes fresques. Comme de Debussy, Berlioz et Ravel dans lesquels Ozawa excelle. Défenseur dorénavant célèbre de Messiaen — il n'a pas son pareil pour la *Turanga-lîla-Symphonie* et a créé l'opéra *Saint François d'Assise* — , le chef nippon a parfaitement assimilé les tendances de Munch en faveur de la nouveauté. Des partitions inédites de György Ligeti, Darius Milhaud et Gottfried von Einem ont retenti sous sa direction. Il a incité le Britannique Peter Maxwell-Davies à écrire une *Seconde Symphonie* pour le centenaire du BSO, célébré en 1981. Comment, au vu de pareils faits, ne pas utiliser le mot de continuité ? Le chef strasbourgeois avait, en son temps, porté plus d'une œuvre de Milhaud sur les fonts baptismaux. Lors du soixante-quinzième anniversaire de cette prestigieuse phalange, il avait passé nombre de commandes à des créateurs réputés. Ozawa peut donc être considéré, si ce mot a un sens en matière de direction d'orchestre, comme le fils spirituel de Munch. Il est l'unique héritier de son art. Et ce, grâce à leur rencontre en territoire américain. Le vieux Kappellmeister donna une vie métaphorique à un inconnu, de quarante-quatre ans son cadet, avant de mourir sur le sol d'un pays qui l'avait profondément admiré.

Revenons, à présent, à l'orchestre qui, après celui de Boston, accapara le plus Munch. Il s'agit de la Société des Concerts, à laquelle il consacra huit ans de son existence, de 1938 à 1946. En cette période de gloire croissante, au cinéma, pour Arletty ou Jean Gabin, cette formation avait derrière elle un passé flatteur et une réputation considérable. Une lignée de grands chefs permanents s'était occupée d'elle : François-Antoine Habeneck, son fondateur — en 1828 — et l'instigateur d'une intégrale des symphonies de Beethoven, choix peu courant à l'époque de Delacroix ; Philippe Gaubert, vedette internationale de la baguette ; André Messager, chargé d'une programmation nouvelle à la fin de la Première Guerre mondiale. En 1937, Philippe Gaubert est las de s'occuper de la Société depuis près de deux décennies. Il démissionne. Une élection, effectuée par les membres de l'orchestre, a lieu. Charles Munch, qu'ils connaissent — entre autres — pour avoir enregistré le

Quatrième Concerto pour piano de Saint-Saëns, avec Alfred Cortot, sous sa direction, pose sa candidature. Il est choisi.

Ecoutons-le présenter, dans *Je suis chef d'orchestre*, le cadre de ses nouvelles fonctions : « Un beau matin, je vois mon nom gravé en lettres d'or sur la plaque de marbre érigée à l'entrée de l'ancien Conservatoire où officiait alors la Société des Concerts. » Celle-ci aimait le faste puisqu'elle avait adopté une coutume encore respectée de nos jours à l'Opéra d'État de Vienne ou au Concertgebouw d'Amsterdam. Pareille somptuosité rimait, aussi, avec la majesté des lieux et le prestige de l'association. Les manifestations se déroulaient dans une salle à l'acoustique idéale, située rue Bergère. Elle est désormais fermée à la musique, mais sert aux besoins du Conservatoire National Supérieur d'Art Dramatique. La Société des Concerts était si appréciée qu'elle se déplaçait, à l'occasion, à l'étranger. Elle fit, ainsi, un voyage mémorable aux Etats-Unis durant les années 20. Cependant, on venait également exprès rue Bergère comme on se rend au Musikverein de Vienne pour y entendre les Philharmoniker. Autre point commun avec ces derniers, les prestations de la Société se déroulaient immanquablement le dimanche matin. Y assister était à la fois un acte indispensable à toute personne cultivée, un privilège — les places demeuraient difficiles à trouver — et, pour d'aucuns, une occupation des plus snobs. Souvent, le spectacle se déroulait autant sur scène que dans la salle. Coiffures, chapeaux et robes de Coco Chanel y créaient une mosaïque au raffinement indéniable.

Le public parisien était tant attaché à la Société qu'il se pressait aussi à ses répétitions générales du samedi après-midi et ne manquait pas de manifester sa mauvaise humeur quand un problème survenait. Fin 1938, on annonça que la suite de la saison serait reportée au mois de février suivant : l'orchestre ne se fit donc pas entendre en janvier 1939. L'administration fut vite assaillie de lettres de protestations. Une polémique se déchaîna dans la presse. En réalité, le directeur — Munch — prenait de nouvelles dispositions, consécutives à son investiture. Il cherchait à ménager ses effets. D'autant que l'accession à un poste si réputé braquait sur lui l'attention d'observateurs étrangers de première importance. L'Alsacien était sur un marchepied comme on en trouve peu au cours d'une existence. Un demi-siècle après, le monde a considérablement changé. Les capitales internationales de la musique se nomment Londres, New York, Berlin, Vienne, Tokyo. On éprouve quelques difficultés à mesurer aujourd'hui la nature et l'ampleur du rayonnement français dans ce domaine à la veille du second conflit mondial.

Un nationalisme très fort planait sur les programmes de la Société des Concerts à l'ère Munch. Comme dans la désignation des solistes invités. Fin 1938, on fête le centenaire de la naissance de Georges Bizet avec l'ouverture *Patrie*, la pimpante *Symphonie en ut*, la suite de l'opéra *La jolie fille de Perth*. Néanmoins, deux contemporains sont associés aux réjouissances: Ravel et *La valse*; Poulenc, dont le *Concert champêtre* pour clavecin est joué par la pianiste Durand-Texte. A côté du grand Josef Szigeti, venu donner la première audition du *Concerto pour violon* d'Ernest Bloch, les virtuoses tricolores sont majoritaires. Alfred Cortot, Marguerite Long, Yvonne Lefébure, Magda Tagliaffero, Jacques Thibaud, Pierre Fournier, Marcel Moyse défilent rue Bergère. Pierre Bernac chante les *Cantates 50* et *189* de Bach. La pianiste Lélia Gousseau donne un *Concerto* de Mozart début 1939 et, le même jour, Fernand Oubradous interprète le *Concerto pour basson en si bémol*, K.191. Cet instrumentiste, alors basson solo de la Société, accédait ainsi à la demande de son chef: faire paraître les membres de l'association comme les virtuoses les plus réputés, bref les mettre en valeur. La citation d'un instrumentiste à vent vient presque à dessein. Elle rappelle que le son propre à la Société, particulièrement perceptible dans ses musts — Beethoven, Berlioz, Debussy, Franck, Ravel et Saint-Saëns — reposait en grande partie sur ses bois. Comme sur ses cordes graves, la tradition du violoncelle française étant représentée, en son sein, par Maurice Maréchal.

Des disques de cette époque de haute qualité, dominée par un style propre? On en trouvera quelques-uns au long du présent ouvrage. Pourtant, ils n'abondent guère, soit qu'ils aient été retirés des catalogues depuis des lustres, soit qu'ils aient disparu. En outre, la Société des Concerts fonctionnait trop sur des schémas hostiles à la technologie. A cet égard, on ne peut noter qu'un cruel écart entre elle et d'autres formations tout aussi réputées. Pour s'en tenir au Boston Symphony, celui-ci enregistra son premier disque, sous la conduite de Karl Muck, en 1917. De plus, la création de l'Orchestre National, à l'initiative du ministre des Postes Jean Mistler en février 1934, ne devait pas renforcer la position de la Société dans ce domaine. Une formation radiophonique bénéficie, en effet, d'infrastructures permanentes de nature à conserver ses prestations. Les auditeurs de France-Musique le savent bien! Pourtant, au moment où le 78 tours allait être supplanté par le microsillon, Munch et ses troupes se lancèrent dans une intense campagne d'enregistrements. Elle eut lieu fin 1946. Il était grand temps. L'Amérique attirait de plus en plus notre épicurien. Le moment de la séparation approchait. Au cours de la saison 1947-1948, Munch ne parut pas une seule fois au Théâtre des Champs-Elysées, désormais siège de l'orchestre. Un communiqué officiel le donnait « en congé spécial pour aller diriger à l'étranger ». Notamment à New York, à Chicago et au festival de Salzbourg.

Ces fameux enregistrements ne se déroulèrent pas à Paris. Réalisés pour le compte de la firme Decca, ils eurent lieu à Londres où la Société se rendit spécialement et resta durant un mois. Ce déplacement fut digne des voyages de la famille Fenouillard. Lors de l'arrivée en territoire britannique, on constata que 70 des 90 membres de l'association n'étaient pas munis du passeport indispensable pour pénétrer, à l'époque, sur le sol anglais. Au terme de tergiversations pittoresques, les services de police fermèrent les yeux. On se trouva, enfin, à pied d'œuvre et le travail put commencer. Il se concrétisa par une trentaine de 78 tours, presque tous voués à des compositeurs français. A côté de la *Habanera* de Louis Aubert, leur liste comporte des classiques comme des contemporains. On y trouve l'ouverture de *Benvenuto Cellini*, la *Joyeuse Marche* de Chabrier, *Le rouet d'Omphale* de Saint-Saëns, la *Pavane* de Fauré ou la *Symphonie en ré mineur* de Franck. Ainsi que le *Boléro* et la première suite de *Daphnis et Chloé* de Ravel. Sans omettre la *Petite Suite pastorale* de Roussel. Quarante ans après, presque toutes ces gravures ne sont plus disponibles. Pourtant, des recherches parmi les archives de la Decca permettraient sûrement de retrouver leurs matrices. Comme de procéder à leur réédition, afin de conserver la mémoire des très riches heures de la Société. Et de savourer ces pièces rares, magnifiées par le raffinement du disque compact. Une pareille publication constituerait, pour Decca, le pendant historique des choix décidés par elle pour les disques de musique française qu'elle confie à Charles Dutoit comme, jadis, au sensitif Ernest Ansermet et à l'Orchestre de la Suisse Romande.

En abordant la naissance de l'Orchestre de Paris, le troisième des compagnons de Munch, on sait que — désormais — le temps est compté. Entre la première répétition de celui-ci, le 2 octobre 1967, et la mort subite de Charles, survenue le 6 novembre 1968, un an, un mois et quatre jours s'écouleront. Pas plus. C'est beaucoup et très peu, à la fois. Beaucoup, car l'Orchestre de Paris serait l'emblème de la politique musicale voulue par André Malraux, alors ministre des Affaires culturelles du général de Gaulle, sur l'instigation de Marcel Landowski. Ce dernier, nommé Directeur de la Musique en 1965, avait devant lui un travail énorme : doter la France des institutions qui lui faisaient alors cruellement défaut dans les domaines de la création, de l'enseignement et de la diffusion.

Sous ce dernier chapitre, on décida la mise en place d'un orchestre de niveau international, considéré rapidement comme le fer de lance du plan Landowski. Les formations décentralisées — tel l'Orchestre de Lyon — devaient lui succéder dans le temps. La tâche était des plus ambitieuses. Des difficultés innombrables surgirent, alors que le futur Orchestre de Paris était à l'état de... projet. Marcel Landowski se souvient : « Ce fut une levée générale de boucliers. On taxa l'entreprise de chimère, de folie, d'extravagance. Chaque jour, j'observais des réactions négatives au caractère blessant. En outre, bien que j'eusse pressenti Charles Munch pour prendre la direction de cette formation encore dans les limbes, il se faisait prier. »

Au moment de ces négociations, le maestro a soixante-seize ans. Sa santé est très médiocre et il déclare fréquemment : « On n'engage pas un homme de mon âge pour former un orchestre. » Une telle repartie comporte, néanmoins, sa part de vérité ; Charles savait qu'il n'était pas dans son tempérament de jouer aux accoucheurs. Alors, afin de le tranquilliser, on lui annonce qu'il sera assisté d'un premier chef, Serge Baudo, et d'un adjoint, Jean-Pierre Jacquillat. Le téléphone fonctionne sans cesse entre la rue Saint-Dominique, siège de la Direction de la Musique, et la propriété de Louveciennes où les résultats de Munch au... golf provoquent des réponses contradictoires. Un jour, oui. Le lendemain, non. Nicole Henriot-Schweitzer sert d'agent de liaison au cours de ces discussions particulièrement délicates. Mais l'Alsacien finit par se décider. Il accepte. Certainement à la pensée de sa magnifique collaboration avec la Société des Concerts près de trente ans aupara-vant. Et puis, sa fibre patriotique ancienne manière a vibré. Il est temps, pour lui, de défendre et d'illustrer à nouveau le style français au milieu d'un marché international sans pitié.

La Société des Concerts, justement. L'Orchestre de Paris en sera le continuateur. Comme elle, il élit domicile au Théâtre des Champs-Elysées. Il recrute notamment ses membres parmi ceux de la Société. Vingt instrumentistes de celle-ci seront admis, lors d'un concours spécial sur titre. Trente autres franchissent, avec succès, le cap d'un très sévère contrôle de fonction. Quant au reste, il est engagé dans le cadre d'un autre concours. Munch en préside toutes les séances, à l'instar d'Herbert von Karajan lorsque les Berliner Philharmoniker ont un pupitre vacant. Pour montrer que l'Orchestre de Paris est le descendant de la Société, le directeur du Conservatoire National Supérieur de Musique — Raymond Gallois-Montbrun — devient président de droit de son conseil d'admi-nistration. Le 2 octobre 1967, la première répétition de la nouvelle formation se déroule avenue Montaigne. André Malraux s'est déplacé pour la circonstance. Avant que Munch ne lève la baguette, le ministre des Affaires culturelles se livre à une harangue. Le visage déformé par ses tics, il procède à une des chaleureuses improvisations oratoires pour lesquelles il a un don exceptionnel. Il conclut ses propos à l'adresse des musiciens en lançant un retentissant « Bravo pour ce que vous faites en l'honneur de la France ! ». Puis, l'auteur des *Antimémoires* se retire. Il n'aimait guère la musique et devait déclarer, un jour à Stravinsky : « Vous défendez un art mineur. »

Arrive le soir du 14 novembre, date du concert d'inauguration. En dépit des propos de Malraux, l'homme du *Sacre du printemps* est à l'honneur. Charles, acclamé comme un dieu vivant lors de son entrée, conduit la création française de *Requiem Canticles*. Il manifeste, ainsi, un besoin organique de l'innovation permanente. Ensuite, il dirige deux de ses spécialités majeures, *La mer* de Debussy et la *Fantastique*. Comme au bon vieux temps de la Société. D'ailleurs, parmi les cinquante rescapés de celle-ci, plus d'un avait joué ces œuvres en 1938 sous sa direction, dans la salle de la rue Bergère. Le passé rejoint le présent et les commentateurs exultent. On ne parle plus que de l'Orchestre de Paris. On lui trouve toutes les qualités possibles et imaginables, même si on ne pense guère au délai qu'il faudra obligatoirement respecter pour que les cinquante anciens s'habituent à leurs camarades nouveaux venus. Et vice versa. La longue alchimie symphonique est remplacée par la théorie de la génération spontanée. Au sortir du Théâtre des Champs-Elysées, les auditeurs trouvent le premier disque de l'Orchestre de Paris. Consacré à la *Fantastique*, il a été enregistré pour le compte de Pathé-Marconi au mois d'octobre. 6 000 exemplaires en seront vendus en l'espace d'une semaine. Or, un succès classique indéniable correspond à 15 000 exemplaires écoulés sur un an...

Quelques jours après ce triomphe attendu de longue date, Munch satisfait — par anticipation presque prémonitoire — une des revendications majeures de Daniel Cohn-Bendit et du futur mouvement de Mai 68 : l'accès de tous à la culture. Il se déplace, avec ses troupes, au Théâtre de l'Est Parisien pour donner une seconde fois le programme du 14 novembre. Le public populaire du XXe arrondissement lui fait fête. Puis, l'esprit de Malraux étant devenu le Paraclet de l'époque, l'Orchestre de Paris et son chef — épuisé — se rendent à Reims. Ils sont les invités de la Maison de la Culture. Décentralisation oblige ! Le 12 décembre, retour au Théâtre des Champs-Elysées. Zino Francescatti joue le *Concerto pour violon* de Brahms. Une symphonie d'Honegger et *Bacchus et Ariane* de Roussel complètent l'ensemble. En janvier, alors que personne ne subodore les événements de Nanterre et le couvre-chef-poubelle offert au philosophe Paul Ricœur par les étudiants de cette université quelques mois plus tard, Nicanor Zabaletta est le partenaire de Munch. Dans le *Concerto pour harpe* de Gabriel Pierné, ainsi que l'*Introduction et Allegro* de Ravel. *Pelléas et Mélisande* de Fauré tient compagnie à ces œuvres. Comme à la *Première Symphonie* de Brahms, un des musts de Munch. Le 19 mars — la bombe contestataire explosera quelques jours après —, Nicole Henriot-Schweitzer est aux côtés de son vieux complice lors du *Second Concerto pour piano* de Prokofiev. Cette partition se trouve encadrée par la *Water Music* de Händel et la *Rapsodie espagnole* de Ravel.

Les autorités considérant que l'instrument serait suffisamment rôdé d'ici le printemps, on l'envoie en Union soviétique pour sa première tournée à l'étranger. La politique de grandeur appliquée par de Gaulle tient, en effet, maigre compte de la chienlit générale. Tandis que le pays est paralysé, que le Théâtre de l'Odéon est occupé, que la Sorbonne connaît un sort analogue et que les barricades se dressent au Quartier latin, l'Orchestre de Paris se produit à Moscou. Comme à Leningrad où l'on est ravi de revoir Munch. Malheureusement, il ne peut assurer tous les concerts. Victime d'un point de pneumonie, il cède la baguette à Paul Paray. Un autre vétéran : il a quatre-vingt-deux ans. Puis, le calme revenu, la fameuse équipée gaullienne à Baden-Baden et autres jongleries achevées, la diplomatie française délègue Munch et sa garde prétorienne chez l'autre puissance majeure de l'ordre mondial : les Etats-Unis. Il importe, dans la dialectique chère à Malraux, de montrer notre savoir-faire artistique aux descendants d'Abraham Lincoln. Le critique Bernard Gavoty va même jusqu'à souligner que ce deuxième périple permettra, une nouvelle fois, à certains habitants de la planète de savourer la « couleur nationale unique de l'Orchestre de Paris. Les autres n'ont pas ce privilège ». Voire.

A l'automne 1968 commence le dernier voyage de Munch. Il ne reverra jamais la France. Son chant du cygne retentira dans un pays où son nom est fameux. Partout, il triomphe. A Carnegie Hall, la légendaire salle new-yorkaise. Le concert achevé, Herbert von Karajan — assis parmi le public — dit à l'un de ses proches : « Munch est un chef fabuleux. » A Philadelphie et à Washington. A Raleigh, en Caroline du Nord. Pourtant, Boston n'aura pas la chance de fêter l'un de ses citoyens d'honneur. Le 6 novembre, l'Orchestre de Paris se trouve à Richmond, en Virginie. Le maestro invite quelques musiciens dans sa suite d'hôtel. Ensemble, ils regardent la télévision pour savoir qui est élu président des Etats-Unis. Ce sera Lyndon Johnson. Le lendemain matin, on le trouve mort. Il a succombé à une crise cardiaque. Le reste de la tournée est annulé. On ramène le corps à Paris et, le 12 novembre, a lieu une cérémonie au temple de l'Oratoire du Louvre, la paroisse réformée la plus connue de la capitale. Des chorals de Bach retentissent, bien évidemment. Comme des pages de Beethoven et de Mozart, interprétées par des membres de l'Orchestre de Paris. L'inhumation se fera au cimetière de Louveciennes. Si Munch avait vécu, il aurait retrouvé le Théâtre des Champs-Elysées le 9 décembre. A cette date étaient déjà programmés des fragments orchestraux du *Dardanus* de Rameau, la *Sixième Symphonie* de Bohuslav Martinu et le *Concerto pour violoncelle* de Dvořàk, confié à Mstislav Rostropovitch. Ce jour-là, le concert eut lieu. Mais en signe de deuil.

Comme en témoignage de respect devant une action encore à ses débuts. En dehors de divers projets artistiques, Munch était préoccupé par la reconstitution d'un public fidèle à l'Orchestre de Paris. Il avait toujours aimé le système de l'abonnement, série de rendez-vous périodiques des mélomanes avec les interprètes qu'ils apprécient. Sa carrière de directeur musical au Philharmonique de Paris, rue Bergère, à Boston et — dorénavant — à la tête de la formation pour laquelle on avait emprunté à Georges Braque un emblème, fait de deux colombes laiteuses sur fond bleu, avait habitué Munch à une pareille pratique. Celle-ci était d'autant moins risquée à l'Orchestre de Paris que ses membres avaient, enfin, obtenu une stabilité financière permettant de consacrer l'essentiel de leur temps de travail à l'enfant de Malraux et de Landowski. Auparavant, cette règle d'exclusivité ne pouvait exister. La Société des Concerts fonctionnait selon le principe d'une coopérative distribuant de faméliques jetons de présence ; ses affiliés avaient, de ce fait, un pouvoir d'achat spartiate. Ils devaient se disperser à tous vents pour subsister ! Munch avait obtenu, pour eux, des salaires décents. Son prédécesseur, André Cluytens, avait échoué dans cette revendication fondamentale.

En raison des circonstances détaillées précédemment, Charles Munch et l'Orchestre de Paris ne disposèrent — entre octobre 1967 et septembre 1968 — que d'une durée de onze mois afin de procéder à des enregistrements. Ces derniers constituent le testament discographique de Munch. Quatre compositeurs y sont honorés : Berlioz, Brahms, Honegger et Ravel. Du premier, nous possédons — on l'a vu — la *Fantastique*, du deuxième la *Première Symphonie* et du troisième la *Seconde Symphonie*. Quant au dernier, il est représenté par le *Boléro*, la *Rapsodie espagnole*, la deuxième suite de *Daphnis et Chloé*, la *Pavane pour une infante défunte* et le *Concerto en sol*, confié à Nicole Henriot-Schweitzer. Soit huit œuvres d'importance qui ont beaucoup fait pour la réputation universelle de l'ancien responsable du Boston Symphony. Certaines d'entre elles ayant été gravées plusieurs fois sous sa direction, leur choix apparaît comme d'autant plus symbolique à un moment où la vie du fulgurant Kappellmeister va s'éteindre. Ainsi que le dit le vieil Arkel dans *Pelléas et Mélisande*, « il n'arrive jamais d'événements inutiles ». En outre, un beau projet ne franchit pas le cap d'une deuxième séance d'enregistrement : une nouvelle *Damnation de Faust*, avec Régine Crespin en Marguerite. Munch vint, Salle Wagram, pour une première session consacrée à la légende dramatique de Berlioz. Mais, déjà trop fatigué, il dut renoncer à poursuivre. Les bandes en ont été détruites.

Deuxième partie

EXPLORATIONS DISCOGRAPHIQUES

Le lecteur trouvera, ci-après, l'analyse d'une centaine d'enregistrements discographiques réalisés sous la direction de Charles Munch. Ils ont été classés par ordre alphabétique de compositeur à l'exception, toutefois, des anthologies qui en ferment la liste.

Généralement, les œuvres de chacun de ces compositeurs sont aussi données par ordre alphabétique de titre. Cependant, il arrive qu'elles soient regroupées au début d'une rubrique, afin de favoriser le développement d'une argumentation ou d'éviter des commentaires superflus.

Les normes de présentation sont, pour chaque œuvre, les suivantes :
1. Titre
2. Nom du ou des solistes éventuels
3. Nom de l'orchestre
4. Lieu et date d'enregistrement
5. Nom de la firme de disques et numéro de référence suivis, entre parenthèses, de la mention de disponibilité (D) ou d'indisponibilité (ND) dans le commerce.

Les versions en disques compacts sont indiquées par CD.

Malgré des investigations particulièrement attentives, il arrive que le lieu et la date d'un enregistrement, voire son numéro de référence, fassent défaut. Afin de remédier à ces lacunes, que des recherches méticuleuses n'ont pourtant pas réussi à combler, nous nous sommes attaché à essayer de situer les disques en question dans le temps, et ce par des déductions logiques.

ISAAC ALBENIZ (1860-1909)

Iberia

Orchestre National de l'O.R.T.F.
Paris, date d'enregistrement non précisée
RCA Red Seal 650 013 (ND)

Sur la pochette, une reproduction du *Ballet espagnol* d'Edouard Manet. Le rapprochement est assez opportun, quoique l'orchestration de Fernandez-Arbos fasse penser à une peinture grasse et, par moments, de mauvais goût. Albeniz écrivit *Iberia* pour le piano, instrument qu'il contrôlait à merveille et auquel il voua *Asturias*, la *Suite espagnole* ou *Navarra*, pages ultérieurement instrumentées par les soins de Rafaël Frühbeck De Burgos ou du même Fernandez-Arbos. En 1924 — quinze ans après la mort du compositeur — , ce dernier arrange certaines pièces d'*Iberia*. La brillante carrière orchestrale de la suite commence. Bien après l'*Iberia* de Debussy.

Le présent disque a été enregistré entre 1962, année du retour définitif de Munch des Etats-Unis, et 1967, époque de sa prise de fonctions à l'Orchestre de Paris. L'Orchestre National de l'O.R.T.F. y jongle avec les couleurs d'une manière satisfaisante. Il est digne d'Albeniz. Presque comme de la grande vestale du maître de Camprodón, la merveilleuse pianiste Alicia De Larrocha. Le Munch amoureux des grandes phrases de huit mesures — la fameuse coupe brahmsienne ! — est ici particulièrement à l'aise. Qu'on écoute, par exemple, *Triana* ou le somptueux cortège de la *Fête-Dieu à Séville*, sa *saeta*, improvisation lyrique des fidèles de la ville, passant d'un balcon à l'autre pendant que la procession avance ! Enfin, le sens inné de Munch pour la dynamique fait florès pendant *Iberia*. Il conduit en orfèvre des nuances et sait mener le *crescendo* jusqu'à une véritable explosion.

JEAN-SÉBASTIEN BACH (1685-1750)

Concertos brandebourgeois 1, 2, et 3

Boston Symphony Orchestra
Boston, date et lieu d'enregistrement non précisés
Camden Classics 544 022 (ND)

Concertos brandebourgeois 4, 5 et 6

Boston Symphony Orchestra
Boston, date et lieu d'enregistrement non précisés
Camden Classics 544 023 (ND)

On a pu, au cours des précédents chapitres de cet ouvrage, prendre la juste mesure de la vénération de Munch à l'égard de Bach. Le climat familial de l'enfance, les liens de la tribu alsacienne avec Leipzig, l'intérêt pour Albert Schweitzer le montrent. Comme la présence de l'auteur de l'*Offrande musicale* dans de nombreux programmes dirigés par notre homme dès l'époque de l'Orchestre Philharmonique de Paris. A la Société des Concerts, le culte continuera à être entretenu, en dépit des sarcasmes de l'écrivain Colette considérant la musique du Cantor comme « une divine machine à coudre » ! Le 19 mars 1939, Munch conduit le *Quatrième Concerto brandebourgeois* et le *Magnificat*, donné avec la participation des chœurs Yvonne Gouverné. Quelques mois après la Libération — le 10 février 1946 — un des festivals tant critiqués dans *Je suis chef d'orchestre* l'a décidé à choisir des *Brandebourgeois*, deux *Suites* et le *Concerto pour violon en mi*, BWV 1042. Pourtant, un record — dans le genre — est battu à l'occasion du premier concert de l'association Colonne pour 1957, donné le 6 janvier au Châtelet. Prenant prétexte de la date de cette manifestation dominicale, le Strasbourgeois fait entendre une orchestration du prélude et choral *La vieille année s'en est allée*. L'auteur de cette adaptation, dont le principe rappelle les transcriptions de Bach par Arnold Schönberg? Munch en personne. Comme de nombreux chefs de sa génération, il pensait pouvoir actualiser les œuvres classiques en les chargeant d'instrumentations amphigouriques. Son travail d'après *La vieille année* demeure en tout cas l'unique exemple actuellement connu d'arrangement de sa main. S'il avait vécu plus longtemps, il n'aurait cependant pas manqué de proposer aux mélomanes sa version de *L'art de la fugue*, partition à l'usage des vétérans puisque Hermann Scherchen et son gendre Karl Ristenpart l'enregistrèrent chacun en fin de carrière, après en avoir réalisé une instrumentation. Munch devait donner son *Art de la fugue*, avec des membres de l'Orchestre de Paris, le 6 mai 1969. Il était même prévu que l'exécution serait précédée d'une conférence d'Antoine Goléa. Malheureusement, elle ne put se dérouler. L'intéressé était mort depuis six mois, jour pour jour. Nous n'entendrons donc jamais les fugues-miroirs coloriées par ses soins.

En revanche, il est parfois possible — en s'en donnant réellement la peine — de trouver l'enregistrement des *Six Concertos brandebourgeois*, réalisé avec des musiciens du Boston Symphony. Ces deux disques ont une importance documentaire. Comme il n'en existe pas d'autres de Munch dans Bach, ils deviennent, de ce fait, une cristallisation. Peu flatteuse, au demeurant, pour l'ancien collaborateur de Wilhelm Furtwängler. Dans une de ses chroniques, le critique Jean Hamon a su résumer en peu de phrases le substrat de ces lectures : « Lorsque notre grand Charles Munch dirige Bach, on ne s'attend pas à des miracles. Il n'y en eut pas avec les *Brandebourgeois*. » Un constat à la fois très sévère et très juste. Le tempérament de l'artiste ne pouvait s'accommoder des caractéristiques stylistiques de la littérature baroque. Il lui était impossible de servir Berlioz et Jean-Sébastien à la fois, en dépit d'un attachement profond lié au souvenir de ses premières émotions musicales en l'église Saint-Guillaume.

Une constatation pareille, déjà évidente durant les années 50, devient encore plus dure aujourd'hui, alors qu'un travail considérable a été réalisé par Nikolaus Harnoncourt, Christopher Hogwood ou les frères Kuijken quant à la manière de jouer Bach et ses contemporains. Le nom de Karl Münchinger doit aussi être avancé. Pour une double raison. En premier lieu, il réduisit à une quinzaine de personnes le nombre d'exécutants pour les *Brandebourgeois*. Munch en utilise le double, respectueux en cela des options de Furtwängler ou d'Eugen Jochum. Par ailleurs, le directeur de l'Orchestre de Chambre de Stuttgart avait — lui aussi — étudié longuement à Leipzig. Son labeur musicologique lui ouvrit, lors de sa mise en application, les portes d'un réel succès populaire. L'intégrale des *Brandebourgeois* signée Münchinger devint, dès son lancement en 1951, un des best-sellers mondiaux du disque classique. Mal prit à RCA de chercher à concurrencer ce dernier par un coffret sur lequel figurerait le nom de Munch. En privé, ce dernier disait parfois : « Je n'arrive pas à mémoriser les œuvres de Bach ; elles sont très difficiles à retenir. » Voilà qui prouve qu'entre la génération du *retour au Cantor*, celle de Munch, et la tranche d'âge amenant de vrais interprètes de ses œuvres, une nette distinction s'impose. Avoir été le fils de l'un des artisans d'une telle résurrection ne suffisait pas.

SAMUEL BARBER (1910-1981)

Méditation
Danse de la vengance de Médée

Boston Symphony Orchestra
Boston (Symphony-Hall), 1953
RCA Victrola 45520 (ND)

En dépit de son immense notoriété outre-Atlantique et de la politique commerciale dynamique de ses éditeurs, Samuel Barber a une portion fort congrue de la discographie de Munch. La *Méditation* et la *Danse de la vengeance*, extraites du ballet *Medea* créé en 1946, y sont les modestes voisines — par le jeu des couplages — du *Second Concerto pour piano* de Prokofiev.

Une pareille situation est d'autant plus particulière que ce Pennsylvanien a beaucoup écrit pour orchestre : plusieurs symphonies, des concertos pour violon et violoncelle, le cycle de mélodies *Knoxville; summer of 1915*. Son célèbre *Adagio* pour cordes a été créé par Toscanini en 1938 et Vladimir Horowitz fut le premier interprète de la *Sonate*. Quant à Munch, il devait effectuer — à Boston — les créations mondiales de *Die Natali*, une cantate pour le jour de Noël, et des *Prayers of Kierkegaard*, écrites sur des textes du philosophe danois. En outre, Samuel Barber est — avec Bloch et Menotti — un des seuls compositeurs américains dont Munch enregistra des œuvres. Il en résulte un paradoxe à la fois évident et peu compréhensible : propagandiste remuant de la nouvelle musique américaine, le directeur du Boston Symphony ne lui rendit guère de services discographiques durant les treize années qu'il passa, de 1949 à 1962, au Massachusetts. Le chauvinisme de Munch était-il pour quelque chose dans ce comportement ? Assurément. Sans négliger les autochtones, il donnait surtout la préférence aux Français. Comme Koussevitzsky. Durant la période où l'Alsacien s'installe au Symphony-Hall, le grand vétéran provoque — dans la même salle — la *World Premiere* de la *Turangalilâ-Symphony*, pour reprendre l'orthographe du programme, due à un compositeur de quarante et un ans, un certain Olivier Messiaen. L'événement a lieu le 2 décembre 1949. Yvonne Loriod est au piano, Ginette Martenot aux ondes et... Leonard Bernstein au pupitre.

LUDWIG VAN BEETHOVEN (1770-1827)

Munch vécut-il sous la loi des célèbres trois B : Bach, Beethoven et Brahms ? Ce fameux trio le gouverna-t-il au long de son existence ? Très certainement. On l'a noté pour Bach. On le constatera bientôt, en ce qui concerne Brahms. Quant à Beethoven, il l'accompagnera en toutes circonstances. Munch étudie le violon avec un de ses zélateurs, Lucien Capet ; il passe sept ans dans un sérail beethovenien, le Gewandhaus de Leipzig, et se frotte sans cesse à Furtwängler, son interprète majeur au vingtième siècle. Nommé à la tête de la Société des Concerts en 1938, notre artiste se trouve également responsable d'une institution vouée corps et âme à l'homme du *Testament de Heiligenstadt*.

Quand, le 9 mars 1828, la Société — alors composée de 78 exécutants — donne le premier concert de son existence, la symphonie dite *Héroïque* figure déjà parmi les œuvres inscrites à ce programme de baptême. Au pupitre, François-Antoine Habeneck. Il passera un quart de siècle à ce poste, fondant une tradition beethovenienne française et conduisant la première audition intégrale des neuf symphonies à Paris. Hector Berlioz, dans le public, en prendra de la graine. Comment ne pas signaler, également, que l'auteur des *Variations Diabelli* était mort depuis peu et qu'à Leipzig Felix Mendelssohn allait agir comme Habeneck en imposant, aussi, un cycle Beethoven ? En sa qualité d'ancien Konzertmeister du Gewandhaus, Munch était donc particulièrement qualifié pour poursuivre une tradition à l'échelle européenne : elle fut aussi vivace sur les rives de la Seine.

Le dépouillement des programmes donnés entre son entrée en fonctions et l'éclatement de la Seconde Guerre mondiale est, sous ce rapport, nettement explicite. Début mars 1938, il accompagne le pianiste hongrois Kilenyi dans le *Cinquième Concerto en mi bémol*, dit *L'Empereur*. Il « dirige sans partition », précise le journal *Le Ménestrel*. Le 13 du même mois, il conduit la *Quatrième Symphonie en si bémol*, opus 60, compressée entre un *Concerto grosso* de Händel et la suite de *L'Ecole des maris* d'Emmanuel Bondeville. Au cours de la saison 1938-1939, Beethoven est à l'honneur sept fois. Le 9 octobre : à nouveau *L'Empereur*, avec Marguerite Long, et la *Septième Symphonie en la*, opus 92. Le 30 : la *Seconde Symphonie en ré*, opus 36, accolée au *Deuxième Concerto pour piano* de Brahms qu'interprète Arthur Rubinstein. Fin janvier 1939, Yvonne Lefébure se présente devant le public de la capitale dans le *Quatrième Concerto en sol majeur*, opus 58. A cette occasion, on entend aussi l'*Héroïque*, cheval de bataille de la Société des Concerts. Enfin, Munch clôt la saison le 26 mars. Après l'ouverture de *Coriolan*, Emmanuel Feuermann — chassé d'Allemagne par les nazis — joue le délicieux *Concerto en ut* de Haydn. Puis vient l'immense *Neuvième Symphonie*. La chorale Yvonne Gouverné est de la partie ainsi que, dans le quatuor de solistes, la cantatrice Maria Branèze et le ténor canadien Raoul Jobin.

En l'espace d'une année, Munch se préoccupe donc de diriger cinq des neuf symphonies de Beethoven : la *Seconde*, la *Troisième*, la *Quatrième*, la *Septième* et la *Neuvième*. En ce qui concerne les cinq *Concertos pour piano*, un couplé les illustre : le *Quatrième* et *L'Empereur*, confiés respectivement à Kilenyi et à *Madame Long*, pour employer l'expression en usage dans les milieux musicaux parisiens. A Boston, un régime identique sera suivi. Pourtant, la statistique d'ensemble des enregistrements d'œuvres de Beethoven réalisés par Munch comporte bien des lacunes. Nous ne possédons de lui ni la *Fantaisie chorale* ni la *Missa solemnis*. Du côté des partitions concernantes, le *Triple Concerto pour piano, violon et violoncelle* opus 56 manque. Il en va de même avec quatre des cinq *Concertos* destinés au piano, le seul gravé étant le *Premier*. Sviatoslav Richter en assure la partie soliste.

Explorons aussi le domaine des symphonies. Munch léguera seulement à la postérité la *Cinquième*, la *Pastorale*, la *Septième* et la *Neuvième*. Aurait-il eu une attitude un tantinet négative à l'égard du groupe constitué par les quatre premières symphonies, parfois regardées comme des œuvres de jeunesse ce qui, pour d'aucuns, constitue un purgatoire ? Pourquoi n'est-il pas allé en studio afin de proposer sa conception de la *Huitième,* cet hymne bondissant, ce chant ryuthmique dans lequel il se sentait fort à l'aise ? En tout cas, sa chère Société des Concerts devait, en 1957, graver l'intégrale des symphonies de Beethoven sous la conduite d'un Allemand de soixante-dix-sept ans, le respectable Carl Schuricht. Ce fut un véritable événement, un orchestre français ne s'étant jamais — auparavant — lancé dans une pareille entreprise. A cette époque, notre maestro était devenu quasiment américain d'adoption. Il avait, quant à lui, soixante-six ans. Cependant, l'aventure d'un cycle Beethoven ne le tentait pas.

Fut-ce par humilité, par respect pour l'art parfait de Klemperer ou de Furtwängler, voire de Karajan ou de Walter, dans ce répertoire ? L'hypothèse est viable. En écoutant les disques Beethoven de Munch, on décèle sans cesse une réelle modestie de l'intéressé devant ces partitions fondamentales. Il ne cherche jamais à l'interpréter, au sens premier du terme. Au contraire, il le contemple avec un relatif embarras, comme il regarde Bach. Ou comme on peut être pétrifié devant la statue du Commandeur. Cela ne signifie pas, pour autant, que ses prestations beethoveniennes soient dépourvues d'intérêt. Mais Brahms ou Berlioz, comme Debussy et Ravel, devaient lui permettre de s'affirmer conformément à sa nature profonde.

Premier Concerto pour piano en ut majeur, opus 15

Sviatoslav Richter, piano
Boston Symphony Orchestra
Boston (Symphony-Hall), 2 novembre 1960
RCA VICS 1478 (ND)

L'année 1960 fut celle de la première apparition, en Amérique du Nord, du pianiste soviétique Sviatoslav Richter. Il fit ses débuts avec le Boston Symphony et Munch le 1er novembre et choisit, pour cette circonstance, le *Concerto en ut majeur*, opus 15 de Beethoven. Le lendemain après-midi, l'ancien élève d'Heinrich Neuhaus retrouvait ses partenaires au Symphony-Hall. Ensemble, ils allaient enregistrer la même œuvre, Richter se faisant comprendre du maestro et des techniciens de RCA par un sabir, composé d'allemand et de russe! Sur le disque ayant résulté de cette collaboration, le *Concerto* se trouve couplé à la *Sonate en fa*, opus 54.

Un mariage inévitable: Richter était déjà un des plus éminents interprètes beethoveniens de notre temps. Conscient des ramifications reliant le *Premier Concerto* à Mozart, ainsi qu'à Haydn, il est ici toute délicatesse et transparence cristallines. Ses cadences — notamment celle destinée au premier mouvement — montrent une certaine sobriété stylistique. On ne saurait en écrire autant des interventions de Munch. Certes, il s'ingénie à disposer le plus beau des tapis sonores en l'honneur de Richter, maîtrise une ample pâte de timbres et ne manque pas — lui aussi — de lyrisme dans le mouvement lent de l'opus 15, pure rêverie aux étoiles. Il montre, alors, une grande poétique proche d'une certaine *Scène d'amour* du *Roméo et Juliette* de Berlioz. Mais son compagnonnage avec le compositeur français explique également qu'il prenne un parti quasiment antinomique à celui de son partenaire soviétique. Tandis que ce dernier est dominé par une sobre expression, le culte romantique du très grand orchestre éclate lors des tutti ou des interventions durant lesquelles Munch se dépense presque sans compter.

Il en résulte deux phénomènes, omniprésents dans la discographie beethovenienne de Munch. D'abord un respect pour l'homme de l'*Appassionata* qui, parfois, tend à le pétrifier par indécision. Ainsi, il n'ose guère mettre en évidence l'aspect visionnaire de maint passage de ses œuvres. Heureusement, notre Alsacien n'eut jamais à conduire la transcription orchestrale de la *Grande Fugue*, opus 133! Ensuite, le Beethoven de Munch passe systématiquement par un tamis berliozien. Les raisons de cet état de fait ont été développées auparavant. Il convenait, néanmoins, de revenir sur cet aspect: il est essentiel.

Concerto pour violon en ré majeur, opus 61

Jascha Heifetz, violon
Boston Symphony Orchestra
Boston (Symphony-Hall), 1959
RCA (D)

Rencontre au sommet? Un des plus grands violonistes de tous les temps est, ici, accompagné par un ex-collègue au nom fameux. On aimerait pouvoir en dire plus. Malheureusement, cet enregistrement a été réalisé — en ce qui concerne Charles — un jour de fatigue ou de méforme. Ce Beethoven-là n'est donc guère à marquer d'une pierre blanche!

Ouvertures: Coriolan, Fidelio, Leonore III

Boston Symphony Orchestra
Boston (Symphony-Hall), 1958 (?)
RCA Victrola FVL2 7173 (ND)

Ouvertures: Coriolan, Les créatures de Prométhée, Fidelio, Leonore I, II et III

Boston Symphony Orchestra
Boston (Symphony-Hall), dates d'enregistrement non précisées
RCA (ND)

Il existe deux disques d'ouvertures de Beethoven par Charles Munch. Le premier n'est, en fait, qu'un complément de programme, destiné à occuper la quatrième face d'un album consacré aux *Cinquième* et *Neuvième Symphonies*. Le deuxième rassemble six ouvertures, enregistrées à des époques diverses. Il y a donc fort à parier que les bandes d'origine provenaient du temps libre laissé, en studio, par l'achèvement prématuré de la gravure d'une œuvre d'amples dimensions. Cette pratique est devenue, depuis longtemps déjà, une habitude. Le discophile lui est même redevable de maint trésor, à commencer par certains *Wesendonck-Lieder* de Richard Wagner, confiés à la soprano norvégienne Kirsten Flagstad.

Parmi ces six ouvertures manque celle d'*Egmont*, martyr de l'occupation espagnole aux Pays-Bas, que Munch avait — pourtant — l'habitude de diriger au concert. On aurait beaucoup aimé que le disque en conserve la mémoire, de manière à pouvoir établir un éventuel distinguo entre l'art de Munch en présence d'une ouverture pour un drame de théâtre parlé et une pièce orchestrale, destinée à introduire un ouvrage lyrique. Par bonheur, sa lecture de *Coriolan* nous informe avec suffisamment de précision. Plus sensible aux auspices de Shakespeare qu'à ceux du médiocre Collin, aujourd'hui bien oublié, à l'instar de son adaptation de la tragédie du dramaturge britannique, le chef alsacien est ici toute tension. Des observations analogues s'imposent quant à *Fidelio* et à *Leonore III*. Bouillonnement, éclats de voix, stricte application de la dialectique beethovenienne de la contraction et de la détente les caractérisent. La *Coda* de *Fidelio* est même frénétique. Dans *Leonore III*, le thème de la liberté surgit après un crescendo des plus expressifs.

Mais, entre la scène de Talma et celle de Caruso, entre les espaces de Sarah Bernhardt et ceux de la Callas, Munch ne fait quasiment aucune différence. Comme on l'a déjà noté, le théâtre n'était pas sa tasse de thé. Il n'appartenait pas, en l'espèce, à ces esprits subtils se plaisant — par exemple — à comparer la dramaturgie du *Soulier de satin* avec celle du *Ring*. Néanmoins, sa lecture des ouvertures de Beethoven amène un enseignement musical. Qu'on prenne connaissance du petit tableau.

Œuvre	Chef	Durée	Différence
Coriolan	Furtwängler	8'53	
	Munch	6'10	− 2'43
Leonore III	Furtwängler	15'56	
	Munch	12'22	− 3'34

Comme on le constate, les interprétations de Charles Munch sont singulièrement plus courtes que celles données — au disque — par son ancien supérieur au Gewandhaus de Leipzig. La raison en est des plus simples. Munch ne s'inclinait pas systématiquement devant les desiderata beethoveniens en matière de reprises. Il ne les faisait pas toujours. Son éventuel respect de l'*Urtext* était inexistant. La rigueur dite scientifique dans l'art de l'interprétation était, à ses yeux, aussi bizarre qu'un dialecte tribal de Centrafrique pour un voyageur suisse. A cet égard, il fut un homme du dix-neuvième siècle.

Cinquième Symphonie en ut mineur, opus 67

Boston Symphony Orchestra
Boston (Symphony-Hall), 1958 (?)
RCA Victrola FVL2 7173 (ND)
RCA Vics 1035 (ND)

On aurait aimé, en abordant cette œuvre, éviter de donner dans la mythologie du *Destin frappant à la porte* ou du célèbre indicatif radiophonique *Ici Londres*. Mais un tel désir ne peut être accompli : Munch fut l'héritier d'une tradition dont le goût des images ou des symboles avait déjà fort incommodé... Beethoven de son vivant. Il se trouva, par ailleurs, placé dans de telles circonstances historiques — le nazisme et la Seconde Guerre mondiale — qu'on ne saurait échapper ici à l'incontournable. Lors des prestations de la Société des Concerts sous l'Occupation, Munch dirigea plus d'une fois la *Cinquième*. Comme le *Psaume 136* de Jean Martinon, elle était porteuse d'espérance et de liberté à recouvrer.

Considérons, pourtant, l'opus 67 de Beethoven avec de purs critères musicaux. Dans ce but, nous avons un seul et unique enregistrement à notre disposition, même s'il apparaît sous deux habillages différents. Le premier, en compagnie de la *Neuvième* et des ouvertures pour *Coriolan*, *Fidelio* et *Leonore III*. Le second, couplé à l'*Inachevée* de Schubert. Munch agit, au cours de la *Cinquième*, selon des paradigmes de comportement désormais bien connus : il dirige vite — en 31 minutes — alors que Furtwängler, dans son enregistrement de février 1954 avec les Wiener Philharmoniker, effectuait l'ensemble du parcours en 35 minutes. Munch chercherait-il à singer Toscanini ? Quoi qu'il en soit, la reprise de l'*Allegro con brio* se trouve sacrifiée. La clé du timing raccourci est là, en partie seulement. Au cours de l'*Allegro* final, il incitera les bois du Boston Symphony à faire entendre des couleurs très personnelles. Elles ne sont guère orthodoxes. Si l'on prend, toutefois, les usages du style viennois comme norme d'appréciation.

L'*Andante con moto* est de la même eau, en dépit d'un tempo grave, dépourvu du moindre rubato. Munch a, pourtant, une attitude passablement ambiguë. Il se refuse à prendre des libertés avec les classiques, tout en marquant le substrat de la partition de son sceau. En lieu et place des illuminations grandioses, métaphysiques du Doktor Furtwängler, il montre une qualité d'émotion qui fait irrésistiblement penser à ses propres racines. La méditation de l'*Andante* pourrait bien se dérouler dans un jardin du Pays de Bade. On pense également à certains poèmes rustiques de Goethe. Doit-on se conforter dans cette hypothèse en songeant que des liens de parenté existent entre les environs de Strasbourg, la Forêt Noire et la Rhénanie natale de Beethoven? Cela est permis.

Sixième Symphonie en fa majeur dite Pastorale, opus 68

Boston Symphony Orchestra
Boston (Symphony-Hall), date d'enregistrement non précisée
RCA (ND)

Orchestre Philharmonique de Rotterdam
Rotterdam, date d'enregistrement non précisée
Guilde Internationale du Disque (ND)

Une charmante explication de texte, dans l'une et l'autre version. Munch, agissant en instituteur de la Troisième République, est devant le tableau noir. Il commente, à sa façon, la *Scène au bord du ruisseau*, la *Réunion joyeuse de paysans* ou *Orage, Tempête*. Néanmoins, ce Beethoven annonce sans cesse certaine restitution de la *Fantastique*. Que voulez-vous, entre la *Scène au bord du ruisseau* et la *Scène aux champs*!...

Septième Symphonie en la majeur, opus 92

Boston Symphony Orchestra
Boston (Symphony-Hall), date d'enregistrement non précisée
La Voix de son Maître (ND)

Au risque de paraître fort irrespectueux, on notera une fois encore, et par le biais de cet enregistrement, à quel point Munch pouvait être journalier. Le disque susmentionné n'appelle aucun autre commentaire.

Neuvième Symphonie en ré mineur, opus 125, avec chœur final
sur le texte de l'Ode « An die Freude » de Friedrich Schiller

Leontyne Price, soprano ; Maureen Forrester, mezzo-soprano ;
David Poleri, ténor ; Giorgio Tozzi, basse
New England Conservatory Chorus
Boston Symphony Orchestra
Boston (Symphony-Hall), 1958
RCA Victrola FVL2 7173 (ND)

La réouverture du festival de Bayreuth avait été, en 1951, l'occasion d'un concert et d'un enregistrement mémorables de la *Neuvième Symphonie* de Beethoven. Sous la direction de Wilhelm Furtwängler, de beaux solistes — parmi lesquels figurait Elisabeth Schwarzkopf — avaient entonné le texte célèbre de Schiller, appel à la fraternité et à la paix universelles au lendemain des monstruosités fascistes. Sept années plus tard, Charles Munch se trouve tenté ou se voit incité par la firme RCA — on ne sait — à graver, lui aussi, une *Neuvième*. Tout chef digne de ce nom est évidemment magnétisé, pour le moins, par un tel monument. Des milliers de pages de commentaires lui ont été consacrées. D'aucuns établissent même des correspondances étroites entre plusieurs moments extatiques de l'ode *A la joie* et les gravures de Gustave Doré, un autre fils de Strasbourg, où évoluent une humanité libérée de ses chaînes, des chérubins, des séraphins et autres habitants des zones de la félicité parfaite, inaccessibles au commun des mortels.

Revenons, pourtant, sur terre. Formulons, pour commencer, deux réserves. Comme dans la *Cinquième*, Munch ignore les reprises exigées par Beethoven. A l'image de Toscanini. Par voie de conséquence, son exécution durera 62 minutes et celle de l'Italien 64. Contre 74 chez Furtwängler, dans son disque bayreuthien de 1951. En bonne arithmétique, Munch sacrifie 13 minutes. Pas moins. On retrouve là un des traits négatifs de sa personnalité artistique : la désinvolture occasionnelle, face aux volontés expresses des grands compositeurs. Il importe, cependant, de relativiser cette attitude. Bien des chefs ont joué à Viollet-le-Duc avec les symphonies de Schumann. Gustav Mahler, en personne, se permettait de corriger (?) Beethoven. Sa *Neuvième*, entre autres. Or, la première fois que Munch entendit l'Opus 125, l'auteur du *Chant de la terre* était au pupitre. La scène eut lieu lors d'un concert, donné à Strasbourg, en 1905. Charles avait quatorze ans.

Le second défaut de la *Neuvième* de Boston tient aux solistes. En dépit de la présence de Leontyne Price et de Maureen Forrester, les interventions du ténor et de la basse laissent à désirer. David Poleri a une voix blanche. Il détonne dans *Froh, Froh*... Quant à Giorgio Tozzi, de toute évidence infiniment plus concerné par le rôle de Hans Sachs des *Maîtres*

Chanteurs de Nuremberg, il se montre brouillé avec la justesse. L'ode *A la joie* se trouve lézardée de toutes parts. Beethoven a, en effet, chargé les voix masculines solistes des passages les plus signifiants — pour s'exprimer comme les linguistes — du poème de Schiller. La soprano et la mezzo n'interviennent que selon les lois d'une ornementation virtuose ou d'un équilibre polyphonique de première nécessité. Dès lors, une pareille bévue dans la distribution apporte de l'eau au moulin des détracteurs de Munch quant à son rapport avec le chant. Il n'accordait qu'un intérêt des plus limités à la communication verbale.

Il n'en demeure pas moins, malgré ce handicap, qu'il nous a laissé une *Neuvième* aux intéressantes qualités. En premier lieu, il donne ici dans la grandeur. Et la puissance. Mais selon les règles du moule classique. Tout rapprochement avec le *Requiem* de Berlioz est nul et non avenu. Autrement dit, seul Beethoven monopolise ses pensées. On notera, également, un sens du détail des plus affinés. Richard Wagner, quand il conduisait la *Neuvième,* exigeait des répétitions séparées pour mettre au point le complexe récitatif des contrebasses ouvrant la dernière partie de l'œuvre. Munch se souviendra de la leçon et le résultat, au disque, est éblouissant. Comme les figures des vents et leurs ondulantes guirlandes, en contre-chant, quand Giorgio Tozzi attaque *Freude, schöner Götterfunken.*

Le second mouvement — *Molto vivace* — donne toute latitude à Munch d'exceller dans l'une de ses qualités spécifiques: le sens du rythme. Quant à l'*Adagio molto e cantabile,* il le conduit avec une émotion prenante. Le secret de ce recueillement, déjà présent au cours de sa lecture de la *Cinquième Symphonie*? Le sentiment, ordonnateur suprême d'une hiérarchie au sein de laquelle l'intellect n'a guère de valeur. Munch était issu d'une génération élevée dans la générosité, l'humanisme et la poésie. Il ne pouvait voir Beethoven avec les yeux — certes admiratifs — de Schönberg ou des sérialistes de stricte observance. Sa Bible, son traité philosophique de référence furent, en l'occurrence, la biographie très romancée de Beethoven publiée par Romain Rolland sous le titre de *Jean-Christophe.* Aujourd'hui, des artistes trouvent l'inspiration chez Joseph Beüys. D'autres, comme György Ligeti, la rencontrent en contemplant le tracé multicolore de plans de métro. L'inspiration superbe de Munch pour l'*Adagio molto e cantabile* de la *Neuvième* provient de chromos littéraires, ceux d'un siècle révolu. Elle lui permit de croiser Furtwängler, Klemperer ou Mengelberg sur les allées d'une Cité interdite à bien des musiciens.

HECTOR BERLIOZ (1803-1869)

Le 16 juin 1938, la Cour d'Honneur de l'Hôtel des Invalides était noire de monde. 600 exécutants, parmi lesquels figuraient les membres de la Société des Concerts et de l'Orchestre Philharmonique de Paris, avaient pris place sur un gigantesque podium. Les Chœurs de l'Opéra étaient aussi présents. Quand le fameux ténor José Luccioni et Charles Munch se frayèrent un chemin pour parvenir à l'avant du dispositif installé par le ministère de la Guerre, un frisson parcourut l'assistance. Celle-ci se délectait, par anticipation, d'écouter l'énorme *Requiem* de Berlioz, en commémoration du centenaire de sa création. Les ultimes mesures de l'*Agnus Dei* exécutées, un supplément de programme permit d'entendre certaine *Marche triomphale*.

Ainsi pourrait commencer la saga berliozienne de Charles Munch, si l'on avait la certitude absolue que la première œuvre du compositeur qu'il eut à diriger fut bien sa *Grande Messe des Morts*. Nous sommes, en effet, réduits à des suppositions à ce sujet. Outre qu'un chef prend très rarement le risque d'aborder le musicien romantique par un pareil Himalaya, rien ne permet d'affirmer que Munch entreprit l'affaire de sa vie avec l'opus 5, avec *Harold en Italie* ou avec la *Fantastique*. Il semblerait, au demeurant et en l'état actuel de nos connaissances, qu'il inscrivait fort peu cette dernière partition au calendrier de la Société des Concerts. Quel paradoxe! Jusqu'au jour où, selon Nicole Henriot-Schweitzer, « un organisateur important le supplia de diriger la *Fantastique* pendant une tournée. Charles se livra vite à une étude particulièrement approfondie de l'œuvre. D'abord horrifié par des modulations dont la prétendue laideur l'agaçait, il ressentit une irrésistible fascination devant l'*Episode de la vie d'un artiste*. Bientôt, il ne jura plus que par Berlioz. Il lui élargit son répertoire, l'imposa de haute lutte à Boston au point que les Américains se plaignirent d'en avoir des indigestions et remit à l'honneur certaines de ses œuvres ».

De telles activités sont-elles à l'origine de son surnom de Monsieur Berlioz? Soulignent-elles le paradoxe selon lequel un génie méconnu se vit soutenu par un interprète d'envergure internationale? Oui. Auparavant, aucun chef célèbre ne s'était démené ainsi pour un compositeur réellement incompris et mal aimé. On a beau jeu, aujourd'hui, de soutenir le contraire en s'appuyant sur l'intégrale discographique réalisée par Sir Colin Davis, sur les prestations fréquentes de Seiji Ozawa,

106

Lorin Maazel ou Charles Dutoit et sur l'attrait de la jeunesse devant l'exalté visionnaire de *Roméo* : l'imagination débridée, le romantisme fou, bref le baroque berliozien l'enchantent.

Quand Munch se prend de passion pour Berlioz, vers les années 1945-1950, ce dernier reste encore suspect. Même aux Etats-Unis, terre de tous les spectacles. Sa discographie générale demeure fort mince, les éditions de ses œuvres éparses et peu crédibles. On devra patienter jusqu'en 1968 pour que la firme Bärenreiter jette les bases d'une édition scientifique de Berlioz. Certes, Ernest Ansermet, Sir Thomas Beecham, Arturo Toscanini, Igor Markevitch, André Cluytens ou Pierre Dervaux conduisent les ouvertures ou *L'Enfance du Christ* au concert et en studio. Mais l'intimité avec Berlioz est extrêmement rare, parce que ses foucades inquiètent. On les juge trop exhibitionnistes. La notion de chef spécialisé dans ses œuvres remonte au passé. Elle porte le souvenir, déjà lointain, d'Edouard Colonne et de Felix Weingartner, entendus par Munch avant 1920. Comme elle se sustente de la tradition mise en place par Habeneck à la digne Société des Concerts. Celle-ci devait se charger, en 1830 et en 1839, des créations mondiales de la *Fantastique* et de *Roméo*.

Un siècle et demi plus tard, un Alsacien rieur reprend le flambeau. Sans grande rigueur, à dire vrai. Sa propre nomenclature discographique respire le déséquilibre. Face à quatre versions différentes de la *Fantastique* et à deux moutures du *Requiem*, on n'y trouve ni le *Te Deum* ni la *Symphonie funèbre et triomphale*. Les intégrales de *Béatrice et Bénédict*, de *Benvenuto Cellini* et de l'épopée des *Troyens* brillent par leur absence. Même signés Berlioz, les opéras n'intéressaient pas Munch. A l'inverse, il remet *Les nuits d'été* à l'honneur, tout en continuant à garder les cantates *Cléopâtre* et *Herminie* au placard. Comme pour *Lélio*, la dimension prophétique de son idole lui échappe. Il en laissera, à son insu, la défense et l'illustration à Pierre Boulez, René Leibowitz ou Hermann Scherchen. Ici encore, le maître de l'Orchestre de Paris n'agit jamais en intellectuel.

Pourquoi, alors, le voir cité — au cours de la préface à l'édition courante Eulenburg de *Roméo* — comme un berliozien majeur ? Les raisons — pleinement fondées — d'un tel qualificatif sont simples. Etre intuitif avant tout, Charles Munch trouva chez l'auteur du *Requiem* le moyen idéal d'expression de sa propre personnalité, le miroir dans lequel se contempler et le double accompli de sa *psyché*. Pareilles correspondances sont rarissimes. Cependant, quand elles viennent à se produire, elles fabriquent les tandems Schubert-Edwin Fischer, Bach-Pablo Casals ou Chopin-Arthur Rubinstein. Grâce à elles, l'art de la direction d'orchestre aura enfanté, à côté du couple Berlioz-Munch, les duos Beethoven-Furtwängler ou Verdi-Toscanini.

Enfin, Berlioz était trop germanique aux yeux des Français, tandis qu'il passait pour latin à l'aune allemande. Ces deux approches concernent aussi son serviteur le plus célèbre. Pareille appartenance à une double culture réussit à merveille à Munch. Son atavisme familial, ses paradoxes et son savoir-faire l'auront aidé à montrer que la *Scène aux champs* de la *Fantastique* procède aussi de Beethoven ou que les ombres d'*Harold aux montagnes* voisinent parfois avec plusieurs développements de *Tannhäuser*...

La Damnation de Faust, légende dramatique, opus 24

Suzanne Danco, Marguerite ; David Poleri, Faust ; Martial Singher, Méphisto
New England Conservatory Chorus
Boston Symphony Orchestra
Boston (Symphony-Hall) date d'enregistrement non précisée
RCA AVL 20679 (ND)

N'ayant pas pour principe de considérer nos lecteurs comme des jocrisses, nous ne tenons pas à leur donner de fausses joies en chantant les louanges de cette *Damnation*. Les enregistrements réalisés, depuis, par Sir Colin Davis ou Solti possèdent, en effet, une qualité qui faisait toujours défaut à Munch : le sens du théâtre. S'il se peut que, de son temps, on ait exclusivement considéré la légende dramatique de Berlioz comme une espèce d'oratorio romantique, notre époque l'entend avec de tout autres oreilles. Sous ce rapport, elle descend en droite ligne de l'expérience tentée à l'opéra de Monte-Carlo en février 1893 par Raoul Gunsbourg : son adaptation scénique. Par ailleurs, Munch faisait de gros yeux lorsqu'on discutait — en sa présence — de *La Damnation* à la façon de Maurice Béjart. Pour lui, le cadre du concert suffisait à cette fresque visionnaire.

En dépit des mérites des solistes et de l'excellence de l'orchestre, la présente version manque de puissance. Jadis couplée à une *Fantastique* hallucinante, elle ne vaut que pour les highlights les plus populaires de la partition : la *Marche hongroise*, la *Chanson de la puce* ou encore la *Danse des Sylphes*.

(Ph. Collection Henriot-Schweitzer)

De gauche à droite : Pierre Monteux, Serge Koussevitsky et Charles Munch.
(Coll. Henriot-Schweitzer / J. Brook)

Séance d'enregistrement avec Nicole Henriot - Schweitzer (Coll. Henriot - Schweitzer / S. Weiss)

Charles Munch en compagnie de Jascha
Heifetz lors d'une séance d'enregistrement
à Boston.
(Coll. Henriot-Schweitzer / C. Manos)

Munch avec Zino Francescatti
(Coll. Henriot-Schweitzer / G. Manos)

Munch dirige David Oïstrakh
(Coll. Henriot-Schweitzer / W. Rapport)

Docteur honoris causa en compagnie de
John Fitzgerald Kennedy.
(Coll. Henriot-Schweitzer)

Avec Albert Schweitzer.
(Coll. Henriot-Schweitzer)

Avec Marlène Dietrich.
(Coll. Henriot-Schweitzer / A. Snow)

A droite, en compagnie d'Arthur Honegger.
(Coll. Henriot-Schweitzer)

Première page de la partition autographe
de la *Symphonie n·1* d'Honegger. En haut,
la dédicace : « Pour mon cher Charles qui
veut bien s'intéresser à ce genre de plaisanteries. Son ami de tout cœur »
(Coll. Henriot-Schweitzer)

Le bureau de Charles Munch à Louveciennes. (Coll. Henriot-Schweitzer)

A l'automne 1967, première répétition avec l'Orchestre de Paris. (Ph. Gérard Neuvecelle)

Orly, octobre 1968. Départ pour les États-Unis. (Coll. Henriot-Schweitzer / J.F. Gitton)

La dernière photographie de Charles Munch à l'ambassade de France de Washington le 29 octobre 1968. Il est en compagnie de M. Lucet. (Coll. Henriot-Schweitzer / Warolin)

THÉÂTRE DES CHAMPS-ÉLYSÉES
DIRECTION : F. VALOUSSIÈRE

EN HOMMAGE à CHARLES BAUDELAIRE
Sous la présidence de
Monsieur ANDRÉ MALRAUX
MINISTRE D'ÉTAT CHARGÉ DES AFFAIRES CULTURELLES

CONCERT D'INAUGURATION DE L'
ORCHESTRE DE PARIS
SOCIÉTÉ DES CONCERTS DU CONSERVATOIRE
DIRECTION
CHARLES MUNCH

MARDI 14 NOVEMBRE à 21ᴴ.

BERLIOZ - STRAWINSKY - DEBUSSY
SYMPHONIE FANTASTIQUE   REQUIEM CANTICLES   LA MER

Solistes
DENISE SCHARLEY - PIERRE THAU
CHORALE ELISABETH BRASSEUR
*

CE PROGRAMME SERA DONNÉ UNE DEUXIÈME FOIS
LE SAMEDI 18 NOVEMBRE à 10ᴴ au THÉÂTRE DES CHAMPS - ÉLYSÉES

Affiche du concert inaugural de l'Orchestre de Paris. (Ph. Gérard Neuvecelle)

L'Enfance du Christ, oratorio, opus 25

Florence Kopleff, mezzo-soprano; Gérard Souzay, baryton;
Giorgio Tozzi, basse; Cesare Valletti, ténor
New England Conservatory Chorus
Boston Symphony Orchestra
Boston (Symphony-Hall), 1954
RCA AVL 20678 (ND)

Exprimerons-nous, ici, les réserves liées à l'interprétation de *La Damnation* par Munch ? Assurément, bien qu'elles soient d'une autre nature. Si Munch adorait *L'Enfance du Christ*, il n'était peut-être pas — en raison de son tempérament explosif — l'homme idoine pour en souligner le style archaïsant et les douceurs, issues des *pastorales* du dix-huitième siècle. Cependant, la *Marche des soldats* et le fameux *Repos de la Sainte Famille* constituent les moments les plus réussis de sa prestation en compagnie de chanteurs d'une indéniable qualité.

Harold en Italie, symphonie avec alto principal, opus 16

William Primrose, alto
Boston Symphony Orchestra
Boston (Symphony-Hall), 1958
RCA FVL 27174 (ND)

Lu dans un texte de souvenirs, dû au musicien soviétique Igor Oïstrakh: « Lorsque j'écoutai le merveilleux enregistrement d'*Harold*, réalisé par William Primrose et le Boston Symphony Orchestra sous la direction de Charles Munch, dans la demeure de mon père à Pärnu, je ressentis une étrange illusion. J'eus soudain la sensation de me trouver transporté au pays d'Hector Berlioz, d'être parmi les familiers de sa petite maison de Montmartre. J'étais comme un homme de l'époque à laquelle il vécut. »

Rêverie d'artiste, impossibilité d'adopter une attitude objective? L'audition de la présente version d'*Harold* donne tort à Oïstrakh junior. En premier lieu, l'altiste écossais William Primrose — âgé de cinquante-cinq ans au moment de l'enregistrement — se heurte à la difficulté majeure de cette œuvre: trouver un équilibre sûr entre les interventions épisodiques du soliste et l'omniprésence de l'orchestre. Ici, le rapport joue en défaveur du commanditaire du *Concerto pour alto* de Bartok. Par ailleurs, la prise de son élimine tout effet de perspective sonore. Un comble. Certaines interventions des bois retentissent comme un tutti.

L'entrée de l'alto, accompagné par une harpe, s'effectue sur un niveau dynamique semblable à celui de la phalange entière donnant un mezzo-forte. Quelle mouche a piqué les ingénieurs, installés à la console ?

Quant à Munch, il montre que — même en présence d'une partition adorée et connue dans ses moindres détails — sa conduite peut être extrêmement irrégulière. Elle se distingue, en l'espèce, par un contenu cahoteux. L'ensemble oscille entre le manque de charme, ou de puissance intérieure, et des partis antinomiques. A cet égard, le début d'*Harold aux montagnes*, les premières phrases de l'*Orgie des brigands* n'insistent pas assez sur le mélange de tension et de détente, d'exaltation et de repos prescrit par Berlioz. On ne reconnaît plus Munch !

Les nuits d'été, opus 7

Victoria De Los Angeles, soprano
Boston Symphony Orchestra
Boston (Symphony-Hall), 12 et 13 avril 1955
EMI 2905583 (D)

Au printemps 1955, le grand public américain acclama une délicieuse soprano espagnole, répondant au nom de Victoria De Los Angeles, dans une exécution des *Nuits d'été* de Berlioz, donnée à Boston avec Munch. Un disque suivit, réalisé en compagnie de Richard Mohr et de Lewys Layton, respectivement directeur artistique et ingénieur du son pour divers autres enregistrements münchiens. Ils opérèrent, notamment, lors des prises du *Requiem* du même Berlioz ou de la *Troisième Symphonie* de Saint-Saëns. Leur travail, effectué à l'origine pour RCA, figure dorénavant dans le coffret EMI intitulé *Les introuvables de Victoria De Los Angeles*. Il se trouve sur le marché depuis l'automne 1985.

La cantatrice catalane n'était pas entièrement inconnue outre-Atlantique. Elle avait fait ses débuts au Met dès 1951, dans Marguerite de *Faust*. Cependant, le parrainage d'un chef aussi célèbre que Munch ne pouvait pas déplaire à cette jeune personne de trente-deux ans. Il aurait presque pu être son grand-père et se trouvait, de ce fait, dans une situation analogue à celle d'Ernest Ansermet par rapport à Régine Crespin quand il grava *Les nuits d'été* avec la diva nîmoise. Mais Munch parvint à coiffer son confrère suisse au poteau, parce qu'il fut l'artisan de la redécouverte de ce cycle de mélodies sur des poèmes de Théophile Gautier. On avait, auparavant, perdu l'habitude de les entendre au concert.

Le tandem De Los Angeles-Munch fonctionne d'admirable manière. De l'émotion du *Spectre de la rose* au désespoir contenu de *Sur les lagunes*, en passant par la retenue d'*Au cimetière*. Dès les premiers mots de la phrase « Connaissez-vous la blanche tombe ? », un grand accompagnateur apparaît. Un dispensateur de climats magnétiques. Certes, on le savait extrêmement habile à soutenir Cortot, Brailowksy ou Heifetz dans divers concertos. Très expérimenté face à des oratorios comme *La danse des morts* où il est — sans cesse — aux côtés du baryton Panzéra. Mais sa discographie le montrera seulement en totale et constante union avec une voix soliste dans *Les nuits d'été*. Berlioz ne pouvait être mieux défendu. La communauté d'intentions avec Victoria De Los Angeles, si sobre, l'autorise également à magnifier les ressources expressives du Boston Symphony. Ses bois sont — comme souvent — superbes ; la lecture de *Vilanelle* montre des bassons moelleux, tandis que s'étire un contre-chant de violoncelles d'une qualité rare. Aucun doute n'est permis. Ici, la notoriété berliozienne de Munch prend des couleurs éclatantes.

Ouvertures : Béatrice et Bénédict, Benvenuto Cellini,
Le Carnaval Romain, Le Corsaire. Chasse royale et Orage
(extraits des *Troyens*)

Boston Symphony Orchestra
Boston (Symphony-Hall), 1961
RCA GL 43845 (ND)

Un programme des plus populaires. Un contenu destiné à un large public, puisque RCA l'a présenté sous deux habillages différents. Le premier, un ensemble de deux microsillons, fait cohabiter ces *Ouvertures* avec *Harold en Italie*. Le second les donne seules. Nous sommes désormais en 1961. Charles s'apprête à quitter Boston. Il est donc résolu à laisser un témoignage éblouissant de son art berliozien. Dès lors, on ne s'étonnera pas d'avoir affaire, ici, à un véritable disque-portrait.

Ce microsillon est une synthèse de son art : chaleur, impulsivité, lyrisme. La folie berliozienne déteint sur son serviteur. Celui-ci, obéissant aux préceptes de Diderot dans *Le paradoxe du comédien*, conserve pourtant la tête froide. Sinon, il n'obtiendrait pas du cor anglais d'admirables irisations pendant *Le Carnaval romain*. Ni des percussions de *Benvenuto Cellini* une frénésie parfaitement dosée. Quant au rêve contenu par la *Chasse royale* des *Troyens*, il rejoint les plus hauts épisodes de la poésie nocturne chère à *Roméo et Juliette*. De même qu'un amateur de Proust connaît à fond l'économie de *A la recherche du temps perdu*, Munch possède admirablement l'ensemble des humeurs berliozinennes, fussent-elles secrètes.

Il y a — est-il encore besoin de le souligner ? — comme une complicité immémoriale, comme un pacte gémellaire entre l'interprète et le compositeur. On sait que, sa vie durant, Berlioz courut sur les traces d'un amour d'enfance. Celui pour une certaine Estelle Dubœuf. Or, dans l'ouverture de *Béatrice et Bénédict* — entre autres — l'Alsacien dirige en amoureux. Voire en amant expérimenté, en dépit de ses soixante-dix ans. Avait-il lu le Russe Alexandre Pouchkhine, selon lequel « tous les âges sont soumis à l'amour » ? Qu'importe ! En revanche, une pareille attitude apporte la confirmation que Munch savait toujours « laisser parler son cœur ». La subjectivité la plus nette étant un des fondements de son interprétation, il tenait Berlioz pour un inspiré. Sinon pour un des illuminés qu'affectionnaient les derniers survivants de l'âge romantique. Ceux-ci ont mis longtemps à s'éteindre : lors du festival de Besançon 1968, on vit encore le musicographe José Bruyr, alors âgé de soixante-dix-neuf ans, en larmes après une exécution de la *Symphonie fantastique* conduite par Igor Markévitch. Pour sa génération — celle de Munch, également — la musique demeurait un art affectif.

Requiem, opus 5

Léopold Simoneau, ténor
New England Conservatory Chorus
Boston Symphony Orchestra
Boston (Symphony-Hall), 26 et 27 avril 1959
RCA Red Seal ARP-2-4578 (D)
CD

*
**

Peter Schreier, ténor
Chœurs de la Radio Bavaroise
Orchestre Symphonique de la Radio Bavaroise
Ottobeuren, 1967
Deutsche Grammophon 2/413.523-1. (D)

Avoir pu enregistrer le *Requiem* de Berlioz à deux reprises fut, pour Munch, une chance insigne. Rares sont les chefs qui eurent ce privilège. Mais ne fut-ce pas justice, en raison des services exceptionnels rendus par notre homme à la cause de l'auteur des *Troyens* ? Il eut, d'ailleurs, l'opportunité de conduire la *Grande Messe des Morts* en des circonstances répétées. Lors de simples concerts. Qu'on se remémore l'exécution de l'œuvre en l'Hôtel des Invalides, le 16 juin 1938. Qu'on se souvienne de celle du 26 novembre 1943 au Palais-Garnier. En 1951, Munch impose le *Requiem* aux auditeurs de Boston et de Tanglewood, lieux où cette partition n'avait jamais été exécutée. Enfin, il la propose de nouveau aux Parisiens le 8 mai 1963. Le ténor Michel Sénéchal et l'Orchestre National de l'O.R.T.F. participent à la soirée. Elle sera radiodiffusée.

Revenons, pourtant, au disque. Enregistrer l'opus 5 n'est pas tâche aisée. On doit pouvoir disposer d'un minimum de 210 choristes, de 108 instrumentistes à cordes et de quatre orchestres de cuivres, disposés aux points cardinaux. En un mot, le budget d'une pareille opération est aussi lourd que celui nécessaire à la réalisation de la *Symphonie* dite *Des Mille* de Gustav Mahler. Ces attendus font que les maisons de disques profitent généralement de l'inscription du *Requiem* de Berlioz au calendrier d'une formation symphonique pour en effectuer l'enregistrement. La RCA procéda de cette façon en plantant ses micros au Symphony-Hall de Boston les 26 et 27 avril 1959. Les jours précédents, les concerts d'abonnement étaient consacrés à cette partition jadis qualifiée de babylonienne. Comme d'autres œuvres du fond RCA, elle fut rééditée — en 1982 — après un passage en Ramestered Recording, réalisé sous la responsabilité de l'ingénieur Edwin Begley. Vingt-trois ans auparavant, elle servait l'idéal nouveau de la stéréophonie. Désormais, elle chantait les louanges du procédé analogique avant de glorifier aujourd'hui celles du disque compact.

Le second *Requiem* de Munch au disque remonte à 1967. En cette année de révélation de l'Orchestre de Paris, il fut invité à le diriger par la Radio Bavaroise de Munich. Le cadre du concert était l'abbaye d'Ottobeuren, perle de l'art baroque en Allemagne du Sud. Cette nouvelle mouture fit son apparition dans le commerce en septembre 1968. Cependant, les 15 000 exemplaires destinés au marché français se trouvèrent très vite épuisés en raison de la qualité artistique de leur contenu et d'un triste événement d'actualité. Le 6 novembre, Munch mourait à Richmond.

Il laissait deux versions de l'opus 5. Mais il avait été précédé par des confrères nommés Jean Fournet et Hermann Scherchen. L'un avait gravé le *Requiem* en 78 tours. L'autre devait rester comme le premier chef de l'histoire du microsillon à s'être penché sur l'énorme office funèbre de Berlioz. Dans ce but, les disques Véga réunirent autour de lui l'Orchestre de l'Opéra de Paris, les chœurs de la R.T.F. et le ténor Jean Giraudeau. Les séances de travail se déroulèrent en l'église Saint-Louis-des-Invalides au moment des fêtes de Pâques 1958. L'affaire fit grand bruit. Le plus important quotidien français de l'époque lui réserva même une page entière de reportage. Cependant, on s'inquiétait — outre-Atlantique — du succès commercial probable de la version Scherchen.

Comme dans d'autres circonstances, la RCA résolut de lui barrer la route en faisant valoir la concurrence de Munch, un berliozien exceptionnel. Des dispositions pratiques furent arrêtées. Un an plus tard, il gravait le *Requiem* à Boston.

Pour le *Sanctus*, il renonça à la proposition de Berlioz selon laquelle « ce solo peut être chanté par dix ténors à l'unisson ». Il disposait, en effet, d'un merveilleux chanteur québécois de quarante ans, Léopold Simoneau, dont la réputation mozartienne était considérable. Munch l'avait remarqué tout de suite après la guerre, lorsqu'il faisait partie de la troupe attachée à l'Opéra de Paris. On regrette, au demeurant, la suavité et l'expressivité du Canadien à l'audition de Peter Schreier, engagé pour le *Requiem* de la Deutsche Gramophon. Alors âgé de trente-deux ans, l'artiste est-allemand venait de se faire entendre au festival de Bayreuth dans un emploi effacé : celui du marin de *Tristan*, mis en scène par Wieland Wagner. Il se trouvait donc sur une pente ascendante, confirmée lors de ses débuts à Salzbourg. Bientôt, Schreier serait l'un des chanteurs les plus soutenus par la firme de disques hambourgeoise. Néanmoins, sa prestation dans le *Sanctus* n'est pas idéale. Elle révèle un côté didactique commun à toutes ses interprétations, fussent-elles vouées à la... chanson napolitaine.

Selon les éditions courantes de la partition, ce *Requiem* durerait environ 85 minutes. Hermann Scherchen le conduisait en 97 minutes, tandis que la moyenne de Munch oscillait autour de 80. Son enregistrement avec le Boston Symphony est de 81 minutes, celui d'Ottobeuren de 80. On remarque là une constance dont la *Fantastique* comme la *Première Symphonie* de Brahms seront exemptes. Elle constitue également une nouvelle démonstration de la rigueur de Munch, quand il voulait bien en faire preuve ! Cette dernière mérite, d'ailleurs, d'autant plus d'attention que les gravures de l'œuvre ont été réalisées avec la participation de formations orchestrales et de chœurs différents. Dans les deux cas, les masses vocales mises à sa disposition sont excellentes.

Quels aspects subjectifs dégager, à présent ? Le *Requiem* de Berlioz dans l'une ou l'autre version, se rattache nettement à l'ancienne tradition française des grandes célébrations funèbres. L'esprit des oraisons de Bossuet, le lyrisme inquiétant d'André Malraux devant d'illustres dépouilles mortelles constituent un rapprochement littéraire adéquat pour définir la particularité essentielle de son travail sur l'œuvre. Sous sa conduite, point d'allusions au côté visionnaire de Berlioz. Peu de révérences à l'égard du seul romantisme. Pareille école demeure la forme expressive employée par le compositeur. Le fond reste lié, à chaque phrase, à une permanence : celle des hautes déplorations venues des dix-septième et dix-huitième siècles, par les chemins qu'empruntèrent aussi André Campra dans son *Requiem* ou Michel-Richard Delalande au cours de son *Miserere*.

114

Roméo et Juliette, symphonie dramatique opus 17

Rosalind Elias (contralto), Cesare Valetti (ténor),
Giorgio Tozzi (basse)
New England Conservatory Chorus
Boston Symphony Orchestra
Boston (Symphony-Hall), 1954
RCA Red Seal 703641 (ND)

Alors que Cesare Valetti et Giorgio Tozzi étaient, comme les chœurs du New England Conservatory de Boston et Lorna Cooke De Varon, leur responsable, habitués à collaborer avec Munch pour des enregistrements, une nouvelle venue fait ici son apparition en la personne de la cantatrice Rosalind Elias. Cette contralto se produira bientôt en Europe où l'on pourra l'applaudir durant des représentations de *Cosi fan tutte* au festival d'Aix-en-Provence.

Néanmoins, l'essentiel de ce *Roméo* phénoménal tient évidemment à l'intimité entre Munch et Berlioz, comme à son intérêt marqué pour l'histoire des amants de Vérone. Il est également à l'origine de sa magnifique version de l'*ouverture-fantaisie* due à Tchaïkovsky. Pour revenir à des préoccupations strictement berlioziennes, on prendra acte de l'interprétation très spectaculaire de cette symphonie dramatique. Ses instants les plus intenses sont dignes des émois majeurs de la *Fantastique* ou du *Tuba mirum* du *Requiem*. Quant à la poésie de la *Scène d'amour* et à la fraîcheur caractérisant le *Scherzo de la reine Mab*, elles résultent autant d'impulsions affectives que d'un respect consciencieux à l'égard des desiderata de Berlioz.

Le chef, parfois désinvolte, a bien disposé les choristes masculins de la *Scène d'amour* dans le lointain. L'effet de distance, souhaité par le compositeur, est réussi. D'où vient, par ailleurs, le noir romantisme de l'ensemble, si l'on exclut de cette interrogation la subjectivité munchienne? Quelle est l'origine des profondeurs propres à la *Marche funèbre*? L'observance des instructions indiquées par la partition. Pour cet enregistrement de *Roméo*, le Boston Symphony applique à la lettre la nomenclature orchestrale d'origine. Elle comporte — chez les seules cordes — 15 premiers et 15 seconds violons, 10 altos, 6 premiers et 8 seconds violoncelles, 9 contrebasses. Suivant leur chef au doigt et à l'œil, les musiciens du Massachusetts se soumettent aussi à son rubato, pour le moins peu courant. Retournerait-il à l'époque de la musique non mesurée? En tout cas, sa manière de vivre l'opus 17 fait toujours autorité. Au temps où on la trouvait chez les disquaires, elle figura parmi plusieurs collections de RCA. En version intégrale, comme en extraits. Sous ce rapport, elle constitua même le troisième volume de la série *Les grands musiciens*.

Symphonie fantastique, opus 14 ·

Boston Symphony Orchestra
Boston (Symphony-Hall), 1960
RCA Gold Seal AGL 1-5203 (D)
CD

*
**

Orchestre National de l'O.R.T.F.
Paris, 1964
Trianon (ND)

*
**

Orchestre Symphonique de Budapest
Budapest, 1966
Hungaroton SLPX 11842 (ND)

*
**

Orchestre de Paris
Paris, octobre 1967
EMI 2 C 069-10595 (D)
CD

« Relisez le texte, mes enfants ! C'est l'histoire d'un homme qui vient de prendre de la drogue ! Que ce que vous allez jouer sente le haschisch ! » Munch avait l'habitude de s'exprimer ainsi, quand il entreprenait une répétition de la série de folles visions connues sous le titre de *Symphonie fantastique*. Comme tout mélomane le sait, les occasions de remettre sans cesse cette œuvre en chantier n'ont guère manqué durant sa carrière. Partout, on lui demandait de la conduire. La partition s'identifiait à lui. Au même titre que la *Première* de Brahms, *La mer* de Debussy et la *Deuxième* d'Honegger, autres spécialités majeures de son répertoire. Cependant, près de vingt ans après sa mort, l'opus 14 de Berlioz reste et demeure — plus que jamais — son titre de gloire essentiel. A la devinette « Que vous dit le nom de Munch ? », une personne cultivée répond : « La *Symphonie fantastique* de Berlioz ! »

Quels sont les fondements d'une telle complicité ? Trente années de pratique de la musique de Berlioz ? Certes. L'expérience, en la matière, ne doit pas être laissée de côté. L'aptitude à savoir conduire des thèmes de huit mesures ? Evidemment. L'art de la couleur, du pittoresque, de l'exagération et de l'enflure romantiques ? Il existe, sous ce rapport, une parenté immédiate entre le compositeur, son homme lige et l'univers pictural d'un Delacroix ou d'un Géricault. Un tel amalgame a l'avantage de nous rapprocher de la sensibilité du siècle dernier, de nous rappeler que Berlioz et Munch appartenaient à une espèce commune. Celle-ci se distingue par l'exhibitionnisme et un lyrisme à fleur de peau dont l'impétuosité prête — de nos jours — à sourire. Cette primauté de l'affect sur la raison, évoquée maintes fois au cours du présent ouvrage, omnipuissante dans les notules de notre discographie berliozienne, exclut en grande partie tout statut exclusivement intellectuel à l'auteur des *Nuits d'été*. On l'a remarqué au préalable. Mais il est opportun de le préciser à nouveau.

En raison de l'équation Fantastique = Munch, le collectionneur dispose de quatre enregistrements de l'œuvre (auxquels il faut ajouter désormais la version de concert éditée par les disques Montaigne et référencée dans les anthologies à la fin de cette partie). Ils s'étalent sur un laps de temps assez court — sept ans — puisque des recherches approfondies et méthodiques ne nous ont pas permis de mettre la main sur des 78 tours de la Société des Concerts consacrés, par exemple, à *Rêveries-Passions* ou à la *Marche au supplice*. Mutatis mutandis, les enregistrements commerciaux de Charles correspondent à la fin de son existence. Au moment du premier d'entre eux, il a soixante-neuf ans. Lors du dernier, le maestro alsacien en a soixante-seize. Il lui reste, alors, treize mois à vivre. En outre, la *Fantastique* demeure l'œuvre qu'il grava le plus. Sous ce rapport, elle précède la *Deuxième* d'Honegger dont il a réalisé trois approches différentes.

L'*Episode de la vie d'un artiste* fut enregistré par le Boston Symphony en 1960. Vingt-trois ans après, la firme RCA en proposait une réédition destinée au public d'outre-Atlantique, intégrée à la collection Legendary Performers et valorisée par la mention Remastered in Digital. On la trouve dorénavant en compact-disc. Procédé analogique ou pas, sa caractéristique principale repose sur un côté très spectaculaire. Au détriment — fréquent — du texte de Berlioz, de la vérité supposée objective de la partition, Munch procède, ici, à son aise. Il prend des libertés dont les critiques anglo-saxons lui firent grief. Pourtant, la qualité des exécutants, la valeur du premier hautbois et l'exaltation mise à restituer les visions extravagantes du compositeur entraînent l'adhésion de l'auditeur.

On ne saurait en revanche faire preuve d'une approbation totale devant la *Fantastique* proposée avec l'Orchestre National de l'O.R.T.F. en 1964. Cette mouture est quand même la plus courte de ses quatre prestations. Elle dure 43 minutes, contre... 50 avec l'Orchestre de Paris. A titre de comparaison, on trouvera ci-après le chronométrage de cinq interprètes de la même œuvre :

Leonard Bernstein/New York Philarmonic : 47 minutes
Seiji Ozawa/Boston Symphony : 48 minutes
Sir Colin Davis/London Symphony : 52 minutes
Charles Dutoit/Orchestre de Montréal : 54 minutes
Daniel Barenboïm/Berliner Philharmoniker : 55 minutes

Des observations élémentaires nous conduisent, désormais, à formuler deux remarques. Primo : 12 minutes séparent la version la plus rapide de Munch de celle, réalisée dans l'ex-capitale allemande par Daniel Barenboïm. La différence est considérable. Elle symbolise parfaitement l'impatience dont la presse américaine traitait dès qu'elle avait à présenter Munch à ses lecteurs. Secundo : le chef à se rapprocher le plus de lui se nomme Leonard Bernstein. Un habitué de Tanglewood. A cet égard, il talonne Seiji Ozawa, héritier du vieux maître au Boston Symphony. Le Nippon a, lui aussi, bien retenu la leçon donnée aux instrumentistes de l'O.R.T.F., lesquels se souviennent volontiers — un quart de siècle après — des vapeurs provoquées par les exécutions de la *Fantastique* sous l'autorité de Charles Munch. L'un d'entre eux nous a même déclaré : « Nous vivions alors 43 minutes de folie pure et simple ! »

En 1966, la gravure entreprise avec l'Orchestre Symphonique de Budapest dure 49 minutes. Une pareille variation a-t-elle sa source dans les soubresauts propres à l'âme de Charles Munch ? On a le droit d'en douter à l'écoute de la phalange danubienne, cent fois plus familière des *Danses de Galanta* de Kodaly ou du *Mandarin merveilleux* que des arcanes du romantisme français. Sans faire du mauvais esprit ni se livrer à des exagérations déplacées, il semblerait bien qu'une partie des instrumentistes hongrois reste, dans ce disque, au stade d'un déchiffrage habile, d'un décryptage qui incite le chef à prendre une relative modération dans l'allure générale.

La direction d'Hungaroton avait, alors, des préoccupations très éloignées d'une réussite artistique produite par la présence du roi des interprètes berlioziens. Ses responsables pensaient, plutôt, tirer un profit immédiat de l'introduction assez tardive de la stéréophonie dans leur pays. Ils virent en cette *Fantastique* l'occasion rêvée pour produire un disque de démonstration. Un studio de la radio nationale fut réservé pendant le séjour de Munch, alors que l'objet initial de celui-ci consistait seulement à donner quelques concerts. Au cours des répétitions, les magnétophones étaient mis en marche. Munch conduisait chaque mouvement de la *Symphonie*, sans la moindre interruption. Puis il se livrait à des remarques interprétatives. On n'en a malheureusement pas gardé la trace.

A l'opposé, l'opus 14 gravé avec l'Orchestre de Paris est — on le sait — un des sommets de la discographie munchienne. Il fut enregistré en

ÉCARTS DE DURÉE D'ENREGISTREMENT
Symphonie fantastique, opus 14

Mouvements	B.S.O.	O.R.T.F.	Budapest	O.P.
I.	13'10	13'02	14'04	14'16
II.	6'09	6'01	6'58	6'25
III.	13'55	12'14	13'57	15'01
IV.	4'28	4'04	4'02	5'04
V.	8'41	8'36	9'57	10'08
Durée totale	47'	43'	49'	50'

Abréviations :
B.S.O.   =   Boston Symphony Orchestra (1960)
O.R.T.F. =   Orchestre National de l'O.R.T.F. (1964)
Budapest =   Orchestre Symphonique de Budapest (1966)
O.P.   =   Orchestre de Paris (1967)

octobre 1967, soit un mois avant la prestation inaugurale de la nouvelle phalange au Théâtre des Champs-Elysées. La plus longue de ses quatre versions de l'œuvre, elle puise son caractère exceptionnel grâce à l'enthousiasme juvénile mis par ce bâtisseur dans un projet riche en promesses. Le chef oublie, ici, ses soixante-seize ans. Il conduit comme un jeune homme amoureux. Sans négliger, pour autant, une expérience de plusieurs décennies. Chaque phrase, le moindre des accents en portent la marque. L'immense et inépuisable générosité du maestro fait le reste. Un miracle se produit. Au terme de multiples écoutes, il demeure.

GEORGES BIZET (1838-1875)

Jeux d'enfants
Patrie
Symphonie en ut majeur

Orchestre National de l'O.R.T.F.
Paris , 1964
Guilde Internationale du Disque, G.I.D. 4523 (ND)

Symphonie en ut majeur

New York Philarmonic Orchestra
New York, 1949
RCA Victor 13806 (ND)

L'Arlésienne (Première suite)
Carmen (Première suite)

The New Philharmonia Orchestra
Londres, 1966
London Jubilee JL 34480 (ND)

   Carmen étant un des emblèmes de la musique française, il aurait été inconcevable que Munch n'aborde pas les suites de concert tirées de cette œuvre de Bizet. Pour un homme de sa génération, le compositeur de *La jolie fille de Perth* était une gloire nationale dont le nom s'étalait, gravé, au balcon des salles d'opéra et dont le culte se trouvait entretenu par les pouvoirs publics. En 1938, année du centenaire de la naissance du compositeur, Munch conduit — on l'a vu auparavant — un programme Bizet à la *Société des Concerts*. Devant un parterre d'officiels parmi lesquels figurait, entre autres, le ministre de l'Instruction publique, alors en charge du patrimoine culturel.
   Par bonheur, des disques témoignent de son habileté à saisir l'âme

d'un musicien devenu le champion de Nietzsche contre Richard Wagner. En tant qu'Alsacien, il prenait plaisir à se lover dans les subtilités lumineuses de l'*Intermezzo* de la première suite de *Carmen*, délicate cantilène confiée à une flûte et à une harpe solistes. Cependant, l'attitude de Munch en présence de Bizet ne ressemblait pas à un respect obséquieux. Peu enclin à collaborer avec des musicologues ou des chercheurs, il marche néanmoins sans attendre sur les traces de Felix Weingartner lorsqu'il inscrit la *Symphonie en ut* au programme de ses concerts et de ses enregistrements. Oubliée pendant près d'un siècle, l'œuvre avait été ressuscitée en 1935 par son confrère d'origine autrichienne au cours d'une manifestation donnée à l'Orchestre Symphonique de Bâle. L'affaire fit grand bruit et Munch fut informé de son déroulement puisque son parent éloigné, Hans, était directeur du conservatoire de la ville helvétique. En tout cas, la *Symphonie en ut* vient à la Société des Concerts trois ans après son exhumation. Quatorze années se dérouleront avant que Munch ne l'enregistre en compagnie des membres du New York Philharmonic. Il se trouve, alors, au début de sa carrière américaine. Le label RCA apparaît, pour la première fois, à côté de son nom.

Passons sur *Jeux d'enfants* comme sur l'ouverture *Patrie*, écrite dans les désordres liés au désastre de 1870, pour retrouver l'incontournable tandem *Arlésienne-Carmen*. L'ancien potentat de Boston n'en grava des fragments qu'une seule fois, contrairement à la *Symphonie* enregistrée à deux reprises : en 1949 et en 1964. Nous employons le vocable de fragments, car la lecture des partitions d'orchestre des premières suites de *L'Arlésienne* et de *Carmen* révèle que Munch ne s'encombrait pas des scrupules (très) germaniques d'un Kappellmeister qui — devant diriger une symphonie d'Anton Bruckner — hésite entre l'édition Haas et le texte original ! Sous sa conduite, la première suite de *L'Arlésienne* se voit augmentée de la célèbre *Farandole* qui, en principe, constitue le quatrième et dernier numéro de la seconde suite. En ce qui concerne *Carmen*, la mouture munchienne est caractérisée par l'ajout de trois numéros détachés de la deuxième suite. On décèle donc ici, de nouveau, une attitude empirique. Signe d'une génération d'artistes plus soucieux de donner un plaisir coloré au public que de procéder à des pratiques philologiques, elle disparaît — pourtant — à l'écoute du disque Bizet réalisé à la tête du New Philharmonia. Avec cette phalange exceptionnelle, Munch confère des parfums puissants aux hits de *L'Arlésienne* et de *Carmen*.

ERNEST BLOCH (1880-1959)

Schelomo, rhapsodie hébraïque pour violoncelle et orchestre

Gregor Piatigorsky, violoncelle
Boston Symphony Orchestra
Boston (Symphony-Hall), 1961
RCA Gold Seal 89901 (ND)

De Pablo Casals à Pierre Fournier, de Maurice Maréchal à Mstislav Rostropovitch en passant par Emanuel Feuermann ou Janos Starker, les meilleurs violoncellistes du vingtième siècle se sont produits en public avec Charles Munch. Mais, constatation curieuse, seuls deux membres de cette corporation furent les solistes de ses enregistrements. Il s'agit du Français André Navarra et de l'Américain d'origine russe Gregor Piatigorsky. Le premier grava le *Concerto en ré majeur* de Lalo. Quant au second, il fut le partenaire du maestro alsacien et du Boston Symphony dans des partitions concertantes de Bloch, Dvořàk et Walton.

Bloch, justement. Et le fameux *Schelomo* — nom hébreu de Salomon —, composé en 1915, appelé à devenir la perle du cycle juif écrit par le musicien d'origine suisse. Cette rhapsodie hébraïque était un des chevaux de bataille de Gregor Piatigorsky. Charles connaissait le grand virtuose de longue date, car ils s'étaient rencontrés en 1928. Le Slave avait, en effet, été engagé par Furtwängler en qualité de violoncelle solo à l'Orchestre Philharmonique de Berlin, ville où il résidait. En outre, l'Amérique contribuera considérablement au rapprochement des deux musiciens. Piatigorsky se trouve vite sur le même terrain que Munch. Dans l'acception géographique la plus prosaïque du terme. Responsable du secteur musique de chambre au Berkshire Music Center, il est nommé professeur à Boston University en 1957. Désormais, Charles et Gregor vivent dans la même cité.

D'où d'évidentes facilités pour donner des concerts ou réaliser des enregistrements entre un cours et une séance de trio en compagnie de Vladimir Horowitz et de Nathan Milstein. Le violoncelliste et le chef sont, par ailleurs, chacun des romantiques chaleureux. Enfin, ils partagent une croyance très forte en la musique nouvelle. On sait les états de service de Munch dans ce domaine. Piatigorsky, pour sa part, créera des pages inédites de Prokofiev et de Webern, comme les concertos pour son instrument signés Castelnuovo-Tedesco et Hindemith. Pareils axes communs de sympathie habitent leur interprétation de *Schelomo*. Elle est un *Livre de la Sagesse* parcouru par de fortes personnalités.

JOHANNES BRAHMS (1833-1897)

Alors que, dans la mémoire collective des discophiles, le nom de Karl Böhm est associé ad vitam aeternam à ceux de Mozart et de Strauss, comme celui d'Antal Dorati se trouve lié à Bartok et à Haydn, Munch restera l'homme parfaitement idoine pour conduire Brahms, Berlioz, Debussy et Ravel. Pourquoi une telle prédilection à l'égard du premier d'entre eux ? Pourquoi notre Alsacien chercha-t-il à imposer au public français une musique très représentative du courant qui s'offrait comme le seul antidote valable au poison wagnérien ? On sait, en effet, que — dès la Toussaint 1937 — il conduisit *Ein Deutsches Requiem* devant un auditoire parisien et qu'il n'hésita pas à programmer, en pleine Occupation, le *Concerto pour violon*, opus 77. Peu familiers des œuvres de Brahms, sinon rétifs à celles-ci, nos compatriotes durent, en très grande partie, à Munch son introduction dans le répertoire courant.

Trois facteurs sont à l'origine de cette passion. Le premier est, indéniablement, une sphère culturelle commune. Jusque dans ses recoins anecdotiques. Clara Schumann, l'aimée de Brahms, venait en Alsace de temps en temps. Chez des amis habitant la petite ville de Guebwiller. Ces visites n'étaient pas ignorées des milieux musicaux strasbourgeois. On les commentait chez les Munch, à cause du respect de la grande pianiste pour Bach. La veuve de l'auteur de la *Symphonie rhénane* possédait, par ailleurs, une petite maison à Lichtenthal, faubourg de la station thermale de Baden-Baden, très proche de la capitale alsacienne. Brahms acquit également une modeste résidence de vacances dans cette oasis de verdure. Ces deux noms — et plus particulièrement celui du compositeur des *Quatre chants sérieux* — hantèrent l'enfance de Charles. Devenu adulte, il eut à vaquer chaque jour dans le Saint des Saints brahmsien, l'égal de l'Orchestre Philharmonique de Vienne et de la véloce *Kapelle* de Meiningen : le Gewandhaus de Leipzig. Le *Concerto pour violon* y avait eu sa création mondiale en 1879 ; Joseph Joachim en jouait la partie soliste. Quant au compositeur lui-même, il était fort connu dans la cité saxonne. Il dirigeait assez souvent l'orchestre local. Lorsque Munch entra, en 1925, au Gewandhaus, il se trouvait encore dans les rangs de celui-ci des instrumentistes sexagénaires ayant joué sous la baguette de Brahms.

Un tel appoint chronologique a l'avantage de mettre en évidence la contemporanéité relative de Munch et de l'auteur de *Rinaldo*, deuxième des trois facteurs annoncés. Lorsque Munch naît, en septembre 1891, Brahms a cinquante-huit ans. Dans l'hypothèse où il n'aurait pas été emporté par une tumeur maligne du foie et s'il avait vécu une décennie de plus, il serait mort en 1906. Au moment où le jeune homme, âgé de quinze ans, jouait déjà ses deux *Sonates pour violon*. Ce rapprochement a pour mérite de signaler que la proximité dans le temps renforça la compréhension intuitive de Charles à l'égard des compositions de « l'ours » pour citer Jules Renard. L'émergence d'une pareille complicité est le troisième élément à prendre en considération. Le futur responsable de la Société des Concerts était un lyrique, un romantique attardé, un amateur de phrases mélodiques largement développées, soutenues par une orchestration plantureuse, faisant souvent référence à Beethoven. Brahms sera son homme. Leur expression musicale, les moyens mis en œuvre pour qu'elle soit perceptible, le but visé étaient à l'identique.

On s'étonnera, pourtant, de l'absence de systématisme dans la discographie brahmsienne de Munch. Des partitions majeures manquent à l'appel. En ce qui concerne les œuvres destinées à un instrument soliste, on note la défection du *Premier Concerto pour piano* et de celui, en ré, pour violon. Comme du *Double Concerto pour violon et violoncelle*, opus 102. Parmi les symphonies, une n'est pas là : la *Troisième*. Quant aux *Variations sur un thème de Haydn*, au *Chant du Destin*, à la *Rhapsodie pour alto* et au *Requiem allemand*, on les cherche en vain. On est même surpris de ne pas trouver tout ou partie des *Danses hongroises*. Leur allure entraînante aurait procuré une notoriété supplémentaire à Munch. Si l'on examine à nouveau le cas des quatre symphonies, on perçoit encore plus intensément l'étrangeté d'un comportement aux termes duquel les *Première, Seconde* et *Quatrième* une fois gravées, il renonce à enregistrer la *Troisième* de façon à les réunir en coffret. A la même époque, Furtwängler, Jochum, Karajan, Klemperer et Walter se lançaient résolument dans une intégrale des symphonies de Brahms. Le cas de Munch appelle donc deux commentaires. En premier lieu, la firme RCA s'est distinguée par un professionnalisme défaillant. Par ailleurs, le directeur du Boston Symphony a eu une attitude brouillonne. Surgit de nouveau, ici, l'aspect irrationnel, voire désordonné, du personnage. Comme chez Beethoven, dont il n'enregistra que le *Premier Concerto pour piano* avec Sviatoslav Richter, il agit encore en représentant de la vieille école. Le goût — très actuel — des intégrales ne bénéficie d'aucune bienveillance de sa part.

Second Concerto pour piano et orchestre en si bémol majeur, opus 83

Arthur Rubinstein, piano
Boston Symphony Orchestra
Boston (Symphony-Hall), 1950
RCA 23589 (ND)

Contrairement à ce que l'on pourrait croire, Arthur Rubinstein ne fut pas le doyen des pianistes ayant enregistré avec Munch. Ce privilège revint au disert Alfred Cortot, né en 1877. Mais le légendaire interprète d'origine polonaise était tout de même de 1887. Il avait donc soixante-trois ans — soit quatre années de plus que notre Alsacien — quand il entreprit leur unique disque commun, voué au *Second Concerto* de Brahms. Fort de cette expérience, Rubinstein enregistra l'opus 83 une seconde fois. Ce fut, alors, en compagnie d'Eugène Ormandy et de son Philadelphia Orchestra.

Le tandem Rubinstein-Munch ? Magnifique. Il se distingue, chez le pianiste, par un brio et une séduction non dépourvus de rigueur, tandis que le chef se plaît à des envolées généreuses dont les grandes lectures berlioziennes seront les témoins suprêmes. Ce jeu du chat et de la souris — peut-on dire — n'est pas un des moindres agréments du *Second Concerto*. Alors que Rubinstein évite le *rubato* mal à propos, demeure souvent fidèle aux intentions premières du texte et conjure les extravagances de certains virtuoses, le chef tire avec frénésie à hue et à dia dans la… direction opposée. Pourtant, ils s'entendent — quant au fond — de manière admirable.

Première Symphonie en ut mineur, opus 68

Boston Symphony Orchestra
Boston (Symphony-Hall), 1957
RCA Victrola Camden Classics CCV 5018 (ND)

Orchestre de Paris
Paris, janvier 1968
EMI 2C 165-52.512 (ND)

Après plusieurs années de purgatoire, les fanatiques purent goûter à nouveau les délices de la *Première Symphonie* de Brahms, jouée par les Bostoniens, revenue au catalogue en 1983 dans la collection Legendary

Performers mais — hélas! — de nouveau disparue depuis. En fait, cette version est la première d'un couplé couru à onze ans de distance. Son deuxième élément verra le jour en janvier 1968, grâce à l'Orchestre de Paris. Il sera un des enregistrements ultimes de Munch. En raison de son attachement à cette œuvre qui fut l'impérieux must sur lequel il assit sa réputation internationale avec, bien sûr, deux autres partitions symboliques de son art : la *Fantastique* de Berlioz et *La mer* de Debussy. Si la gravure du Boston Symphony a déjà été mise ici en avant, la raison de cette priorité est claire. Elle vient de l'excellence de la réalisation, très largement supérieure à celle de l'Orchestre de Paris. Celui-ci a une couleur moins germanique que la phalange de Nouvelle-Angleterre. Ses cordes graves, en particulier, n'atteignent pas la profondeur viscérale observée généralement à Berlin, Dresde et Leipzig.

Et Munch ? A Paris, son côté journalier, donc irrégulier et fantasque, revient à la charge. Ainsi, les célèbres 52 coups de timbales ouvrant l'*Un poco sostenuto* initial manquent de présence. En dépit du phrasé lumineux des premiers violons, les tendres périodes du second mouvement n'exercent pas la fascination ressentie à l'écoute du Boston Symphony. Absence momentanée d'inspiration ou fatigue d'un homme de soixante-dix-sept ans, harassé par des ennuis de santé et les obligations dues à la mise en place de l'Orchestre de Paris ? Les deux, assurément. Dès lors, il ne reste qu'à se tourner vers la mouture américaine de l'opus 68. En procédant, d'emblée, à une constatation technique. Comme chez Beethoven, l'énergique Charles Munch ne s'encombre pas de certaines des reprises indiquées par la partition. Examinons le texte du mouvement introductif de la *Première Symphonie*. Le *Da capo* exigé par Brahms des mesures 40 à 189 disparaît. Il est englouti par un Munch peu soucieux de l'*Urtext* mais, à l'opposé, attiré par une efficacité maximale sur l'auditoire.

On retrouve là le pragmatique plus fort que le théoricien, la bête instinctive supérieure à l'intellectuel. Néanmoins, Munch possède à fond sa partition ainsi que l'architecture et l'économie interne de celle-ci. En sa qualité de *Konzertmeister* du Gewandhaus, il joua maintes fois le solo de violon en mi majeur terminant l'*Andante sostenuto*. Il savait, d'expérience, créer un écrin pour les interventions du cor et de la flûte pendant le dernier mouvement, à l'heure où les ténèbres d'ut mineur se dissipent afin de faire place à un do majeur radieux. Et, quand le quatuor attaque le fameux *choral*, il refrène ses ardeurs prématurées. Ainsi, l'indication *Ma con brio* ne surgit pas tout de suite. Il s'élance de manière progressive. Sinon, l'effet désiré sera raté.

Avec lui, la *Première* de Brahms est un composé de transe et d'inquiétude. Un compromis entre son instinct propre et l'enseignement de Furtwängler. La frénésie ? On la partage dans les impatiences souterrai-

ÉCARTS DE DURÉE D'ENREGISTREMENT
Première Symphonie en ut mineur, opus 68

Mouvements	B.S.O.	O.P.	Écarts
I.	11'	15'	4'
II.	10'	9'	1'
III.	6'	5'	1'
IV.	17'	19'	2'
Durée totale	44'	48'	4'

Abréviations :
B.S.O. =   Boston Symphony Orchestra (1957)
O.P.   =   Orchestre de Paris (1968)

nes d'*Un poco Allegretto e grazioso*. Comme le signe d'une folie apparaissant et disparaissant de façon pernicieuse. Quant à l'inquiétude, elle caractérise l'intégralité de sa lecture de l'opus 68. Dès l'entrée des timbales, on est informé sur le drame ambiant, sur les pulsions impérieuses d'échos fantomatiques. Plus loin, pendant l'*Andante sostenuto*, cors et bassons souligneront encore l'obstination du destin. Or, si la coloration dramatique d'une œuvre est libre d'attaches historiques, celle-ci peut néanmoins jouer comme le reflet d'un moment trouble. La *Symphonie en ut mineur* de Brahms correspond à cette définition. Créée le 4 novembre 1876 par l'Orchestre de Karlsruhe et Otto Dessoff, elle ne convient pas seulement aux paysages ténébreux de la Forêt Noire et des Vosges où l'on promenait Munch durant l'enfance. Elle symbolise, aussi, une époque difficile : le contentieux franco-allemand, la pensée de Nietzsche et la mégalomanie de l'empereur Guillaume.

Munch connut ce temps. Comme il traversa les deux conflits mondiaux. Trouve-t-on leurs scories dans sa lecture de l'opus 68 ? Bien sûr. Cependant, les journées passées en répétitions et en concerts avec Furtwängler ont également leur importance, ici. Au cours de sa carrière, le grand Wilhelm conduisit, en public, 519 exécutions de Brahms ; il enregistra la *Première Symphonie* une dizaine de fois. Le compositeur du *Chant du Destin* était, à ses yeux, une des figures majeures de la tradition germanique. Ainsi qu'une des clés de voûte du répertoire universel, en vertu de « son degré de nécessité intérieure, d'humanité, de pouvoir expressif », peut-on lire dans l'essai publié en 1934 sous le titre de *Brahms et la crise de notre temps*. D'où les interprétations hautement métaphysiques du Hambourgeois, signées par le seigneur et maître de l'Orchestre Philharmonique de Berlin. Munch l'a suivi avec une certaine parcimonie, dans cette voie. Pour lui, Brahms éait — avant tout — idéal lors de l'expression d'une transe. La *Première Symphonie* selon l'Alsacien en fait foi.

Deuxième Symphonie en ré majeur, opus 73

Boston Symphony Orchestra
Boston (Symphony-Hall), 1958
RCA Victrola Camden Classics CCV 5028 (ND)

Quelques années après la fin de la Seconde Guerre mondiale, Charles Munch fut invité à diriger le célèbre orchestre du Concertgebouw d'Amsterdam. Cette phalange réputée existait depuis 1888. Elle s'était acquis une notoriété considérable par ses exécutions de Bruckner et de Mahler grâce à son chef titulaire, Willem Mengelberg. Ce dernier excellait aussi dans Brahms. Il eut maintes fois l'occasion de le prouver au public néerlandais, puisque son mandat au Concertgebouw dura la bagatelle de cinquante ans : de 1895 à 1945. Eduard Van Beinum, son successeur, avait entendu les lectures brahmsiennes de Munch à la Société des Concerts. Il le convia donc à faire ses débuts à Amsterdam avec la *Deuxième Symphonie en ré majeur*, opus 73.

Munch obtint un triomphe. Mais ses obligations américaines, contractées en 1949, l'empêchèrent de retrouver régulièrement le Concertgebouw. Lorsqu'il fut libéré de ses fonctions bostoniennes, en 1962, le contexte avait changé. Bernard Haitink régnait alors, en compagnie de l'Allemand Eugen Jochum, sur cet ensemble d'élite. Quant à l'emprise des disques Philips, une compagnie autochtone, elle devenait très lourde. Ceci expliquant cela, Munch revint alors aux Pays-Bas. Mais il dut se contenter de l'Orchestre Philharmonique de Rotterdam. Leur belle entente se concrétisa lors d'enregistrements de Beethoven et de Franck. Par ailleurs, il donna l'opus 73 de Brahms dans la cité maritime les 12 et 13 janvier 1965. Les organisateurs de concerts hollandais lui montraient, ainsi, leur fidélité. Connus pour leur culte de Brahms et les exigences qualitatives élevées qui en découlaient, ils ne s'étaient jamais trompés sur ses compétences en la matière.

Pourtant, il n'existe aucune trace discographique de ces prestations, tant à Amsterdam qu'à Rotterdam. L'unique *Deuxième Symphonie* gravée en studio par Munch vient de Boston. Elle se distingue par une beauté singulière, est emplie d'une grâce champêtre expliquant son surnom de *Pastorale bis* et peut être perçue comme une mise en ondes de certains propos d'Edouard Hanslick, musicologue viennois très favorable à Brahms du vivant de celui-ci. Au long d'un ouvrage capital, intitulé *Du beau dans la musique*, paru à Leipzig en 1854 et fréquemment réédité depuis dans les contrées de langue allemande, le penseur se faisait le héraut d'une doctrine résumée de la manière suivante : « Le centre de gravité du langage et celui de la musique sont loin d'être placés au même endroit ; toutes les particularités autres se groupent autour de ce centre. Toutes les lois spécifiquement musicales gravitent autour de la signification indépendante et de la beauté propre des sons ; toutes les lois qui régissent le langage ont leur point de départ dans l'emploi correct des sons dans le but d'exprimer des idées. » En d'autres termes, la musique ne saurait signifier rien d'autre qu'elle-même. On retrouve là l'origine des convictions les plus intimes d'Igor Stravinsky ou de Glenn Gould. Munch les partageait profondément, on l'a déjà remarqué. Couplée à l'*Ouverture tragique* opus 81, sa direction de la *Deuxième Symphonie* le montre avec éclat.

Quatrième Symphonie en mi mineur, opus 98

Boston Symphony Orchestra
Boston (Symphony-Hall), 1959
RCA Victrola Camden Classics CCV 5031 (ND)

Le 8 janvier 1956, l'Association des Concerts Colonne donnait sa première prestation de l'année avec son nouveau président, Charles Munch. Un public de 2 400 auditeurs s'était déplacé au Châtelet pour entendre un programme composé du premier mouvement de la *Cinquième Symphonie* d'Arthur Honegger, exécuté en souvenir de son auteur, récemment décédé, de la symphonie dite *Londres* de Haydn, de *La mer* de Debussy et de la *Quatrième* de Brahms. Le voisinage de partitions aussi antithétiques rappelait l'appartenance du maestro à une double culture. Sans aller jusqu'aux points extrêmes représentés par les interprétations d'Arturo Toscanini et de Carlo-Maria Giulini, Charles Munch possède — à la fois — une pâte germanique massive et un souci très latin du beau détail, la minutie poussée jusqu'au fanatisme n'étant pas forcément un trait exclusif des sphères d'obédience allemande.

Connaître à ce degré les coins et les recoins de la *Quatrième Symphonie*, reprendre la démonstration déjà réussie dans la *Première* et la *Deuxième*, relèvent autant de la science que de l'instinct. Ces aspects ayant été développés au préalable, on notera également une mise en valeur considérable des pupitres du Boston Symphony concernés par les attentions de Brahms. Comme le compositeur a particulièrement soigné les vents de l'Orchestre de Meiningen, créateur de l'œuvre en octobre 1885 sous la baguette de Hans de Bülow, Munch incite les instrumentistes français du Massachusetts à se surpasser. Dans l'*Andante moderato*, la clarinette solo manifeste les charmes d'un exceptionnel *legato*. La flûte de l'*Allegro giocoso* est des plus délicates. Auparavant — lors du premier mouvement — l'entrée *Marcato e forte* des hautbois, clarinettes, bassons et cors a lieu avec une habileté individuelle telle qu'on distingue, sans la moindre peine, chacun d'entre eux. Voici donc un pertinent modèle de pratique collective de la musique, acte quotidien cher à Munch.

MAX BRUCH (1838-1920)

Premier Concerto pour violon en sol mineur, opus 26

Jaime Laredo, violon
Boston Symphony Orchestra
Boston (Symphony-Hall), 1960
RCA Victrola 88573 (ND)

*
**

Yehudi Menuhin, violon
Boston Symphony Orchestra
Boston (Symphony-Hall), 1962
RCA Victrola 23597 (ND)

Bien que Munch n'ait pas jugé utile de laisser aux générations futures ses lectures de la *Fantaisie écossaise* et du *Kol Nidrei* de Max Bruch, il appréciait ce compositeur rhénan au point d'avoir enregistré deux fois son *Concerto pour violon*, opus 26. La forte influence de Brahms, les accents postromantiques, l'orchestration copieuse caractéristiques du style de Bruch le ravissaient. Autant que certains souvenirs de jeunesse. Tandis que Munch travaillait le violon avec Carl Flesch à Berlin, l'auteur de l'opéra *Die Lorelei* enseignait la composition à la Musikhochschule de la capitale prussienne.

A l'occasion de son premier enregistrement du *Concerto en sol mineur*, Munch choisit comme soliste un jeune homme de dix-neuf ans. Il s'agissait du Bolivien Jaime Laredo, gloire nationale de son pays natal puisque des timbres-poste réalisés à son effigie y circulaient alors! L'artiste venait de remporter la récompense — recherchée — du Concours Elis; les meilleurs pianistes lui faisaient des propositions alléchantes. Rudolf Serkin se produisit en compagnie de Laredo. Le Latino-Américain se lia même avec Glenn Gould. Ensemble, ils gravèrent l'intégralité des sonates pour violon et clavier de Bach. Que Munch se soit adressé à un nouveau venu correspondait pleinement à sa personnalité. Il affectionnait la collaboration avec des interprètes appartenant à une génération plus récente que la sienne. Lorsqu'on examine sa discographie ou les programmes des concerts dirigés par ses soins, on trouve nombre de patronymes liés aux tranches d'âge apparues entre 1910 et 1930 : Ginette Neveu, Gary Graffman, Sviatoslav Richter, Léopold Simoneau, Michel Sénéchal ou Paul Tortelier.

En ce qui concerne la seconde version du *Concerto en sol mineur* de Bruch, le soliste en fut Yehudi Menuhin. Cette légende vivante était souvent l'invitée des concerts d'abonnement du *Boston Symphony*. Mais, en vertu d'un nouveau paradoxe, l'ancien élève de Georges Enesco ne réalisa — en tout et pour tout — qu'un seul disque avec Munch : celui de l'opus 26 du compositeur allemand. Il n'en existe, à notre connaissance, pas d'autres. Menuhin, lui, goûtait le *Concerto* de Bruch au point de l'avoir enregistré trois fois. Primo, en compagnie de Munch. Secundo, avec Walter Süsskind et le Philharmonia Orchestra. Tertio, sous la baguette de Sir Adrian Boult à la tête du London Symphony Orchestra. Pour ce qui relève du microsillon du Massachusetts, l'ex-enfant prodige s'y surpasse.

On peut affirmer que, mis à part Jascha Heifetz, personne au monde ne possédait une pareille autorité dans l'œuvre de Bruch. En regard d'une telle performance, la version Laredo est un peu terne. Mais la relativité est la relativité. Quant à Munch, dans un disque comme dans l'autre, il se montre — bien sûr — à la hauteur de la situation. Bruch l'enchantait.

FRÉDÉRIC CHOPIN (1810-1849)

Premier Concerto pour piano en mi mineur, opus 11

Gary Graffman, piano
Boston Symphony Orchestra
Boston (Symphony-Hall), date d'enregistrement non précisée
RCA (ND)

Second Concerto pour piano en fa mineur, opus 21

Alexandre Brailowsky, piano
Boston Symphony Orchestra
Boston (Symphony-Hall), 1955
RCA-Victor A-630.242 (ND)

Munch a vécu l'époque où des Argonautes du piano se produisaient devant des auditoires ravis de leur son puissant, de leurs démonstrations de virtuosité et de leur sens du cabotinage. Qu'on songe à la contemporanéité d'artistes mythiques tels qu'Alfred Cortot, Vladimir Horowitz, Alexandre Brailowsky, Emil von Sauer, Heinrich Neuhaus, Ignace Paderewski ou Arthur Rubinstein. Ses enregistrements en compagnie de plusieurs de ces seigneurs constituent donc, en règle générale, d'excellents témoignages d'une philosophie désormais remplacée par le jeu hygiénique d'Alfred Brendel ou la perfection glacée de Maurizio Pollini. Même Gary Graffman, né en 1928 et soliste du *Premier Concerto* de Chopin, relève de cette famille. Ce pianiste, adoré par Munch, avait étudié au Curtis Institute de Philadelphie avant de prendre des cours avec Vladimir Horowitz et Rudolf Serkin. La manière de ces deux maîtres est sûrement à l'origine de la façon fort engagée dont il joue l'opus 11 du compositeur polonais. Il en va de même pour le *Capriccio brillant* de Mendelssohn, couplé à cette dernière œuvre.

Cependant, les records de romantisme sont battus à plate couture par Alexandre Brailowsky, partenaire idéal de Charles Munch dans le *Second Concerto* de Chopin allié, pour l'occasion, au *Quatrième* de Saint-Saëns. Voilà un soliste qui n'a pas peur de donner du son avec prodigalité! Ses accords plaqués sont gigantesques, ses fortissimo du même acabit. Mais Brailowsky sait également être d'une finesse particulière dans les traits de haute voltige. Il en résulte une palette dynamique des plus étendues. Aux côtés d'un tel personnage, le Boston Symphony ne pâlit jamais. Il montre les qualités individuelles de ses chefs de pupitre, ces fameux Français émigrés au Nouveau-Monde. Au cours du *Maestoso* initial, le dialogue du premier basson avec le piano est superbe; la clarinette et la flûte de l'*Allegro vivace* brillent en permanence. Le *staccato volant* des cordes retentit avec une acuité pertinente. N'omettons, cependant, pas de signaler que cet enregistrement date des débuts de la stéréophonie. L'ingénieur du son tenait à mettre en évidence le côté alors considéré comme sensationnel d'une nouvelle technique. Il en alla de même lors de la gravure de la *Troisième* de Saint-Saëns au Symphony-Hall.

Et Munch? Il est aussi surexcité que Brailowsky. Haletant, déchaîné, impétueux: les qualificatifs abondent pour dépeindre sa prestation. Elle mériterait que RCA réédite ce disque remarquable, d'autant qu'il est — avec le *Premier Concerto* — un des seuls spécimens de ses rapports avec Chopin, très limités en raison d'un catalogue d'œuvres avec orchestre très mince. Peut-être existe-t-il, quelque part, un *Andante spianato et Grande Polonaise* par Brailowsky — ou Cortot — et le directeur du Boston Symphony? Dernier mérite de cette mouture du *Second Concerto*: le respect de l'instrumentation originale. A cause de ses faiblesses, différents chefs l'avaient — avant-guerre — modifiée à leur goût. Ainsi, André Messager s'était chargé de ce travail pour le compte de Marguerite Long. Munch suit l'orchestration initiale. Son métier le lui permet. Il est autant à l'aise dans Chopin qu'il se trouve gêné aux entournures par Schubert.

CLAUDE DEBUSSY (1862-1918)

Si, exprimé selon le sens premier du terme, Charles Munch fut un des contemporains de Brahms, il se trouva encore plus proche — dans le temps, comme dans l'esthétique — de Claude Debussy. Quand notre chef vient au monde, le compositeur a vingt-neuf ans et travaille à ses *Fêtes galantes*. Trois années après naît le *Prélude à l'après-midi d'un faune*. Debussy meurt d'un cancer en 1918 : Munch a vingt-sept ans. En sa qualité de violoniste, il jouera bientôt la *Sonate* destinée à son instrument et écrite en hâte l'année précédente. Mais, pour le moment, la Première Guerre mondiale n'est pas terminée. Farouchement antigermanique — on sait sa répulsion devant la musique de Wagner — , Debussy utilise ses forces ultimes à mettre au propre un *Noël des enfants qui n'ont plus de maison*.

Charles Munch avait eu la révélation des œuvres orchestrales de Debussy durant des concerts donnés à Strasbourg avant l'attentat de Sarajevo. Il avait pu, entre autres, admirer la maîtrise du chef André Caplet dans un programme constitué notamment de fragments du *Martyre de saint Sébastien*, partition que celui-ci avait créée à Paris en 1911. Comme en admirer l'aspect incantatoire. Plus tard, au Gewandhaus, Munch jouera le *Prélude*, les deux premiers *Nocturnes* et *La mer* sous la conduite de Furtwängler. L'illustre Wilhelm admirait profondément Debussy. Il inscrivait souvent ses œuvres à ses programmes et le considérait comme « un Schumann qui serait moderne et français ». Profitons, d'ailleurs, de l'énoncé des *Nocturnes* et de *La mer* pour souligner — une fois encore — leur étroit rapport de proximité temporelle avec Munch. La première de ces compositions date de 1899, la seconde de 1905.

Le Boston Symphony devait enregistrer sept œuvres orchestrales : *Iberia*, *Le Martyre de saint Sébastien*, *Fantaisie avec piano*, *La mer*, *Prélude à l'après-midi d'un faune*, *Printemps* et trois *Nocturnes*. Mais Munch s'est abstenu de se rendre en studio pour y mémoriser ses versions de *La boîte à joujoux*, de *Children's Corner*, de *Jeux*, de *Khamma*, de la *Petite Suite* ou des *Epigraphes antiques*. Eut-il, à ce propos, l'occasion de les diriger toutes au concert ? On ne saurait en avoir la certitude, puisque seules les *Epigraphes antiques* retinrent régulièrement l'attention de Charles. Un observateur raffiné fera éventuellement remarquer qu'il n'était pas passionné par des musiques pour le ballet, telles que *Jeux* ou *Khamma*. Un autre s'interrogera sur le bien-fondé de donner, à l'orchestre, des pages destinées — à l'origine — au piano. *La boîte à joujoux, Children's Corner* ou la *Petite Suite* relèvent de cette catégorie. Elles sont entrées — comme les *Epigraphes antiques* — au répertoire symphonique grâce à des arrangements signés André Caplet, Henri Büsser ou Ernest Ansermet.

Munch ne s'encombrait pas d'arguments philologiques. Pour lui, l'héritage symphonique de l'homme de *La damoiselle élue* se limitait à un nombre restreint de titres dont trois seulement — *La mer*, le *Prélude à l'après-midi d'un faune* et les *Nocturnes* — bénéficient d'une considération universelle. Attitude pragmatique, découlant des observations effectuées après son installation à Boston ? Si l'on veut. Selon la Société des Auteurs, Compositeurs et Editeurs de Musique, *La mer* est un des titres les plus lucratifs de son catalogue, très abondamment donné dans la planète entière. Munch le savait. En raison de sa passion pour Debussy, il la conduisit près de… 800 fois en trente ans d'activité ! Cependant, jusqu'à ce que, très récemment, les disques Montaigne en éditent un enregistrement public du 8 mai 1962 au Théâtre des Champs-Elysées, où figurent également *Iberia* et la *Fantaisie pour piano et orchestre* (voir la rubrique Anthologies à la fin de cette partie), nous ne possédions que deux versions de ces fameuses *Esquisses symphoniques* confiées à ses soins : l'une avec le Boston Symphony, l'autre en compagnie de l'Orchestre National de l'O.R.T.F. La masse discographique se trouve en proportion quantitative inverse de la célébrité acquise par Munch comme spécialiste émérite de Claude de France. A cet égard, la situation s'écarte radicalement de l'abondance observée pour le concurrent immédiat de Debussy : Maurice Ravel.

Néanmoins, les maisons de disques ont su tirer un ample profit de cette situation en procédant à des couplages divers ou en éditant des coffrets d'origines composites. Au fur et à mesure des années, *La mer* s'est — par exemple — retrouvée soit avec la *Rapsodie espagnole* de Ravel, soit aux côtés d'*Escales* de Jacques Ibert. Un coffret a réuni celle-ci, des fragments du *Martyre de saint Sébastien*, deux des *Nocturnes*, le *Prélude à l'après-midi d'un faune* et *Printemps*. Un autre, composé de quatre microsillons, met en position de voisinage *Iberia, La mer* et les œuvres ravéliennes suivantes : la seconde suite de *Daphnis et Chloé*, le *Boléro, La Valse*, la *Pavane pour une infante défunte* et la *Rapsodie espagnole*.

Iberia

Orchestre National de l'O.R.T.F.
Paris, 1965
RCA Red Seal 650 013 (ND)

Iberia est la seconde partie du triptyque *Images*, également constitué de *Gigues* et des *Rondes de printemps*. Un des problèmes principaux de son exécution consiste, pour le chef d'orchestre, à pouvoir mémoriser la lourde quantité d'informations contenue par des indications d'une complexité peu courante. On comprend donc qu'un cérébral comme Pierre Boulez obtienne tant de succès en conduisant cette œuvre. Pour ce qui relève de Munch, toujours dominé par le sentiment, il assimile aussi avec facilité les pièges disséminés dans *Iberia*. Mieux, il y fait merveille et parvient à ordonner, voire à discipliner, des structures aux apparences énigmatiques.

En outre, le substrat rythmique de la partition, ses effets de castagnettes, de tambour de basque et de xylophone l'excitent au plus haut point. Sous ce rapport, *Iberia* donne l'impression d'avoir été écrit pour lui seul. On sait quel homme de pulsation il fut. L'extrême virtuosité des parties de cordes, l'obligation — pour les violons — de jouer des *pizzicati l'instrument sous le bras* s'inscrivent, dans sa logique, parmi les éléments d'un système rythmique généralisé à l'orchestre complet. Afin de ne pas briser l'architecture dynamique de l'ensemble, Munch ne procède pas à une interruption entre la deuxième et la troisième pièces, respectivement intitulées *Les parfums de la nuit* et *Le matin d'un jour de fête*. Certes, Debussy a prescrit *Attaca* à la mesure 131 des *Parfums de la nuit*. Mais combien de chefs n'obéissent pas à cette injonction pratique !

Un des autres traits de cet enregistrement — couplé à l'*Iberia* d'Albeniz — concerne le raffinement de l'orchestration, dont le chef joue à merveille. Il est plus qu'à l'aise dans les divisions soyeuses des cordes ou la manière particulière dont les partitions de l'école française sont agencées. Contrairement à la tradition germanique dans laquelle les cordes constituent le soubassement de l'édifice, cuivres et bois — surtout — occupent sans cesse le premier plan. En d'autres termes, ce familier de Beethoven et de Brahms inverse les étages de la fusée sans le moindre embarras. Il a une telle pratique de ces compositeurs qu'il sait comment procéder pour Debussy. L'habileté poussée à ce degré valut à Munch une noire ingratitude de la part du critique Antoine Goléa. Dans son livre sur Debussy, paru aux éditions Pierre Seghers en 1966, il ne recommande pas l'enregistrement d'*Iberia* par Munch, puisqu'il lui préfère la version de Désiré-Emile Inghelbrecht. Même si Goléa était un commentateur éminent de la vie musicale, il montra ici une subjectivité prenant l'apparence d'une injustice...

Le Martyre de saint Sébastien

Florence Kopleff (la vierge Erigone), Catherine Akos et
Phyllis Curtin (les jumeaux), Charles Munch (le récitant)
New England Conservatory Chorus
Boston Symphony Orchestra
Boston (Symphony-Hall), 1961
RCA Red Seal 45635/6 (ND)

1961 vit la célébration du cinquantième anniversaire de la création
mondiale du *Martyre de saint Sébastien*. Elle s'était déroulée en mai 1911
au Châtelet, lors d'un spectacle des Ballets Russes dont Ida Rubinstein
fut la vedette. En souvenir de cet événement, Munch accepta de réaliser
un disque destiné à combler une lacune. Seul son confrère André
Cluytens s'était aventuré sur le terrain glissant du *mystère dramatique en
cinq mansions* de Gabriele D'Annunzio. Aujourd'hui, l'intégrale de
Munch disparue des catalogues, nous n'avons guère à notre disposition
que des fragments symphoniques du *Martyre* — dirigés par Pierre Monteux. L'œuvre complète demeure une espèce de fantôme discographique.

En raison, on doit le reconnaître, de ses faiblesses. Sa dernière
reprise, confiée à Maurice Béjart au printemps 1986 à la Scala de Milan
et donnée ensuite tant au festival de Salzbourg qu'au Théâtre Royal de
la Monnaie de Bruxelles, a mis en évidence des carences dramatur-
giques. *Le Martyre* selon le maestro vaut plutôt essentiellement par un
aspect documentaire, presque anecdotique : Munch y tient lui-même —
en lieu et place de la comédienne Véra Korène chez Cluytens — le rôle
du récitant. Une telle initiative fut, de la part d'un homme de soixante-
dix ans, une indéniable preuve d'originalité. D'autant que son accent
alsacien est étranger au ton de la déclamation classique française. La
Vox populi du poète italien s'exprime ici sur des fréquences propres aux
habitants du Bas-Rhin.

La mer

Boston Symphony Orchestra
Boston (Symphony-Hall), 9 et 10 décembre 1956
RCA Red Seal ARP 1-4444 (ND)

*
**

Orchestre National de l'O.R.T.F.
Paris, 1966
Turnabout Vox TV-S 34637 (ND)

Voici un des succès majeurs du *hit-parade* munchien, digne d'être classé ex-aequo avec la *Fantastique* de Berlioz et la *Première Symphonie* de Brahms. La notoriété de *La mer* par Charles est restée d'une telle constance que la firme RCA s'est empressée, au cours des années, de proposer sa gravure bostonienne de 1956 sous des habillages variés et de la rehausser par les dernières acquisitions de la technologie de pointe, grâce au procédé du Remastered Recording. L'édition d'origine a donc bénéficié de quatre reprises, respectivement commercialisées en 1959, 1963, 1972 et 1981. De plus, si quelqu'un écrit — un jour — une thèse consacrée à l'évolution des illustrations sur les pochettes de disques, ce travail trouvera matière à des commentaires savoureux en ce qui concerne les moutures de l'enregistrement de *La mer* dû à Munch...

Si *De l'aube à midi*, *Jeux de vagues* et *Dialogue du vent et de la mer* fascinent des milliers d'auditeurs, les milieux musicaux se souviennent encore de la divergence d'opinion entre Bernard Gavoty et le grand violoncelliste Paul Tortelier quant à la lecture des *Trois esquisses symphoniques* par Charles. Le surlendemain du premier concert de l'Orchestre de Paris, Bernard Gavoty-Clarendon ne tarissait pas — dans sa chronique du *Figaro* — d'éloges à propos de l'exécution de *La mer*, sommet de la prestation inaugurale de la nouvelle phalange. Il écrivait ceci : « C'est à *La mer* de notre Claude de France que Munch applique son art de visionnaire. » A l'opposé, on lira avec intérêt les phrases suivantes de Tortelier, tirées du livre *En conversation* : « Je ne partage pas l'opinion communément admise qu'il était l'interprète idéal pour *La mer*... Je trouvais que, dans la dernière partie, il était plus brillant que poétique. »

Subjectivité inhérente à un très grand soliste, expert dans l'art de décrypter les hiéroglyphes connus sous le nom de partition ? Oui. Mais à juste titre. Tortelier a raison. Contre Gavoty. Cependant, l'exactitude de son jugement s'applique au *Dialogue du vent et de la mer*, non aux deux pièces précédentes. De plus, l'exécution de l'ensemble atteint une

140

telle qualité que des critiques de cette subtilité ressemblent — en un certain sens — à des compliments suprêmes. L'égalité des timings de Munch mérite aussi cette appellation. *La mer* de 1956 dure, avec le Boston Symphony, 22 minutes et 40 secondes. Une décennie après, en compagnie de l'Orchestre National de l'O.R.T.F., elle nécessitera... 22 minutes et 50 secondes. Sur un pareil intervalle, la constance est exceptionnelle. Elle témoigne de l'intégration complète de l'œuvre au rythme biologique du *maestro*. On ressent quelque peine à trancher en faveur de la première ou de la seconde versions.

Pourtant, le choix — donc le renoncement — s'opère en prenant en compte les instrumentistes jouant *La mer*. Ceux de Boston peuvent, par moments, être préférés aux membres de l'Orchestre National de l'O.R.T.F. On le sent à la virtuosité intelligente avec laquelle altos, violoncelles et contrebasses articulent leur périlleuse intervention pendant les mesures 6 à 8 de la troisième des *Esquisses symphoniques*. Ou encore à la conduite du trompettiste au cours de son *solo con sordino* des mesures 31 à 42, pendant *Dialogue du vent et de la mer*. Sont-ce là les seuls et uniques éléments du succès gigantesque de Munch dans les œuvres de Debussy? Non, en vertu d'un principe d'évidence élémentaire. Sa notoriété vient aussi d'une compréhension très sûre de la pratique du *crescendo*, s'appuyant sur l'opposition tension-détente. Elle est — au demeurant — un des axes de la musique de Beethoven. Or, Debussy goûtait particulièrement cette dialectique. Au point de la transformer en l'une des pierres d'achoppement de son œuvre.

Enfin, et sans tomber dans des considérations vaguement psychanalytiques, un autre trait d'union liait avec force Munch à Debussy: la sensualité, voire l'érotisme. Qui écoute attentivement les violoncelles divisés en quatre pendant les mesures 84 à 91 durant *De l'aube à midi sur la mer*, puis retrouve cet instrument en compagnie du cor anglais ne saurait voir cette dimension lui échapper. D'ailleurs, les forces vitales primitives, le processus reproductif le plus archaïque de l'univers, les associations d'idées et la terminologie employée à propos des océans vont dans le sens de cet érotisme. Avec le compositeur et l'interprète ici concernés, on assiste à un recoupement idoine. Chaque créateur mettant sa psyché dans ses œuvres, Debussy signe sans cesse la reconnaissance d'une vie sexuelle intense. Quant à Munch, il se distingue aussi par une absence de refoulement limpide.

Nocturnes

Orchestre National de l'O.R.T.F.
Paris, 1966
Turnabout Vox TV-S 34637 (ND)

Carence en matière d'information ? Le chœur féminin chargé d'intervenir pendant *Sirènes*, troisième et dernière des pièces connues sous le titre de *Nocturnes*, est demeuré anonyme. Mais il s'agit certainement d'un groupe pris dans les chœurs de l'O.R.T.F. Déjà, lors d'un concert donné sous la direction de Désiré-Emile Inghelbrecht le 20 mars 1958, on avait pu entendre le chœur de femmes de la Radio française, préparé par Jeanne Baudry-Godard. Sous la conduite de Munch, les mêmes se trouvent apparemment réunies. En compagnie de l'Orchestre National, très familier de la musique de Debussy en raison de la passion d'Inghelbrecht — son chef permanent de 1934 à 1945 — pour celle-ci.

Les *Nocturnes* par Munch reprennent des paramètres bien connus de son art de la direction. Comme dans *Ma mère l'Oye* ou la *Rapsodie espagnole* de Ravel, il mène l'exécution à la fois en homme d'une prodigieuse finesse et en être très marqué par un terroir robuste. D'ailleurs, l'avantage de pouvoir donner carrure et forme à une musique réputée insaisissable provient d'une éducation comportant des éléments germaniques. L'exemple de Furtwängler, excellent dans Debussy, mérite d'être rappelé. Les *Nocturnes* selon l'Alsacien sont également l'affirmation de son érotisme sous-jacent. Dans *Fêtes*, certain *crescendo* débouche sur un jaillissement quasi orgastique. *Sirènes* ? Les interventions du chœur de femmes, parfaitement travaillées, ressemblent aux appels lancés par la magicienne Calypso à Ulysse. Ils sont inextinguibles. L'ensemble baigne évidemment dans une ambiance impressionniste, vocable fatal dès qu'il est question d'une œuvre due à Debussy. Les *pianissimo* de *Nuages*, l'étrangeté du solo de cor anglais, instrument affectionné par le compositeur, sont du grand art.

Prélude à l'après-midi d'un faune
Printemps

Boston Symphony Orchestra
Boston (Symphony-Hall), 1952
RCA Victor 83179 (ND)

Orchestre National de l'O.R.T.F.
Paris, 1966
Turnabout Vox TV-S 34637 (ND)

Il existe deux versions du *Prélude à l'après-midi d'un faune* réalisées par Munch. L'une a été effectuée sur le continent nord-américain, trois ans après son entrée en fonctions à Boston. L'autre vient de Paris et remonte à 1966. Le Strasbourgeois avait alors soixante-quinze ans. On sait que le *Prélude* constitue, avec *La mer*, l'œuvre la plus célèbre de Claude Debussy. Sa notoriété n'empêcha pas Munch de l'aborder avec une décontraction aussi affirmée que celle dépeinte par Stéphane Mallarmé dans certain poème. A cet égard, l'exécution de l'Orchestre National de l'O.R.T.F. suscite l'émergence de commentaires descriptifs. Comme dans les explications de textes qu'on pratiquait jadis, notre Kapellmeister respecte la chaleur, la langueur et les lumières, la lascivité, l'érotisme et la sensualité exacerbées. Celles de l'auteur de fameux sonnets symbolistes, comme du compositeur d'*Estampes*.

Au point de vue des critères objectifs, une telle interprétation du *Prélude* relève du festin instrumental. A tour de rôle, la flûte, la harpe, le cor et la clarinette interviennent avec une qualité de timbre tendant à prouver, une fois encore, la générosité de Munch. En effet, l'œuvre est écrite de manière que le chef ne soit que le coordinateur suprême de *soli* redoutables. La concision et le sens de la petite forme dont il fait montre ici détruisent également la légende d'un homme accaparé par les architectures colossales de Berlioz ou de Brahms. A l'opposé, nous découvrons un miniaturiste aussi habile que lorsqu'il dirige, avec suavité, la *Pavane pour une infante défunte* de Ravel. Un mot, à présent, de la suite symphonique *Printemps*, écrite en 1887. Reflétant, pour Debussy, « les concordances mystérieuses entre la nature et l'imagination », elle a été peu enregistrée. Seuls Jean Martinon et Daniel Barenboïm ont été — tout comme Munch — attirés par cette montée de sève.

Si Munch aimait *Printemps*, l'œuvre le lui rendait bien. En vertu d'un autre point commun, qu'il partageait avec Debussy: le panthéisme. Fervent amateur de promenades dans la nature et adepte de la vie à la campagne, il était trop intuitif pour ne pas être insensible à des formes de vie mystérieuses. Sans donner dans un ésotérisme de pacotille, on regrettera que Janáček n'ait jamais figuré à son programme d'enregistrements. Aux côtés de Beethoven et de Debussy, il aurait participé activement à sa troïka panthéiste.

PAUL DUKAS (1865-1935)

L'apprenti sorcier

Boston Symphony Orchestra
Boston (Symphony-Hall), 1951
RCA Victor 21935 (ND)

Contrairement aux réflexions que l'on peut formuler quant à des compositeurs tels que d'Indy ou Lalo, on ne sera pas déçu de constater la présence du seul *Apprenti sorcier* de Paul Dukas parmi les disques de Munch. En sept décennies d'existence, l'auteur de ce très célèbre poème symphonique laissa moins de dix partitions principales. Fort attiré par la lecture et les agréments de l'amitié, épicurien de premier ordre, il se serait parfaitement entendu avec Munch s'il n'était pas mort en 1935, année de fondation de l'Orchestre Philharmonique de Paris.

Néanmoins, à défaut de conduire l'opéra *Ariane et Barbe-Bleue*, Charles Munch mena plus d'une fois les fanfares de *La Péri* — dont on peut écouter aujourd'hui une version *live* grâce à un disque compact édité par les disques Montaigne (voir la rubrique Anthologies à la fin de cette partie) — ou la *Symphonie en ut* lors des séances de la Société des Concerts, rue Bergère. Un lien étroit rattachait la vénérable institution à Paul Dukas, car celui-ci fut — de 1928 à sa disparition — professeur de composition au Conservatoire. Il compta, en particulier, Olivier Messiaen parmi ses élèves. Aux jours les plus sombres de l'Occupation, ce souvenir ne fut jamais profané. On se souvient que Munch continua — tant qu'il le put — à mettre *L'apprenti sorcier* à ses programmes, malgré les ordonnances de Vichy. Dukas était israélite et, bien que disparu comme Mahler ou Mendelssohn, ses œuvres se trouvaient frappées d'interdiction.

Le disque de l'archétype même du poème symphonique à la française, réalisé avec l'équipe bostonienne de Charles, est superbe. Il met admirablement en valeur l'ensemble du groupe orchestral, tout en invitant les chefs de pupitre à briller par l'affirmation de leurs qualités individuelles. Au cours de ce frénétique *Scherzo*, les interventions du basson sont rendues avec un talent exceptionnel.

HENRI DUTILLEUX (né en 1916)

Deuxième Symphonie, dite *Le Double*
Métaboles

Orchestre des Concerts Lamoureux
Paris, 1965
Erato STU 70840 (ND)

De tous les compositeurs abordés au cours de la présente discographie, Henri Dutilleux était — ainsi que Gian-Carlo Menotti — l'unique à se trouver vivant en juin 1987, période de rédaction de ces lignes. L'année précédente — 1986 — fut, d'ailleurs, particulièrement chargée en raison de la célébration internationale de son soixante-dixième anniversaire. Seiji Ozawa, Isaac Stern ou Mstislav Rostropovitch ont fêté l'événement en grande pompe. Le Cleveland Orchestra, les Berliner Philharmoniker ou l'Orchestre National de France s'y sont associés, au même titre que le Boston Symphony.

Si Dutilleux est connu et apprécié dans le monde entier, s'il est — avec Boulez, Messiaen et Xenakis — un des phares de la musique française actuelle, il le doit en très grande partie à son ami Charles Munch. Celui-ci n'a pas fait qu'introduire ses œuvres outre-Atlantique, royaume de la concurrence effrénée où l'on ne pénètre pas grâce à des opérations magiques, en conduisant la création américaine de la *Première Symphonie* un soir de 1954. Il assura également, le 11 décembre 1959, la première mondiale du *Double.* Une version de concert en est aujourd'hui disponible grâce aux disques Montaigne dans le cadre de leur collection « Les grands concerts inédits du Théâtre des Champs-Elysées » (voir la rubrique Anthologies à la fin de cette partie). Cette partition, dédiée à la mémoire de Serge et de Nathalie Koussevitzky, résultait d'une commande passée à Dutilleux pour le soixante-quinzième anniversaire du Boston Symphony. Mais Charles Munch ne s'en tint pas à une poignée d'exécutions. Dans les mois qui suivirent, il inscrivit la *Deuxième Symphonie* au programme de ses prestations à New York, à Washington, à La Haye et au Concertgebouw d'Amsterdam. Le 7 septembre 1960, le public du festival de Besançon pouvait assister à sa création française, donnée avec le concours de l'Orchestre National. Paris et Strasbourg eurent également le privilège de l'entendre. Une tactique aussi élémentaire mais rarement suivie — faire entrer une œuvre au répertoire en la reprenant sans cesse — devait encore fonctionner pour *Métaboles*. Commande de George Szell à l'occasion des quarante ans du Cleveland Orchestra, créées le 14 janvier 1965, elles prirent vite le chemin de l'Europe. Munch les révélait aux mélomanes de notre pays lors du festival de Besançon 1966, puis aux Semaines Musicales Internationales de Paris. Dans la foulée, il réalisa, avec l'Orchestre des Concerts Lamoureux, le premier enregistrement mondial de *Métaboles*.

S'il relève du truisme que cette honorable association n'avait pas le professionnalisme, bien américain, des troupes de Munch en Nouvelle-Angleterre, le résultat ici obtenu est très acceptable. Des divisions des cordes dans *Linéaire* aux éclats rythmiques d'*Obsessionnel* en s'arrêtant sur les foisonnements colorés, dignes de Jean Lurçat, de *Flamboyant*, la dernière des *Métaboles*, l'ancien Konzertmeister du Gewandhaus célèbre et magnifie les timbres instrumentaux. La raison fondamentale de son entente exemplaire avec Dutilleux provient, d'ailleurs, d'une préoccupation commune dans ce domaine. Elle résulte de l'école instituée par Berlioz. Ainsi que d'un comportement sympathique à l'égard des exécutants. Munch n'oublia jamais ses années de chaise, comme on dit dans le métier. Il demeura toujours un ancien instrumentiste, cajolant ses pairs d'autrefois et les respectant si profondément qu'il cherchait à les mettre à l'honneur lors de chaque concert. Sous ce rapport, la *Deuxième Symphonie* n'a pas reçu par hasard le titre du *Double*. Dutilleux a établi, à dessein, une « division en deux groupes : d'une part, douze musiciens choisis parmi les solistes de l'orchestre et disposés en demi-cercle autour du chef, de l'autre, le grand orchestre ». Dès lors, violoncelle, clavecin, cor ou timbales se trouvent souvent sollicités.

En élargissant le propos, on constate qu'une partie du répertoire de Charles reposait sur des critères analogues. Qu'on songe à la *Seconde Symphonie* d'Honegger, à *Till Eulenspiegel* de Strauss, à *La création du monde* de Milhaud ou au *Second Concerto pour piano* de Chopin, orné d'un substantiel solo de basson. La délectation égocentrique de certains confrères, prenant les membres des orchestres pour des ilotes, ne pouvait pas l'attirer. Il vécut toujours la musique comme une pratique collective.

ANTONIN DVOŘÀK (1841-1904)

Concerto pour violoncelle en mi mineur, opus 104

Gregor Piatigorsky, violoncelle
Boston Symphony Orchestra
Boston (Symphony-Hall), 1959
RCA Victrola VK 2002 (ND)

Si Munch savait s'accorder à merveille avec la sensibilité des pays de langue allemande, il restait, néanmoins, assez fermé devant les écoles hongroise et tchèque. Ainsi, nous n'avons pas d'enregistrements de lui dans Liszt, Bartok et Kodaly. Il en va de même pour Smetana et Janaček. Seul Dvořàk l'intéressait. Mais avec une indéniable modération. Alors qu'il aurait pu graver les neuf symphonies, la *Sérénade pour cordes*, les *Danses slaves* ou les pages concertantes destinées au piano et au violon par l'auteur de *Rusalka*, il se borna, en 1959, au seul *Concerto pour violoncelle*.

Gregor Piatigorsky, le soliste de *Schelomo* de Bloch et du *Concerto* de Walton, le joue ici. Avec une présence et une ferveur bouleversantes durant l'*Adagio ma non troppo*. Charles est à la fois puissant et généreux. Mais une balance médiocre nuit passablement à la délectation de l'auditeur.

GABRIEL FAURÉ (1845-1924)

Pelléas et Mélisande, suite d'orchestre opus 80
Ouverture de Pénélope

Société des Concerts du Conservatoire
Londres, 1946
Discocorp CD 236 (D)
CD

Couplé à trois importantes partitions de Franck, *Le chasseur maudit*, la *Symphonie en ré mineur* et les *Variations symphoniques*, l'univers théâtral de Gabriel Fauré se découvre, ici, tout entier. La suite de *Pelléas* est tirée d'une musique de scène écrite en 1898 pour la création de la pièce de Maurice Maeterlinck en langue anglaise. Fauré, pressé par le temps, fit orchestrer ce travail par son élève Charles Koechlin. Quant à *Pénélope*, drame lyrique fort oublié en dépit de l'enregistrement dû à Jessye Norman et à Charles Dutoit, il fut composé entre 1907 et 1913.

Si Munch excelle pendant la célèbre *Fileuse* et la *Mort de Mélisande*, il ne parvient pas en revanche à emporter l'adhésion de l'auditeur au cours des six minutes que dure l'ouverture de *Pénélope*. Pour s'exprimer sans ambages, cette ample page symphonique procède d'une esthétique pompeuse dont le directeur de la Société des Concerts n'arrive pas à dissimuler la force d'inertie. On aurait préféré l'entendre dans la *Ballade*, ou encore l'*Elégie* avec violoncelle !

CÉSAR FRANCK (1822-1890)

Le chasseur maudit
Variations symphoniques

Eileen Joyce, piano
Symphonie en ré mineur

Société des Concerts du Conservatoire
Londres, 1946
Newdiscocorp, CD 236 (D)
CD

Orchestre Philharmonique de Rotterdam
Rotterdam (Salle De Doelen), 18 et 19 mars 1967
Festival Classique FC 411 (ND)

    Acteur d'une époque où, pour des raisons liées à un nationalisme musical aussi fort que celui du général Boulanger en politique, on ne ricanait pas à l'énoncé du nom de Franck et où l'on ne mettait pas la *Symphonie en ré mineur* en réserve, afin de la diffuser sur les ondes un jour de deuil national — qu'on se souvienne de la disparition de Charles de Gaulle à l'automne 1970 — , Munch a beaucoup dirigé les poèmes symphoniques du *Pater Seraphicus* au concert. Malheureusement, le disque n'a pas gardé la mémoire de ses interprétations de *Psyché* ou de l'oratorio *Les Béatitudes*. En revanche, nous possédons une gravure des *Variations symphoniques*, effectuée en 1946 — donc en 78 tours — et repiquée, voici peu, sur disque compact. La soliste en est la pianiste australienne Eileen Joyce. Cette artiste au jeu plein d'autorité avait étudié au conservatoire de Leipzig, un établissement bien connu de Munch.
    Au cours de la même session d'enregistrement, qui s'était déroulée dans une ville de Londres à peine remise des bombardements allemands, la Société des Concerts et son directeur donnèrent également *Le chas-*

seur maudit et la *Symphonie en ré mineur*. Cette œuvre, chère au cœur de Munch, le conduisit de nouveau en studio vingt ans après. On était en 1966 et le vieux maestro collabora, à cette occasion, avec l'Orchestre Philharmonique de Rotterdam. On regrette simplement, aujourd'hui, que le temps lui ait manqué pour graver une troisième version de la partition de Franck avec le jeune Orchestre de Paris. Cependant, ce que Munch ne put faire, Daniel Barenboïm le réalisa en compagnie de cette phalange et de la Deutsche Gramophon.

Ne gémissons pas, cependant. Les deux gravures de la *Ré mineur*, comme diraient les praticiens, constituent de passionnants documents. En ce qui concerne, tout d'abord, le style propre à chaque orchestre. La couleur dominante du Philharmonique de Rotterdam est sombre, presque brahmsienne. Ses cordes, en particulier. La Société des Concerts fournit la preuve irréfutable qu'elle était, en 1946, une phalange à mettre sur le même pied que le Concertgebouw d'Amsterdam ou la Staatskapelle de Dresde. En un mot, déclareraient les Allemands, un Klangkörper de stature internationale. D'où provient cette supériorité ? De la qualité exceptionnelle des bois, comme des cordes graves. Arrêtons-nous, surtout, sur les vents. Leur son est d'une telle plénitude que Munch — fidèle en cela à l'instrumentation spécifique de l'œuvre — les charge de constituer le soubassement de l'édifice. Sans cesse, ils sortent de la masse, en émergent comme les audaces picturales de Gustave Moreau jaillissent d'éléments empruntés à l'Antiquité.

Et le chef ? Il varie de deux minutes, seulement, sur l'ensemble du parcours : 34 minutes avec la Société ; 36 avec les musiciens rotterdamois. Au lendemain de la Seconde Guerre mondiale, dont le sceau tragique marque la lecture de l'œuvre, Munch se tient en retrait. Comme dans ses interprétations beethovéniennes. Attitude paradoxale, eu égard à la personnalité débordante de l'ami d'Albert Schweitzer. Conscient de l'obédience classique de Franck, comme de la tradition de sobriété de son orchestre — il créa la *Symphonie en ré mineur* en 1889 — le maestro évite une subjectivité excessive. Même pendant l'*Allegro non troppo* conclusif. Deux décennies plus tard, on note un changement radical dans son approche de l'œuvre. Entre-temps, il est vrai, Munch est devenu Monsieur Berlioz. On le réclame en tous lieux pour conduire la *Fantastique* ou *Harold en Italie*. Dès lors, cette célébrité influe — de manière déterminante — sur la seconde version de la *Ré mineur*. Par moments, le mélancolique *Allegretto* se pare d'irisations presque berlioziennes. L'ensemble est dominé par un romantisme puissant, souligné — au demeurant — grâce à la stéréo dont tout un chacun faisait alors ses choux gras.

150

ÉCARTS DE DURÉE D'ENREGISTREMENT
Symphonie en ré mineur

Mouvements	S.C.C.	O.P.R.	Écart
I.	15'55"	16'10"	0'15"
II.	8'40"	10'05"	1'25"
III.	9'31"	10'21"	0'50"
Durée totale	34'06"	36'36"	2'30"

Abréviations :
S.C.C. = Société des Concerts du Conservatoire (1946)
O.P.R. = Orchestre Philharmonique de Rotterdam (1966)

JOSEPH HAYDN (1732-1809)

Symphonie en mi bémol majeur numéro 103,
dite *Roulement de timbales*
Symphonie en ré majeur numéro 104, dite *Londres*

Boston Symphony Orchestra
Boston (Symphony-Hall), 1950
RCA Victor 52.786 (ND)

« Avec Haydn, la musique moderne commence » : l'opinion de Wilhelm Furtwängler — un de ses grands admirateurs — fut défendue avec une indéniable modération par Munch, tant sur le podium des salles de concerts qu'en studio puisque nous n'avons que deux symphonies du maître autrichien par lui. L'environnement familial comme l'époque contribuèrent aussi — avec ampleur — à la création de cette attitude de retrait.

Alors que chez d'autres on jouait des réductions de *La Reine* ou de *La Poule* à quatre mains, l'ambiance était plutôt à l'étude des volumes de la *Bach-Ausgabe*. Quant à la Haydn-Renaissance, résultat des coups de boutoir donnés par Fritz Reiner ou Sir Georg Solti depuis des décennies, elle ne fut effective qu'après la disparition de Munch. La première intégrale des symphonies, réalisée avec la Philharmonia Hungarica, remonte seulement aux années 70. Elle fut l'œuvre d'Antal Dorati, au même titre que la révélation successive des opéras composés pour le théâtre des princes Esterhazy.

Dans le contexte d'une pareille méconnaissance générale, on ne ressentira aucune stupéfaction devant la maigreur du répertoire haydnien de Munch. En dehors d'une poignée de symphonies, du *Concerto pour violoncelle* ou de celui destiné à la trompette, messes et oratorios — comme *La création* et *Les saisons* — en sont absents. Lorsque, d'aventure, le directeur de la Société des Concerts conduit une œuvre de l'ami de Mozart, il se comporte en homme très respectueux des classiques, mais ne pouvant refréner son tempérament romantique. D'autres commentaires n'ont guère d'intérêt.

ARTHUR HONEGGER (1892-1955)

Dans ses livres *Incantation aux fossiles* et *Je suis compositeur*, Arthur Honegger s'est limité à citer à l'occasion le nom de Charles Munch, auquel il donne le qualificatif d'ami. Sans rien de plus. En réalité, les deux hommes furent extrêmement proches l'un de l'autre. Leur religion était la même : protestante. Leurs origines familiales voisines : la Suisse alémanique et l'Alsace. Ils avaient une vénération obligée de Bach en commun. Ils se connurent chez Lucien Capet qui leur enseignait les subtilités de l'art violonistique et, comme ses cours se déroulaient à Paris, ils devaient effectuer un voyage ferroviaire chaque semaine. L'un venait de l'Ouest — du Havre — , l'autre de l'Est — de Strasbourg.

Honegger devenu un grand compositeur, son ami alsacien partagera encore bien des moments avec lui. Même ceux, peu réjouissants, de l'Occupation. D'où certain *Chant de Libération* dont Munch effectuera la création mondiale, ouvrant la voie à deux premières auditions absolues dont il sera l'artisan. Voire le dédicataire : la *Troisième Symphonie* dite, *Liturgique*, présentée le 17 août 1946 à Zurich, porte son nom sur la page de garde. La *Cinquième*, les fameux *Di tre re*, sera le résultat d'une commande de la Fondation Koussevitzky. On la découvrira durant un concert du Boston Symphony, avant que Charles Munch ne la conduise à la tête de l'Orchestre National de la Radiodiffusion Française le 7 mai 1951. Comme une allusion à la Nouvelle-Angleterre vient d'être faite, on rappellera que la *Première Symphonie* d'Honegger figurait — ainsi que la *Troisième* de Roussel — parmi les œuvres commissionnées en vue du jubilé de la phalange nord-américaine. Elle retentit pour la première fois le 13 février 1931. Son compositeur avait trente-neuf ans. Ce fils d'un importateur de cafés entra, dès ce moment, dans un système logistique dont d'autres atomes se nommaient Roussel, on l'a vu, ou encore Dutilleux, Milhaud et Poulenc. L'ancien responsable de la Société des Concerts serait leur mentor au pupitre.

Avant d'aborder l'état présent de la discographie honeggerienne de Munch qui vient de s'enrichir d'une version de concert de la *Première Symphonie* (voir la rubrique Anthologies à la fin de cette partie), il est nécessaire de se pencher — une dernière fois — sur les rapports entre les deux hommes en soulignant leur indubitable parenté esthétique. « On peut, on doit parler au grand public sans concession, mais aussi sans obscurité... La musique doit changer de caractère, devenir droite, simple, de grande allure. Le peuple se fiche de la technique et du fignolage. » De qui sont ces phrases ? De Charles, au cours d'une interview ou du livre *Je suis chef d'orchestre* ? D'Arthur ? On hésite longuement, avant de convenir que de pareils propos présentent un caractère interchangeable. En fait, ils ont été rédigés par le compositeur du *Roi David*. Mais ils auraient très bien pu venir dans une conversation avec le responsable du Boston Symphony.

La danse des morts

Jean-Louis Barrault, récitant. Charles Panzéra, baryton.
Odette Turba-Rabier, soprano. Eliette Schenneberg, mezzo-soprano.
Chorale Yvonne Gouverné
Société des Concerts du Conservatoire
Paris, 27 et 28 mars 1941
EMI Collection Références 1109011 (D)

Ce document exceptionnel a été enregistré en 1941. Sous l'Occupation, alors que la moindre denrée faisait défaut. A part le *Concerto pour la main gauche* de Ravel, joué par Jacques Février, et certaine *Pavane pour une infante défunte*, il sera un des rares disques gravés pendant cette période troublée. N'oublions pas, non plus, parmi cette activité des plus difficiles, le légendaire *Pelléas et Mélisande* de Roger Désormière réalisé un an plus tard. Irène Joachim et Jacques Jansen tinrent alors les rôles-titres du chef-d'œuvre de Debussy.

Les qualités peu courantes de cette *Danse des morts* résident dans la collaboration assidue entre Honegger, Munch et Paul Claudel, l'auteur du livret : ils prirent part à toutes les séances de travail. Quant à Jean-Louis Barrault, il déclame à l'ancienne. Selon les préceptes de Marie Bell, Mary Marquet, Mounet-Sully ou Lucien Guitry. Ainsi, sa liaison entre les mots "esprit" et "en" pendant la phrase : « Je vais introduire un esprit en vous. »

Le texte de l'homme du *Pain dur* est lourd de sens, chargé d'allusions. Audacieux. Certes, *La danse des morts* avait été créée en territoire neutre, à Bâle, début mars 1940. Par les soins de Paul Sacher. Mais comment, au vu et au su du contexte international d'alors, ne pas percevoir le sous-entendu évident de la proposition « Je sais que mon Rédempteur vit » ? En 1941, ce Sauveur est soit la Résistance, soit la figure charismatique du général de Gaulle. L'Holocauste se voit aussi abordé par Claudel avec une grille de lecture particulièrement agréable

154

aux tenants du sionisme. Cela sans la moindre dissimulation : « Tous ces os sont les enfants d'Israël » ; « Nous sommes retranchés du nombre des hommes » ; « Je prendrai les enfants d'Israël et je les rassemblerai dans leur pays. Ils ne seront plus divisés ». Autant de provocations à l'Occupant, auxquelles on ajoutera les fragments de *La Carmagnole* et le fameux « Vive le son du canon ! », un certain *Dies illa* ou un extrait de la chanson populaire *Sur le pont d'Avignon*, présenté comme une affirmation de la culture française à un moment de péril extrême. En ce mois de mars 1941, la charge est forte. Elle préfigure celle du *Psaume 136* de Jean Martinon.

Et l'interprétation de l'oratorio d'Honegger par Munch ? Elle se distingue en trois aspects : l'expressivité de la déclamation lyrique, la valeur de la diction et la subtilité de la direction. « Souviens-toi, homme, que tu es poussière » : le propos d'Irène Aïtoff est complètement vivant au disque. Munch, si peu doué pour le théâtre, savait pourtant amener des choristes ou des solistes à ses desiderata en la matière, un *parlando* superbe. Il habite aussi les interventions de Pierre Bernac dans l'unique face d'un 78 tours qui nous reste de la cantate 189 de Bach, *Meine Seele rühmt und preist*. En second lieu, et il devient malaisé de faire la part entre les dons propres au baryton et l'influence de l'Alsacien, Charles Panzéra montre une diction exceptionnelle durant ses interventions de *La danse des morts*. L'effet obtenu est d'autant plus intense que le tournoiement des cordes de la Société des Concerts, accompagnant son *Lamento*, se cantonne à des brumes savamment entretenues. Celles-ci sont à mettre au crédit de Munch. Entre l'écriture consistante des chœurs a capella du *Dialogue* et le raffinement des interventions du violon solo — tenu par André Pascal — , les incises du piano au cours de la *danse macabre* et maint détail d'orchestration, l'ancien Konzertmeister de l'Orchestre Municipal de Strasbourg porte deux casquettes : le couvre-chef de l'ami intime d'Honegger, celui d'un professionnel à l'expérience déjà impressionnante.

Deuxième Symphonie

Société des Concerts du Conservatoire
Paris, 15 et 16 octobre 1942 ; 1er mars 1944
EMI Collection Références 1109011 (D)

Boston Symphony Orchestra
Boston (Symphony-Hall), 1954

***

Orchestre de Paris
Paris, décembre 1967
EMI 2 C 165-52.514 (ND)

Encore une partition-fétiche, au même titre que *La mer* de Debussy ou la *Fantastique* de Berlioz? Sûrement. Nous possédons, en effet, trois versions différentes de la *Seconde* d'Honegger. Elles s'étalent sur un quart de siècle, puisqu'elles ont été respectivement enregistrées en 1942, 1954 et 1967. Dans un esprit d'exactitude rigoureuse, on précisera néanmoins que la mouture initiale fut, en raison des désordres de l'Occupation, gravée en deux fois: le *Molto moderato* et l'*Adagio mesto* en 1942; le *Vivace ma non troppo-Presto* début mars 1944, alors que les rumeurs d'un prochain débarquement allié devenaient chaque jour plus insistantes.

En outre, ce caractère *In tempore bello* fit qu'on n'entend pas la trompette ad libitum dans le dernier mouvement du disque réalisé par la Société des Concerts. L'intervention de l'instrument de la gloire et des triomphes se vit réservée pour la Libération. On le retrouve donc dans les microsillons du Boston Symphony et de l'Orchestre de Paris. Ce dernier, extrêmement galvanisé au cours des semaines qui suivirent son premier concert est — à notre avis — le plus performant. Sans cesse dominé par la dimension tragique de l'œuvre, en particulier pendant l'*Adagio mesto*, il montre une excellente école des cordes, la patrie instrumentale de Munch dans le sens le plus noble du terme. Sous ce rapport, on accordera une mention spéciale aux solistes intervenant au cours du premier et du second mouvement. Ainsi, le *Molto moderato* est-il le domaine réservé de l'altiste Roger Lepauw, digne représentant d'une tradition qui a donné Gérard Caussé ou Bruno Pasquier. L'*Adagio*, quant à lui, met en évidence les qualités d'Albert Tétard. Partenaire de Daniel Barenboïm lors de nombreux concerts de musique de chambre, il n'a pas quitté l'Orchestre de Paris depuis sa fondation. En 1987, il en était le violoncelle solo.

RCA Artistic A-630 275 (ND)

Quatrième Symphonie, dite *Deliciae Basilienses*

Orchestre National de l'O.R.T.F.
Paris, date d'enregistrement non précisée
Erato (ND)

Cinquième Symphonie, dite *Di tre re*

Boston Symphony Orchestra
Boston (Symphony-Hall)
RCA Artistic A-630 315 (ND)

La *Quatrième* fut appariée à la *Suite en fa* d'Albert Roussel. La *Cinquième* eut comme compagnes la deuxième suite de *Bacchus et Ariane* du même compositeur, ainsi que la *Pavane pour une infante défunte* de Maurice Ravel. Avec de tels mariages, la lecture de Munch apparaît — plus que jamais — représentative des traditions principales de la musique française.

JACQUES IBERT (1890-1962)

Escales

Boston Symphony Orchestra
Boston (Symphony-Hall), 9 et 10 decembre 1956
RCA Red Seal ARP 1-4444 (ND)

Un microsillon... aquatique? Couplée avec *La mer* de Debussy, *Escales* mérite quelques explications. C'est l'œuvre de Jacques Ibert, un contemporain presque exact de Munch, qui fut directeur de la Villa Médicis, à Rome, et nous a légué des partitions désormais peu entendues : un *Divertissement*, l'opéra *L'Aiglon* — écrit en collaboration avec Honegger — ou un *Concerto pour flûte*, très apprécié de James Galway et de Jean-Pierre Rampal. Pour sa part, Munch devait commander à Ibert une *Bostoniana*, page de circonstance composée en 1956 en l'honneur de son orchestre.

Escales date de 1924. Cette suite d'une quinzaine de minutes fut inspirée à son auteur par une croisière en Méditerranée, de Tunis à Palerme. Cette dernière ville, en fait le premier morceau d'*Escales*, est évoquée par un thème bien connu des téléspectateurs : il est devenu l'indicatif de l'émission *Prélude à la nuit* de FR 3. En tout cas, les subtilités de l'impressionnisme d'Ibert mettent Munch en joie. Chaleureux et dionysiaque, il se délecte de cette musique parfois emplie de relents d'un exotisme mystérieux. Ce sera le cas durant *Tunis-Nefta*, moment au cours duquel le hautboïste Ralph Gomberg fait merveille. Puis, le magnétisme munchien opère à nouveau. Dans *Valencia*, tout l'orchestre est soulevé d'enthousiasme. Des danses frénétiques retentissent. Ibert les avait entendues en passant une soirée dans un cabaret espagnol.

VINCENT D'INDY (1851-1931)

Symphonie sur un chant montagnard français, opus 25

Nicole Henriot-Schweitzer, piano
Boston Symphony Orchestra
Boston (Symphony-Hall), 1958
RCA Victrola 195292 (ND)

A cause de l'ombre aujourd'hui jetée sur le nom de Vincent d'Indy, on a peine à imaginer quelle était sa notoriété en 1905, lorsque Munch — âgé de quatorze ans — lui fit visiter les vieux quartiers de Strasbourg : le compositeur était venu diriger un concert dans la capitale alsacienne. A cette époque, l'aristocrate bénéficiait d'un prestige énorme. Ses symphonies *Jour d'été à la montagne* et la *Cévenole* — surtout — étaient inscrites au programme de toutes les associations orchestrales. Fondateur de la Schola Cantorum, il avait porté cet établissement d'enseignement à une réputation considérable, puisqu'on le regardait comme un réel concurrent du Conservatoire.

Si le fils d'Ernst Munch joua souvent la *Sonate pour violon* de d'Indy, il demeura également sous l'impression de vives convergences entre le compositeur de l'opéra *Fervaal* et les convictions artistiques de sa famille. A la Schola, comme chez l'organiste de Saint-Guillaume, on vénère Bach. Les noms de Beethoven et de Franck font aussi l'objet d'un culte commun, à un tel point que l'auteur de la *Cévenole* consacrera un livre à chacun d'eux. Enfin, il est indéniable qu'une inspiration de type germanique guide le travail de Charles, comme celui de Vincent. Caractérisés par un patriotisme farouche, sensibilisés à l'extrême pour ce qui relève de la grandeur de la France, ils pensent néanmoins à l'allemande tout en se préoccupant sans cesse d'un goût dit tricolore.

Ce réseau de contradictions est peut-être, pour sa partie familiale, à l'origine du choix de la pianiste Nicole Henriot-Schweitzer comme soliste de la *Symphonie sur un chant montagnard français*. Née à Paris en 1925, l'artiste devait épouser le futur amiral Jean-Jacques Schweitzer, le propre neveu de Munch. Les conjoints se rencontrèrent même, pour la première fois, à l'occasion d'un concert dirigé par cet oncle peu ordinaire ! Nicole Henriot avait été une enfant prodige. A treize ans, en 1938, elle obtenait un prix au Conservatoire de Paris, dans la classe de

Marguerite Long. Un an plus tard, elle remportait le Concours Fauré de Luxembourg. La guerre terminée, elle entreprend une carrière internationale. Souvent invitée par le Boston Symphony, elle crée la *Suite concertante* de Darius Milhaud en 1953, avant de procéder à quatre enregistrements avec Charles. Ils sont respectivement consacrés à la *Cévenole*, au *Second Concerto* de Prokofiev et au *Concerto en sol* de Ravel. De ce dernier, il existe deux moutures.

Dans la *Symphonie sur un chant montagnard français*, Nicole Henriot-Schweitzer est des plus élégantes et délicates. Quant à Munch, il se distingue par son habituel mélange de profondeur germanique et de raffinement latin. L'œuvre fit, au cours de son exploitation commerciale, l'objet de deux couplages successifs. Le premier voue l'autre face du microsillon au *Concerto en sol* de Ravel. Le second la présente aux côtés de *L'apprenti sorcier* de Paul Dukas et de *Ma mère l'Oye* du même Ravel.

EDOUARD LALO (1823-1892)

Concerto pour violoncelle et orchestre en ré mineur

André Navarra, violoncelle
Orchestre des Concerts Lamoureux
Paris, 1965
Erato STU 70255 (ND)

Place au compositeur du *Roi d'Ys*! La discographie munchienne — en se limitant au *Concerto pour violoncelle* — constitue une perspective amputée des œuvres souvent conduites au concert par Munch afin de mettre en valeur le talent de ce musicien. Ainsi, la suite tirée du ballet *Namouna*, la *Rhapsodie norvégienne* et la célèbre *Symphonie espagnole* opus 21, fréquemment jouée par l'Alsacien au cours de sa jeunesse, puis par Ginette Neveu et Jacques Thibaud, manquent à l'appel. Pareille constatation est d'autant plus gênante que Munch avait été en rapport avec plusieurs solistes qui, ayant connu personnellement Lalo, avaient travaillé avec lui et maîtrisaient à fond — de ce fait — les règles d'exécution de ses partitions.

Le *Concerto en ré mineur* a été enregistré en 1965, au moment où l'Orchestre des Concerts Lamoureux collaborait avec l'ancien directeur du Boston Symphony pour graver des partitions d'Henri Dutilleux. André Navara fut engagé sur les recommandations du maestro. L'artiste était alors âgé de cinquante-quatre ans. Gloire du violoncelle français avec Pierre Fournier et Paul Tortelier, il rejoignait Munch sur deux plans. Primo: l'attrait des œuvres contemporaines puisqu'il créa *Introït, Récit et Congé* de Florent Schmitt en 1951, ainsi que le *Second Concerto* d'André Jolivet en 1962. Secundo: un lyrisme à fleur de peau, exprimé de manière exacerbée durant sa version du *Concerto en ré mineur* de Lalo. Comme Gregor Piatigorsky était de la même trempe, il n'est pas malaisé de définir les qualités exigées par Charles Munch lorsqu'il choisissait un soliste.

GUSTAV MAHLER (1860-1911)

Chants d'un compagnon errant

Maureen Forrester, contralto
Boston Symphony Orchestra
Boston (Symphony-Hall), 1959
RCA Victrola FVL 1-7182 (ND)

Inattention devant l'évolution du goût des mélomanes, manque d'intérêt pour les gigantesques et visionnaires massifs laissés par Mahler? Seuls, les *Chants d'un compagnon errant* ont retenu l'approbation de Munch et lui ont donné l'envie d'un enregistrement avec la cantatrice canadienne Maureen Forrester, une des solistes de sa *Neuvième* de Beethoven au disque.

A dire vrai, la présence de cette contralto — interprète privilégiée du compositeur autrichien depuis certaine *Résurrection* donnée en 1956 sous la conduite de Bruno Walter — est pour beaucoup dans l'attrait (assez mince) qu'on aura devant le présent microsillon.

Munch eut, par la suite, la sagesse de ne pas s'obstiner. D'ailleurs, la concurrence ne manquait guère. Au début des années 60, les Etats-Unis étaient devenus la Mecque de la défense et de l'illustration de Mahler, grâce à des chefs tels que Maurice d'Abravanel ou Leonard Bernstein, maternés par la veuve du compositeur...

FELIX MENDELSSOHN (1809-1847)

Capriccio brillant en si mineur pour piano et orchestre

Gary Graffman, piano
Boston Symphony Orchestra
Boston (Symphony-Hall), date non précisée
RCA (ND)

Second Concerto pour violon en mi mineur, opus 64

Jascha Heifetz, violon
Boston Symphony Orchestra
Boston (Symphony-Hall), 1959
RCA RD 85933 (D)

Quatrième Symphonie en la majeur dite *Italienne, opus 90*
Cinquième Symphonie en ré majeur dite *Réformation,*
opus 107

Boston Symphony Orchestra
Boston (Symphony-Hall), 1958
RCA Victrola VL 89035 (D)

  Tandis que Wilhelm Furtwängler conduisit peu, en dehors du *Second Concerto pour violon* opus 64, les œuvres de Felix Mendelssohn et dût renoncer à leur exécution après la promulgation des lois de Nuremberg en raison des origines juives du compositeur, Charles Munch lui fut généralement assez favorable. Mais cet intérêt doit, de prime abord, être nuancé. Si l'on s'en tient à sa discographie, Munch n'enregistra que les deux dernières des cinq symphonies, faisant notamment l'impasse sur l'*Ecossaise*. Il négligea le *Concerto pour violon en ré mineur* opus posthume, les *Concerti pour piano* opus 25 et 40, ainsi que des ouvertures telles que *La grotte de Fingal*. En outre, il a délaissé la musique sacrée de Mendelssohn. Pourtant grand amateur d'oratorios durant les années 30, il s'est désintéressé d'*Elias* et de *Paulus*. Tout comme du *Lauda Sion* et des *Psaumes*.

Restent donc à notre disposition les seules partitions détaillées au début de la présente rubrique. Tout en prenant acte de la démarche originale qui fut de graver une œuvre rarement exécutée — le *Capriccio brillant pour piano et orchestre* —, on remarquera que Munch avait trois raisons de se vouer à Mendelssohn. En premier lieu, ils étaient protestants tous les deux. La conversion de Felix eut son hymne de gloire dans la *Cinquième Symphonie,* dite *Réformation*. Dès lors, il n'y eut rien d'étonnant à ce que le père de l'Orchestre de Paris la dirige — au disque — comme s'il célébrait lui-même un culte. La *Réformation* est, sous sa direction, un acte religieux émouvant dont il accentue, en bonne logique, deux fragments symboliques : la répétition d'un enchaînement d'accords du premier mouvement, reprise par Richard Wagner dans le prélude de *Parsifal*; le populaire choral de Luther, *Ein'feste Burg ist unser Gott*, énoncé par la flûte, puis par la petite harmonie durant l'*Andante con moto* final. A cet instant, Munch incite, par son fameux « geste irrésistible », le Boston Symphony à sonner comme s'il était un parent proche du Gewandhaus de Leipzig. Les cordes aiguës en ont presque le corps de bronze, les *celli* et les contrebasses la substance viscérale.

On aborde ici le deuxième point commun entre Charles Munch et Felix Mendelssohn. Le compositeur avait été, ainsi qu'on l'a noté au chapitre *De la chaise au podium*, directeur du Gewandhaus de 1835 à 1848. Cette phalange effectua les créations mondiales de la *Seconde Symphonie* et du *Concerto pour violon* opus 64. Du coup, lorsqu'il fut question de laisser un disque de cette dernière œuvre, notre *maestro* choisit un des meilleurs virtuoses de la planète, Jascha Heifetz. La fidélité à Mendelssohn l'imposait. Comme le désir de concurrencer une célèbre version du *Concerto en mi mineur*, signée Yehudi Menuhin et Wilhelm Furtwängler. Au demeurant, Heifetz n'était pas un nouveau partenaire pour Munch. Il venait souvent se faire entendre dans les manifestations du Boston Symphony et devait séjourner en studio avec lui pour deux autres sommets de la littérature violonistique : le *Concerto* de Beethoven et l'opus 63 de Prokofiev. Écrire du *Second Concerto* de Mendelssohn par Jascha et Charles qu'il est un éblouissement d'un bout à l'autre relève du truisme par excellence. Quel acte de virtuosité intégrée à une construction artistique !

Le troisième et dernier dénominateur commun est là : un « Prunkromantik », dirait-on outre Rhin. En bon français, un romantisme de faste et de pompe. Une atmosphère solennelle, comparable aux réalisations architecturales de Jacques-Ignace Hittorff, le père du Cirque d'Hiver, de la gare du Nord ou de la mairie du Ier arrondissement. Une triade d'édifices symboliques, représentatifs du dix-neuvième siècle, même si les mânes — ceux de Bach au cours de la *Cinquième Symphonie* de

Mendelssohn, ceux de la Grèce antique chez Hittorff — apparaissent ici et là. Munch adorait une pareille atmosphère. Y étant né, il ne pouvait pas — non plus — échapper entièrement à son emprise. En un mot, les Mendelssohn de Munch sont dignes du musée d'Orsay. Jusque et y compris pendant le mouvement lent de l'*Italienne*, réminiscence — paraît-il — du séjour du compositeur à Rome. Or, l'expression appuyée de cet *Andante con moto* évoque les croquis confortables des pensionnaires de la Villa Médicis avant les *Trois Glorieuses*. Ceux d'Hittorff, également. Il séjourna dans la Ville Eternelle en 1823.

Pourtant, le directeur du Boston Symphony donne simultanément une *Italienne* enjouée et riche en détails d'interprétation. Cherchant à faire un discrétissime affront à Toscanini et au NBC Symphony, les autres fleurons de la RCA, il construit sa lecture comme un vaste *Scherzo* en quatre parties presque enchaînées les unes aux autres. Au cours du *Saltarello* final, il laisse libre cours à sa joie de vivre bien connue. L'épicurien cohabite avec le protestant, affaire de rappeler qu'une personnalité aux aspects apparemment contradictoires peut, à l'occasion, convenir à une exécution musicale.

GIAN-CARLO MENOTTI (né en 1911)

Concerto pour violon et orchestre

Tossy Spivakovsky, violon
Boston Symphony Orchestra
Boston (Symphony-Hall), 1954
RCA Artistic A 630 275 (ND)

En 1952, les Américains ne se régalèrent pas seulement des *Ensorcelés* de Vincente Minnelli, film où l'on voyait Lana Turner et Kirk Douglas dans une satire des plus corrosives jamais tournées sur Hollywood. Ils apprécièrent aussi la dernière œuvre de Gian-Carlo Menotti, un *Concerto pour violon et orchestre*, créée par le virtuose d'origine russe Tossy Spivakovsky. Cette composition fit sensation car son auteur était, depuis quelques années, considéré comme un artiste d'importance en raison de l'énorme succès de ses opéras *Le médium, Le téléphone* et *Le consul*, respectivement révélés en 1946, 1947 et 1949. Le public était donc friand d'une reproduction discographique du *Concerto*, la RCA intéressée par des ventes substantielles et Munch heureux de retrouver son ex-confrère Spivakovsky. Ils s'étaient connus en Allemagne au temps de la République de Weimar.

Le virtuose, né en 1907 à Odessa et à ce titre concitoyen de Nathan Milstein, avait — en effet — été Konzertmeister de l'Orchestre Philharmonique de Berlin entre 1928 et 1933. Il avait aussi pratiqué abondamment le *Doktor* Furtwängler. Avant de s'établir aux Etats-Unis. En 1942, il est du Cleveland Orchestra et, l'année suivante, donne la première audition outre-Atlarrtique du *Second Concerto* de Bartok en présence d'un homme désemparé : le compositeur lui-même. Défenseur des œuvres de Leonard Bernstein, Frank Martin ou Carl Nielsen, Spivakovsky a — hélas ! — fourvoyé son considérable talent, comme celui de Munch, en gravant le *Concerto* de Menotti. Cousu de fil blanc par le principe d'expositions et de réexpositions scolaires, tonal en dépit de timides libertés, mélodique au point de parodier des phrases du *Prince Igor* de Borodine, cet emplâtre ne vaut plus aujourd'hui que par une virtuosité à la Paganini et par le consciencieux travail de Charles Munch. Pourtant, la RCA réalisa son enregistrement en utilisant le procédé dit New Orthophonic, comme si les discophiles de l'an 2000 allaient le considérer à l'échelon d'une partition majeure.

166

DARIUS MILHAUD (1892-1974)

La création du monde
Suite provençale

Boston (Symphony-Hall), 1960
RCA Gold Seal AGL 1-2445 (ND)

FRANCIS POULENC (1899-1963)

Concerto pour orgue, cordes et timbales

Boston Symphony Orchestra
Berj Zamkochian, orgue. Everett Firth, timbales
Boston (Symphony-Hall), 1960
RCA RD 85750 (D)

On doit être bien documenté sur la carrière de Munch pour avoir la conviction qu'il était particulièrement favorable, ainsi qu'on l'a noté auparavant, à la musique de son temps. La discographie du père de l'Orchestre de Paris ne correspond guère à la photographie exacte de ses intenses activités en ce domaine. La part des maîtres du passé y est même — phénomène bien connu — inversement proportionnelle aux efforts déployés par ses soins pour faire mieux connaître et apprécier des contemporains de valeur. Les causes de cette situation ? L'inévitable argument économique des maisons de disques : la musique nouvelle se vend mal, ou pas du tout ; une certaine paresse intellectuelle, aussi. Cependant, Munch ne fut jamais l'apôtre de John Cage ou de Stockhausen. Ses contemporains — passés au travers des mailles du filet — se nomment Dutilleux, Honegger, Roussel, Milhaud ou Poulenc. Une société de personnes de (très) bonne compagnie auxquelles on voue désormais bustes et plaques commémoratives. Sans oublier des coffrets entiers, en forme d'Intégrale.

Prenons le cas de Francis Poulenc. Le maestro strasbourgeois, à peine en charge du Boston Symphony Orchestra, lui passe commande d'un *Concerto pour piano* que le compositeur viendra présenter, en personne, le 6 janvier 1950 au Symphony-Hall. Dix ans plus tard, pour la saison 1960-1961, Munch demande un *Gloria*. Le signataire en sera, de nouveau, l'auteur des *Mamelles de Tirésias*. Cependant, notre homme ne semble pas fasciné par l'enregistrement d'œuvres qui sont alors déjà les *hits* de Poulenc: le ballet *Les biches*, la charmante *Aubade*, le *Concerto champêtre* pour clavecin. Elles ne figurent pas à sa discographie. La firme Pathé-Marconi — plus avisée que RCA — demande, au début des années 60, à Georges Prêtre d'engranger ces partitions sous l'œil du compositeur — au terme de son existence — et d'effectuer leur enregistrement avec la Société des Concerts, l'ancienne phalange de Munch. En 1987, elles figurent dans une Intégrale Poulenc dont les autres éléments ont été réunis, entre-temps, grâce à Prêtre — bien sûr — en compagnie de l'Orchestre National de l'O.R.T.F. et de l'Orchestre de Paris.

Consolons-nous, cependant, avec la splendide version du *Concerto pour orgue*, réalisée à Boston. Quant à Milhaud, il avait entendu plusieurs de ses œuvres inédites apparaître sous la baguette de Munch. Ce fut le cas pour la cantate *Pacem in terris* dont le texte a été tiré de l'encyclique rendue publique par le pape Jean XXIII en avril 1963. Elle fut créée le 20 décembre de la même année, lors de l'inauguration du Grand Auditorium de la Maison de la Radio, à Paris. Le docte Darius était, aussi, une célébrité aux Etats-Unis. En raison de son enseignement à Mills College, vers lequel convergeaient des étudiants désireux de ne pas travailler sous la férule de l'autre professeur du moment, Nadia Boulanger. Des mécènes de Californie ou de l'Illinois lui passaient également des commandes et il lui arrivait même de prendre la baguette en territoire américain. Fin 1940, Milhaud dirige la première audition de la *Suite provençale* à Boston avec des instrumentistes qui vivent encore le règne de Serge Koussevitzsky. La *Connection* ne s'arrête pas à cela. Pour le soixante-quinzième anniversaire du Boston Symphony, le musicien confie la création de sa *Sixième Symphonie* opus 343 à cette formation. L'œuvre — dédiée à Charles Munch — retentira pour la première fois le 7 octobre 1955.

Cinq ans plus tard a lieu l'enregistrement de *La création du monde* et de la *Suite provençale*. En toute intimité, pourrait-on dire. Munch et ses musiciens sont de vieux complices de Milhaud. Précision technique: pour *La création*, le chef augmente la section des instruments à cordes, dépourvue d'altos. Il procédait également toujours de cette manière au concert. Très à l'aise dans le jazz parodique, dans le témoignage des *Années folles* qu'il ne connut point en raison de ses occupations leipzigoises, Munch se régale. Les percussions — nombreuses — se détachent bien. Le saxophone en mi bémol fait de gros clins d'œil au fameux *retour à Bach* d'alors. La *Suite provençale* pourrait être sous-titrée *Cézanne en fête*. Mettant le *piccolo* en folie, sautillant avec les thèmes d'André

Campra revus et adaptés par Milhaud, notre homme est toute limpidité et vie rythmique, pour employer un vocable boulézien.

D'où le commentaire du magazine *High Fidelity* : « Voilà une musique qui rend des plus joyeux... Darius Milhaud sourit, Charles Munch sourit, le critique musical sourit, nous sourions tous. » Rien de ces humeurs gaies avec le *Concerto* de Poulenc. Les solistes en sont Everett Firth, timbalier du Boston Symphony, et l'excellent Berj Zamkochian déjà retenu par Munch lors de l'enregistrement de la *Troisième Symphonie* de Saint-Saëns. Voici donc un grand disque. Sa supériorité résulte, à la fois, de la qualité intrinsèque des interprètes et de la fameuse transe de Munch. Il souligne sans cesse l'aspect cataclysmique de cette partition dramatique ; il confère un timbre très mordant aux cordes de son orchestre et mène le troisième mouvement — *Allegro giocoso* — sur un tempo fou. Par voie de conséquence, les larges phrases et autres envolées lyriques de Poulenc n'en acquièrent que plus de lyrisme.

Et puis, il y a l'orgue dans l'univers fantasmatique de Munch. Celui de la réalisation artistique et des sédiments posés au cours de l'enfance : « L'orgue fut le premier orchestre que je dirigeai. Qui n'a pas joué de l'orgue ignore la joie de se sentir maître de la musique, maître souverain de toute la gamme des timbres et des sons. » Tiré, évidemment, de *Je suis chef d'orchestre*. Le chef oublie de signaler ici qu'il lui arrivait de remplacer son père aux claviers de l'église Saint-Guillaume. Comme d'interpréter des pièces de Bach, cet autre père. Spirituel. D'ailleurs, l'*Andante* introductif du *Concerto* de Poulenc ressemble à un vaste et baroque portique dont le tracé serait presque de la main de Jean-Sébastien. Il sonne comme un souvenir du vieux Strasbourg. Ou de la Saxe. Lorsque l'organiste parisien Louis Marchand venait s'y livrer à des joutes organistiques contre Bach.

WOLFGANG-AMADEUS MOZART (1756-1791)

Concerto pour clarinette en la majeur, K. 622

Benny Goodman, clarinette
Boston Symphony Orchestra
Tanglewood, juillet 1956
RCA RD 85275 (D)

Ouverture des Noces de Figaro

Boston Symphony Orchestra
Boston (Symphony-Hall), vers 1953 (ND)

Voici encore un compositeur dont la représentation discographique est inversement proportionnelle à la fréquence d'exécution de ses œuvres par Munch au concert. Néanmoins, les deux enregistrements indiqués au début de la présente rubrique ont, chacun, leur histoire. Le premier, couplé au *Quintette pour clarinette et cordes en la majeur* K. 581, est un souvenir de l'été 1956. Et quel souvenir ! Sous les frondaisons de Tanglewood, l'illustre jazzman Benny Goodman s'était — en compagnie de Munch — offert le luxe de jouer certain *Concerto*. Après ce moment de plein air, il fut enregistré et, comme on avait besoin d'un complément de programme pour l'autre face du microsillon, le *Quintette* fut retenu pour la circonstance, le Quatuor de Budapest faisant équipe avec l'enfant terrible de Chicago. Quant à la seconde page de Mozart, l'ouverture des *Noces de Figaro*, elle a pour particularité d'avoir été commercialisée sous forme de 45 tours, un des premiers dans le domaine de la musique classique, et d'avoir voisiné — sur celui-ci — avec le *Menuet en mi bémol majeur* dit *Gratulationsmenuett* de Beethoven.

La rencontre de Goodman et de Chary ne manque pas de piquant. Munch avait, auparavant, déjà eu l'occasion de se produire avec un artiste de variétés, en l'occurrence Charles Trénet. Mais le fou chantant était resté cantonné à son répertoire. Avec l'homme de *Bach goes to Town*, le contexte est différent. Bartok a écrit *Contrastes* pour lui et Joseph Szigeti ; des compositeurs tels que Copland, Hindemith et Milhaud ont rédigé des *Concerti* à son intention ; en 1963, Francis Poulenc lui dédie sa *Sonate pour clarinette et piano*. Sûrement à l'instigation de Munch. Alors, devant ces actes d'œcuménisme musical, on ne prendra pas la mine des personnes qui confondent plaisir avec frustration. Goodman est Goodman, Munch est Munch, Mozart est — *last but not least* — Mozart.

JACQUES OFFENBACH (1819-1880)

Gaîté parisienne

The New Philharmonia Orchestra
Londres, 1966
Decca JL 41027 (ND)

Munch et la musique légère ? Un chef de soixante-quinze ans et les pages les plus célèbres de *La belle Hélène*, des *Contes d'Hoffmann*, de *La Grande Duchesse de Gerolstein,* de *La Périchole*, comme de *La Vie parisienne* ? Autant de magnifiques — et joviales — rencontres, provoquées par l'habileté de son confrère Manuel Rosenthal. Ce dernier réalisa, en 1938, un ballet sur des mélodies d'Offenbach parvenues à une notoriété universelle. L'argument était signé Etienne de Beaumont. Le spectacle fut présenté à Monte-Carlo.

Quasiment trois décennies après, pour sa rencontre discographique avec le New Philharmonia en compagnie duquel il enregistra également deux des poèmes symphoniques de Respighi, Charles choisit Offenbach. Passé la surprise de le voir opérer dans un tel répertoire et — surtout — l'écoute commencée, on est en état d'absolu ravissement. A cause, tout d'abord, de la qualité de la prise de son. Particulièrement claire et brillante, elle se distingue par un relief favorable aux polyphonies de timbres ensoleillés dues à Rosenthal. On reconnaît bien là une des caractéristiques majeures de la façon de procéder des techniciens britanniques. Les membres du New Philharmonia se comportent sans cesse en virtuoses, au long de ces galops, cancans et autres barcarolles. En outre, Munch se délecte de pouvoir mettre en valeur une instrumentation aux coloris dignes de Berlioz et de Rimsky-Korsakov, enrichie par l'art de l'orchestration tel qu'il était en 1938. Cependant, pour revenir au New Philharmonia, il est d'autant plus à l'aise avec *Gaîté parisienne* qu'il se trouve dans des dispositions psychologiques analogues à celles des *Proms*. On désigne, par ce terme, les concerts de musique légère se déroulant chaque été dans la capitale britannique avec les chefs et les formations les plus réputées.

Au cours de ce disque splendide, Munch donne l'image — conforme à sa nature — d'un épicurien consommé. Cette caractéristique est tellement forte qu'on pourrait croire qu'il conduisit nombre d'opéras-comiques, voire d'opérettes pendant sa carrière. Il mène *Gaîté pari-sienne* sur un train d'enfer et avec une conviction qui ne sont pas sans évoquer les pages d'un autre Strasbourgeois, Emile Waldteufel. Sur-nommé le Strauss français, celui-ci fut responsable des bals donnés au palais des Tuileries sous le règne de Napoléon III. Il mourut en 1915. Munch avait alors vingt-quatre ans et n'avait guère l'occasion de se frotter à de pareilles musiques de divertissement. Il dut attendre, pour cela, les dernières années de son existence.

SERGE PROKOFIEV (1891-1953)

Deuxième Concerto pour piano en sol mineur, opus 16

Nicole Henriot-Schweitzer, piano
Boston Symphony Orchestra
Boston (Symphony-Hall), 1953
RCA Victrola 45520 (ND)

Second Concerto pour violon en sol mineur, opus 63

Jascha Heifetz, violon
Boston Symphony Orchestra
Boston (Symphony-Hall), 24 février 1959
RCA Gold Seal GL 89833 (D)
CD

　　Serge Prokofiev et Charles Munch étaient exactement contemporains puisqu'ils naquirent la même année : 1891. Cependant, malgré le long séjour que l'auteur de *Guerre et Paix* effectua en France de 1923 à 1933, il est probable que les deux hommes ne se soient jamais rencontrés. Durant cette période, le futur chef était très occupé par son métier de violoniste, tant à Strasbourg qu'à Leipzig. Mais il ne tarda pas à s'intéresser aux œuvres du compositeur russe. Ainsi, le 15 février 1936, conduisit-il la première audition, dans la capitale, du *Second Concerto pour violon* avec Robert Soetens et l'Orchestre Philharmonique de Paris. Au programme figuraient aussi les *Danses russes* d'Alexandre Tcherepnine et *Types* de Pierre-Octave Ferroud. Munch était allé très vite en besogne : la création mondiale de l'opus 63 de Prokofiev avait eu lieu à Madrid le 1er décembre 1935, soit deux mois et demi auparavant. En Ile-de-France comme en Espagne, le soliste était — évidemment — le même, à savoir Robert Soetens. Mais son enthousiasme à l'égard du *Deuxième Concerto pour piano* aurait, à l'origine, été quasiment inexistant. Selon Nicole Henriot-Schweitzer, « il fallut le convaincre, lors de discussions vétilleuses, de bien vouloir envisager de regarder la partition. Il l'évitait, proclamait qu'il ne la connaissait pas et se comportait d'une manière empirique ». Cette dernière caractéristique fit-elle passer

Munch à côté d'œuvres d'ampleur telles que les quatre autres *Concerti pour piano*, les sept symphonies, dont la *Classique*, les suites de *Cendrillon, Chout* ou *Roméo et Juliette*?

Quoi qu'il en soit, la genèse du *Deuxième Concerto pour piano* emmène vers des rivages où Roland Barthes aurait décelé certains signes. La première version de l'œuvre, donnée en 1913 en Russie, avait été perdue. Prokofiev en mit donc une autre au point. On l'entendit à Paris en 1924. Le compositeur était au clavier et Serge Koussevitzsky — alors en négociations avancées avec le Boston Symphony — au pupitre. En outre, les maîtres d'œuvre du premier enregistrement mondial du *Second Concerto pour violon* furent, en 1936, le même maestro, les instrumentistes du Massachusetts et Jascha Heifetz. Vingt-trois ans plus tard, le 24 février 1959, il en réalisait une nouvelle gravure avec Munch. Un pli était pris, une tradition mise en place. Et la virtuosité du natif de Vilna atteignait une période d'apothéose. Son jeu est prodigieux. Surtout quand, au cours de l'*Allegro ben marcato* final, Jascha donne une couleur individualisée à chacune des doubles croches composant certains traits. Quant à l'accompagnateur, il est excellent. Il évite tout effet de lassitude dans les répétitions, en forme de *basse d'Alberti* rythmique, ponctuant l'*Andante assai*. Les vents du Boston Symphony l'aident à créer un climat slave sans que, pour autant, l'ombre de Tchaïkovsky soit omniprésente. Un seul défaut, peut-être? l'absence d'ironie pendant le dernier mouvement. Les *soli* de castagnettes manquent du substrat sarcastique qu'on trouve également chez Chostakovitch. En revanche, quelle profondeur, quelle violence partagées avec Nicole Henriot-Schweitzer dans le *Deuxième Concerto pour piano*! On est navré que l'enregistrement n'en soit plus accessible.

SERGE RACHMANINOV (1873-1943)

Troisième Concerto pour piano en ré mineur, opus 30

Byron Janis, piano
Boston Symphony Orchestra
Boston (Symphony-Hall), 1954
RCA Victor 25791 (ND)

Le directeur artistique des disques RCA parvint, un jour, à persuader Munch d'enregistrer un des *Concerti* pour piano de Rachmaninov en compagnie d'un soliste plébiscité du public. Le compositeur russe était, en effet, des plus populaires aux Etats-Unis, pays où il s'installa définitivement en 1935 et où il fit de très nombreuses apparitions à l'occasion de récitals spectaculaires. Quant à sa musique, on l'adorait outre-Atlantique. Munch n'opposa pas de fin de non-recevoir à la demande de RCA à la condition, toutefois, de ne pas s'atteler au *Second Concerto*. Son succès démesuré l'effrayait.

On choisit l'opus 30, écrit en 1909. L'idéal aurait été de faire tandem avec Vladimir Horowitz, rachmaninovien légendaire. Mais les sautes d'humeur du capricieux Volodia, le souvenir de l'incident violent qui l'avait opposé à Furtwängler en 1926 et son retrait de la scène depuis le récital donné à Carnegie-Hall en 1953 incitèrent Munch et ses interlocuteurs à s'orienter vers d'autres partenaires. Comme on ne pouvait avoir Horowitz, on réussit à obtenir le concours de son gendre et élève Byron Janis. Il avait vingt-six ans et retenait l'attention du monde entier. Le *Troisième Concerto* de Rachmaninov allait même devenir son œuvre-fétiche. Il l'enregistra, ultérieurement, avec Antal Dorati et le London Symphony Orchestra. Pour ce qui relève de l'équipe bostonienne, Janis apparaît comme un interprète idéal. Munch l'escorte avec le métier que, seul, un chemineau expérimenté de la baguette possède. Mais on dégagera de nettes réserves sous le chapitre de son éventuelle compréhension de l'âme russe. Comme chez Borodine, Moussorgsky ou Tchaïkovsky, notre homme est aux prises avec un goût qu'il ne domine pas.

MAURICE RAVEL (1875-1937)

« Charles Munch est un des chefs les plus sensibles et compréhensifs de l'œuvre ravélienne. » Ce propos de la violoniste Hélène Jourdan-Morhange, extrait du livre qu'elle a consacré à l'auteur de *Gaspard de la nuit*, est un truisme. Et — pour une fois — la discographie munchienne en la matière se distingue par une plaisante abondance. Sur la dizaine d'œuvres orchestrales laissées par le compositeur aux origines basque et suisse, seules trois manquent : l'*Alborada del Gracioso*, le *Menuet antique* et *Le tombeau de Couperin*. Les autres ont été gravées par notre Alsacien. Certaines deux, sinon trois fois : le *Boléro*, les *Concertos pour la main gauche* et *en sol*, la *Pavane pour une infante défunte* et la *Rapsodie espagnole*. L'adéquation entre les deux hommes était, d'ailleurs, si intense que les firmes de disques exploitèrent d'une façon rationnelle le catalogue ravélien de Munch en confectionnant des albums à partir de partitions isolées, enregistrées à différentes périodes.

RCA devait donner l'exemple lors de la commercialisation d'un coffret Ravel rassemblant le *Boléro*, le *Concerto en sol*, les deux suites de *Daphnis et Chloé*, *Ma mère l'Oye*, la *Pavane*, la *Rapsodie espagnole* et *La valse*. Cette dernière œuvre avait même, auparavant, été éditée sous la forme d'un 45 tours. Les membres du Boston Symphony furent — évidemment — les interprètes de l'ensemble. Ceux de l'Orchestre de Paris participèrent, en ce qui les concerna, au microsillon Ravel publié par EMI voici quelques années. A dire vrai, il est composé d'œuvres déjà présentes dans un coffret de quatre disques, intitulé *L'Orchestre de Paris et Charles Munch*. Il avait été mis dans le commerce en 1978 pour marquer le dixième anniversaire de la disparition du maestro. Cette précision ne manque guère de saveur puisque, dans le livret d'accompagnement, on lit le lapsus suivant : « Enregistrements réalisés à Paris de 1967 à 1969. » Or, l'intéressé était décédé le 6 novembre 1968. Ce détail ramène, en tout cas, à l'intelligence de Munch quant aux compositions signées Ravel par la constatation de leur contemporanéité. Pour s'exprimer comme les Classiques Larousse, le chef avait seize ans de moins que l'homme de *L'heure espagnole*. Au moment de sa disparition, en décembre 1937, son grand interprète était âgé de quarante-six ans.

Munch a connu Ravel et a pu assister à la création mondiale du *Concerto en sol*, le 14 janvier 1932. Marguerite Long était au piano ; le compositeur dirigeait. En outre, ses relations avec Ravel — forcément limitées car elles vont de 1932, année de l'installation de Munch à Paris, à 1937, année de la maladie fatale au compositeur — correspondirent également à l'observation de plusieurs exécutants émérites de sa musique. Voire à des discussions techniques avec eux. Pierre Monteux avait été chargé de la première mondiale de *Daphnis et Chloé* aux Ballets Russes en 1912. Walter Staram, dont Munch avait loué l'orchestre pour ses débuts dans la capitale, conduisit la création du ballet d'Ida Rubinstein sur un certain *Boléro*. L'événement se déroula un soir de 1928 au Palais-Garnier. On le voit : les occasions de s'entretenir avec des interlocuteurs qualifiés, après avoir longuement étudié les partitions d'orchestre du premier compositeur français de l'époque, ne manquaient pas. Comme l'opportunité de les conduire. En feuilletant les programmes de la Société des Concerts, l'attrait de Ravel sur Munch est évident. Le *Boléro* — encore ! —, *Daphnis*, la *Rapsodie espagnole*, *La valse* — toujours ! — y deviennent des hits. Pourtant, le privilège de réaliser une intégrale de l'œuvre orchestrale avec cette institution revint au chef d'origine belge André Cluytens. Elle fut effectuée alors que Munch se trouvait installé à Boston et se distingue par son caractère complet. L'instrumentation des *Valses nobles et sentimentales* figure même dans cet album, récemment réédité par EMI. Quel dommage, une fois de plus, que nous ne disposions pas du témoignage irremplaçable des prestations communes de l'ancien élève de Lucien Capet et de la Société ! Il aurait, au mieux, été gravé du vivant de Ravel et, au pire, quelques années après sa mort. Pareil détail n'est pas à négliger. Le poète de *L'enfant et les sortilèges* édicta des consignes très strictes pour l'exécution de ses partitions. Avec le temps, leur respect s'émoussa substantiellement.

Nous n'avons encore pas abordé un mystère en forme de paradoxe. Comment Munch, interprète intuitif et globalisateur, parvint-il à devenir un des meilleurs spécialistes d'une musique écrite avec la précision d'un horloger, la sécheresse de détail d'un travail de miniature, la froideur d'un être refoulant sans cesse ses émotions ? Par quel biais réussit-il un pareil tour de force ? Celui-ci tient, d'abord, à l'existence de plusieurs points communs aux deux hommes. En dépit des apparences. Ils étaient, l'un comme l'autre, des rythmiciens de nature. Un atout majeur dans la *Danse générale* de *Daphnis et Chloé*. Ou le *Concerto pour la main gauche*. Ils affectionnaient aussi le raffinement orchestral, la magie des timbres qui fit de Ravel une espèce de Rimsky-Korsakov amateur de Robert Delaunay ou de Matisse, et nous incite à déplorer que Munch n'ait pas laissé un disque de son adaptation des *Tableaux d'une exposition* de Moussorgsky. Avec un chef aussi soucieux de la couleur, la *Feria* finale de la *Rapsodie espagnole* laissait entendre d'incomparables traits des percussions et des bois, d'éblouissants *glissandi* confiés au xylophone. Le premier mouvement du *Concerto en sol* se transformait en une assemblée de virtuoses plus sûrs les uns que les autres.

Munch avait également compris que la voie royale menant au sésame ravélien passait, en priorité, par l'introversion et la pudeur. Il abordait la production symphonique de ce compositeur avec un souci d'objectivité comparable à celui dont il se servait en conduisant Beethoven. Ainsi, le mystère inhérent à ce petit homme demeurait entier. Au cours de la discographie qui suit, des exemples en seront donnés de manière répétée.

Concerto en ré majeur pour la main gauche

Alfred Cortot, piano
Société des Concerts du Conservatoire
Paris, 12 mai 1939
EMI Références 2 C 051-43370 (D)

*
**

Jacques Février, piano
Société des Concerts du Conservatoire
Paris, 8 octobre 1942
EMI-VSM 291-2163 (D)

A l'instar de nombreux autres éléments de la collection Références de la firme EMI, ces deux disques sont des 78 tours d'origine repiqués dans les studios londoniens d'Abbey Road par Keith Hardwick, spécialiste émérite de telles performances techniques. Son travail est d'une grande finesse, en dépit du début assez filandreux du *Concerto* par Cortot, au cours duquel le *solo* de contrebasson émerge avec difficulté. Néanmoins, les choses s'arrangent vite. On apprécie alors l'exceptionnelle qualité des bois et des cuivres de la Société un an après l'entrée en fonctions de Munch. Comme les rythmes acides, les couleurs surréalistes parsemées par Ravel Munch y fait merveille.

Toutefois, le compositeur n'aurait sûrement pas approuvé l'interprétation d'Alfred Cortot, se permettant des libertés de jeu dignes des grandes divas d'antan. Sa première intervention tient plus de l'esthétique de Chopin que de l'art en pointe sèche nécessaire à la musique pianistique de l'auteur de *Jeux d'eau*. Il procède à un ostensible numéro, comme on dit, et utilise la pédale avec peu de parcimonie. N'empêche que le charme suprême de Cortot et son autorité constituent un fameux régal pour les oreilles actuelles. Malgré son hétérodoxie évidente.

Jacques Février, soliste de la seconde version munchienne de l'œuvre, était particulièrement estimé de Maurice Ravel. A ce titre, le compositeur, mécontent des services de l'Autrichien Wittgenstein qui avait créé le *Concerto*, en confia la quasi-exclusivité au virtuose français. Longtemps disparue du catalogue, la mouture de Février vient de faire sa réapparition dans le cadre du coffret *Ravel et ses Interprètes*. Publié à l'occasion du cinquantième anniversaire de la mort de ce dernier, il rassemble nombre de prestations dues à des artistes ayant travaillé avec lui ou l'ayant approché : Jane Bathori, Martial Singher ou Walter Straram.

En dépit de la confiance du compositeur, Février manque, ici, d'une réelle inspiration. Dès lors, Cortot l'emporte nettement, malgré les défauts signalés auparavant. Quant à Munch et à la Société, leur concentration et leur enthousiasme sont analogues à ceux de l'enregistrement de 1939. Enfin, la *Pavane pour une infante défunte* constitue l'autre acte de présence de Charles dans *Ravel et ses Interprètes*. Elle fut également gravée en 1942.

Concerto en sol majeur pour piano

Nicole Henriot-Schweitzer, piano
Boston Symphony Orchestra
Boston (Symphony-Hall), 1958
RCA Victrola VICS 8964 (ND)

Nicole Henriot-Schweitzer, piano
Orchestre de Paris
Paris, septembre 1968
EMI 2 C 165-52514 (ND)

Le *Second Concerto* pour piano de Ravel a été enregistré deux fois par Munch. Lors de sa gravure de 1958, il se trouvait couplé à la *Symphonie sur un chant montagnard français* de Vincent d'Indy. Une décennie plus tard, l'œuvre faisait partie d'un ensemble de partitions dues à différents compositeurs et gravées pour témoigner de la naissance de l'Orchestre de Paris selon les principes d'une très large diffusion. Dans les deux versions, la soliste est la même. Il s'agit de Nicole Henriot-Schweitzer. Elle fut également la partenaire de celui-ci pour la *Cévenole*, on l'a noté, et le *Deuxième Concerto* de Prokofiev.

Peut-être s'étonnera-t-on que Marguerite Long ne soit pas allée en studio avec le flamboyant chef d'orchestre, afin de concocter une version mémorable du *Concerto en sol*. Mais Munch avait — on ne l'ignore plus, maintenant — des idées très arrêtées sur toutes les œuvres qu'il choisissait de diriger et ces options ne correspondaient pas forcément à la manière de l'ancienne égérie de Gabriel Fauré. On doit aussi savoir que Madame Long avait longtemps eu une attitude de propriétaire à l'égard du *Concerto en sol*. Créatrice absolue de l'œuvre, elle l'aurait accaparée en achetant à Ravel l'exclusivité de son interprétation pour un certain nombre d'années. Cependant, ironie du sort, des motifs juridiques spéciaux faisaient que ce genre de pratique n'était pas reconnu à Strasbourg en raison du statut particulier de l'Alsace-Lorraine. Magda Tagliaffero se précipita donc dans la ville natale de Munch, afin de damer le pion à sa rivale et de briller dans le célèbre *Adagio assai*.

L'exclusivité parvenue à son terme et Marguerite atteinte par les inconvénients du grand âge — elle avait quatre-vingt-quatre ans en 1958 —, on put enfin réaliser un autre disque du *Concerto en sol* que le sien : elle l'avait offert aux discophiles en compagnie d'André Cluytens et de la Société des Concerts. Sur l'autre face du microsillon s'étendait l'admirable *Ballade* de Fauré. Pourtant, l'école Long se perpétue dans la version de Nicole Henriot-Schweitzer. L'intéressée avait été l'élève de la créatrice de l'œuvre. Que ce soit avec le Boston Symphony ou avec l'Orchestre de Paris, une délicatesse et une grâce exquises dominent son interprétation. Le jeu est souvent en pointe sèche, l'emploi de la pédale — par conséquent — des plus modérés. Le mouvement lent délivre, immanquablement, ses sortilèges. D'autant que Munch adopte un *tempo* digne des *Adagios* de Brahms.

Quant au fond, les lectures bostonienne et parisienne attestent de la présence de plusieurs autres solistes. Comme dans un *Concerto* de Bach, de Händel ou de Telemann. Le piano est, bien sûr, à l'honneur. Mais le solo de harpe de l'*Allegramente*, l'intervention du cor anglais — joué par Jean-Claude Malgoire dans le disque de l'Orchestre de Paris —, les foucades du basson et des trombones dénotent la participation active de véritables ensembles de virtuoses. En confiant au disque deux versions du *Concerto en sol*, Munch ne cherchait pas à satisfaire un plaisir égoïste. Il tenait, avant tout, à honorer les musiciens d'orchestre, médiums sans lesquels une œuvre resterait à l'état d'un squelette : celui de la partition. D'ailleurs, l'enthousiasme des instrumentistes était si vif qu'on ne peut donner la priorité au Boston Symphony ou à l'orchestre de Paris. Dans un cas comme dans l'autre, le ravissement règne. Sans la moindre possibilité de partage.

Daphnis et Chloé
Version complète

Boston Symphony Orchestra
New England Conservatory Chorus
Boston (Symphony-Hall), 1957
RCA (ND)

Deuxième suite

Orchestre de Paris
Paris, septembre 1968
EMI 2 C 069-10239 (D)
CD

Munch a mené les fameux fragments symphoniques du ballet de Michel Fokine, commandé par Serge de Diaghilev à Ravel avant la Première Guerre mondiale, à une notoriété planétaire aussi forte que celle de Nijinsky, la vedette de sa création. Certes, les deux suites de *Daphnis* étaient souvent inscrites au programme des concerts donnés par Pierre Monteux en de nombreux pays. Il avait été le premier chef à conduire cette partition. Mais Munch réussit à faire d'elles ce qu'un *best-seller* est à l'édition. Nous reviendrons, d'ailleurs, bientôt aux caractéristiques de son extraordinaire interprétation de l'œuvre.

Il aimait tant *Daphnis* qu'il eut la finesse d'en graver les deux *Suites* à Boston. Sa décision était particulièrement avisée. On a perdu, de nos jours, l'habitude de donner souvent la première d'entre elles. Du coup, on se prive des interventions des chœurs auxquelles le chef savait conférer une saveur vaporeuse. Au disque, Jean Martinon et Bernard Haitink sont restés fidèles à l'usage de l'ancien Konzertmeister du Gewandhaus. L'un l'a montré avec l'Orchestre de Paris, l'autre en compagnie du Concertgebouw d'Amsterdam. En outre, le renoncement progressif des chefs à la première suite de *Daphnis* a exercé une influence néfaste sur les compagnies discographiques. RCA a, notamment, retiré de la vente l'étincelante version complète réalisée par Munch dans le Massachusetts.

Ne reste plus que la deuxième série. Elle constitue, indépendamment de ses qualités intrinsèques, et aux côtés d'autres partitions ravéliennes, le testament du père de l'Orchestre de Paris. Son enregistrement eut lieu en septembre 1968. Deux mois plus tard, il mourait. Nous sommes, ici, en présence d'un catalogue de merveilles comparables aux splendeurs dont les potentats hindous comblaient leurs invités. La phrase principale du *Lever du jour* s'étend longuement, avec une force extraordinaire.

Pour ce faire, Munch emploie la technique germanique du Bogen, vocable désignant la conduite d'archet nécessaire à l'exécution supérieure d'un thème. Puis, derrière le ramage des oiseaux et le murmure des sources, passent les échos d'une nuit terrifiante. On songe, un instant, à *L'île des morts*, le tableau de Böcklin. Cette mise en évidence d'événements inquiétants est une des particularités de la lecture münchienne. On ne la trouve pas chez ses confrères.

Et la célèbre *Danse générale*, un des bis préférés de Zubin Mehta? Un tourbillon frénétique de couleurs et de rythmes. Mais un tourbillon glacé. A l'instar de l'âme de Ravel, si parfaitement comprise par Munch. Déjà, le solo de flûte du *Lever du jour* nous avait laissé entendre une noirceur paradoxale. La Grèce serait-elle un pays à la personnalité sombre et mystérieuse, en dépit du soleil et d'une mer aux teintes transparentes? Il y a lieu de le penser. D'ailleurs, le compositeur revint à l'Hellade avec les *Chansons populaires grecques*. Elles ont une dominante mélancolique. Comme les mélodies corses orchestrées par ses soins en 1897. Ravel avait alors vingt-deux ans. Il cultivait déjà une tendance à la tristesse dont Munch n'oublia jamais l'importance structurelle.

Ma mère l'Oye

Boston Symphony Orchestra
Boston (Symphony-Hall), 1955
RCA GD 86522
CD

L'approche du vingtième anniversaire de la disparition de Munch est-elle à l'origine de la réédition, très récente, d'une des clés majeures de l'univers secret de Ravel? Quoi qu'il en soit, on se réjouira vivement du retour parmi le catalogue de ces pièces, initialement destinées au piano à quatre mains. De la *Pavane de la belle au bois dormant* à *Laideronnette, impératrice des pagodes,* en passant par la fulgurante conclusion de l'admirable *Jardin féerique,* tout est enchantement. En outre, le *Boléro*, la *Pavane pour une infante défunte*, la *Rapsodie espagnole* et *La valse* complètent ces images de la plus haute poésie.

Rapsodie espagnole

Boston Symphony Orchestra
Boston (Symphony-Hall), 1962
RCA GD 86522
CD

**
*

Orchestre de Paris
Paris, septembre 1968
EMI 2 C 069-10239 (D)
CD

Parvenu au terme de son mandat bostonien, en 1962, Munch eut à cœur de réaliser un dernier disque avec l'orchestre dont il avait partagé l'existence quotidienne treize années durant. Un programme de musique française s'imposait, en la circonstance. Le choix se porta sur *La mer* de Debussy et la *Rapsodie espagnole* de Ravel. Une réédition de cet enregistrement, effectuée en 1972, insiste d'ailleurs lourdement sur la qualité du travail ainsi accompli. Munch revint à la *Rapsodie* en 1968 avec l'Orchestre de Paris. La comparaison des deux versions joue en la défaveur du Boston Symphony. Malgré l'extrême raffinement de timbres montré par celui-ci. Certes, la machine s'impose par sa perfection et son prôfessionnalisme. Mais Munch, pourtant insurpassable en ouvrant n'importe quelle partition de Ravel, est ici dans un jour d'irrégularité insigne. Pareille aventure lui arrivait de temps en temps. Par bonheur, la mouture de l'Orchestre de Paris est idéale. Les effets d'instrumentation, aussi grinçants que Ravel pouvait l'être, se trouvent soulignés avec un talent exceptionnel. A plusieurs reprises, on se prend à évoquer *Gaspard de la nuit* présenté dans une adaptation symphonique.

On se livre aussi à des auditions répétées de *Prélude à la nuit*, première des quatre pièces composant la *Rapsodie espagnole*. Ici, Munch dicte ses volontés à des créatures fantomatiques, grâce à une faculté de médium lui permettant de créer un univers sonore étrange. L'hispanisme du moment charrie un fantastique digne des artistes les plus représentatifs de la culture d'outre-Pyrénées. La pensée se fixe sur les peintures hallucinées de Goya, les toiles extravagantes de Salvador Dali et les films de Luis Buñuel. Des séquences du *Chien andalou* apparaissent. Un tel processus d'associations mentales correspond au plus net brevet de talent qu'on puisse décerner à Munch. Homme de culture germanique, en dépit de son enracinement dans la sensibilité française, il parvient à

ÉCARTS DE DURÉE D'ENREGISTREMENT
Rapsodie espagnole

Mouvements	B.S.O.	O.P.	Écart
1. *Prélude à la nuit*	4'29	4'56	27"
2. *Malagueña*	1'52	2'01	9"
3. *Habanera*	2'29	2'49	20"
4. *Feria*	5'51	6'25	34"
Durée totale	15'	16'	1'

Abréviations :
B.S.O. = Boston Symphony Orchestra (1962)
O.P. = Orchestre de Paris (1968)

retrouver l'âme d'une nation, ses particularités, ses parfums. Qu'aurait-il exprimé s'il avait séjourné dans un studio pour servir Manuel de Falla, son *Amour sorcier*, ses *Nuits dans les jardins d'Espagne*, son *Tricorne* ? A en juger par la gravure d'*Iberia* d'Albeniz, un résultat magnifique aurait été obtenu. Mais, pour en revenir à Ravel, une pareille stylisation de la sensibilité ibérique, sa décantation ne sont pas du ressort du premier venu.

Boléro
Rapsodie espagnole
Pavane pour une infante défunte
Deuxième suite de *Daphnis et Chloé*

Orchestre de Paris
Paris, septembre 1968
EMI 2 C 069-10239 (D)
CD

Voici presque un microsillon-manifeste, car il réunit les succès du *hit-parade* ravélien. Des œuvres telles que le *Boléro* ou la *Pavane* ont évidemment déjà été enregistrées par Munch à plusieurs reprises. A Londres, en 1946, avec la Société des Concerts. Puis, l'année 1955, au

Symphony-Hall de Boston. *Boléro* fut même intégré à un Concert de musique française, réunissant également *L'apprenti sorcier* de Paul Dukas et *Escales* de Jacques Ibert. Quant à la *Pavane pour une infante défunte*, couplée à la *Cinquième Symphonie* d'Honegger et à la seconde suite de *Bacchus et Ariane* de Roussel, elle obtenait le Grand Prix de l'Académie Charles Cros en 1957.

On a, précédemment, détaillé les mérites de la *Rapsodie espagnole* et de la deuxième suite de *Daphnis et Chloé*, autres perles de ce très grand disque. Du *Boléro*, Munch souligne sans cesse le caractère lancinant. Il procède selon une répétitivité imperturbable, sans le moindre changement abrupt de *tempo*. Contrairement à nombre d'autres chefs se livrant à un bizarre *rubato*, il demeure constamment dans une lecture objective, un des traits essentiels de ses interprétations ravéliennes. Par ailleurs, le maestro exerce un contrôle strict jusqu'à la fin de l'œuvre. Souvent, la *Coda* du *Boléro* donne lieu à un vacarme assourdissant. Comme si les incantations rythmiques s'achevaient sur un épisode orgiaque digne du culte des Bacchantes. Munch reste, ici, dans la mesure — entendue selon une double acception. Avec la *Pavane pour une infante défunte*, l'objectivité est encore de mise. Sur un *tempo* très lent, le corniste Roger Abraham est l'idéal partenaire d'un Munch bouleversé. La pudeur, la pureté et l'introversion de Ravel n'ont sûrement jamais trouvé interprètes aussi appropriés. Une extraordinaire dimension poétique émane de cette page. Les six minutes nécessaires à son exécution transforment l'audition de ce morceau en jardin des délices.

OTTORINO RESPIGHI (1879-1936)

Les fontaines de Rome
Les pins de Rome

The New Philharmonia Orchestra
Londres, 1967
London Jubilee JL 41024 (ND)

Du Ketelbey à la sauce des années 10, de la musique au mètre digne —
durant les *Pins de la voie Appienne* — de servir de soundtrack aux défilés
de légionnaires mis en scène par Cecil B. De Mille dans ses reconstitu-
tions de l'Antiquité ? Sûrement. En tout cas, Munch se trouve ici à la tête
d'un orchestre en or massif, celui de son collègue le *Doktor* Klemperer,
et il s'amuse beaucoup. Ecoutez, par exemple, les *Pins de la Villa
Borghèse* ou les... chants d'oiseaux authentiques mêlés aux phrases du
Gianicolo dont se délecte l'ingénieur du son, engagé pour réaliser ce
disque des plus brillants.

Pourtant, en dépit d'un des plus ostensibles numéros de cirque de tout
le répertoire symphonique, le grand Munch est au rendez-vous. Malgré
ses soixante-seize ans et une santé chancelante, il manifeste une exceptionnelle vigueur au long de ces pages orchestrées avec une habileté peu
commune. Certaines couleurs instrumentales évoquent *Iberia* d'Albeniz ; le raffinement et la sensualité des *Fontaines* — notamment celle du
Triton le matin — procèdent de Debussy. En d'autres termes, le mélange
de lumières éclatantes et d'ombres à la Rembrandt comme la référence à
des compositeurs révérés concordent avec l'âme munchienne. On
regrette qu'il n'ait pas enregistré *Les fêtes romaines*, créées par Arturo
Toscanini à la tête du New York Philharmonic en 1929.

ALBERT ROUSSEL (1869-1937)

Suite en fa, opus 33

Orchestre des Concerts Lamoureux
Paris, 1964
Erato STU 45.234 (D)

Troisième Symphonie en sol mineur, opus 42
Quatrième Symphonie en la majeur, opus 53

Orchestre des Concerts Lamoureux
Paris (Eglise Notre-Dame-du-Liban), avril 1965
Erato EPR 15546 (D)

Les relations entre Roussel et Munch remontent à l'époque où ce dernier était violoniste et interprétait avec plaisir la musique de l'auteur de *Bacchus et Ariane*. Ainsi, dans une lettre adressée au compositeur en 1926, le Konzertmeister de Leipzig écrit-il : « J'ai pu remporter un très grand succès en donnant votre *Sonate*. Inutile de vous dire que je la trouve merveilleuse et que je ne raterai pas une occasion pour la jouer encore ailleurs, comme je viens du reste de le faire à Paris. Je me propose de la jouer à Londres, le mois prochain. » Malheureusement, une fois chef d'orchestre, notre Strasbourgeois n'aura guère le temps de devenir le propagandiste d'un compositeur vivant. La santé de Roussel est déjà très mauvaise en 1935, lorsque Munch commence à s'occuper du Philharmonique de Paris. Tout au plus pourront-ils forger quelques projets, avoir une expérience commune : la première audition française de la *Rhapsodie flamande*, donnée en 1937. La création mondiale de cette partition avait eu lieu à Bruxelles le 12 décembre 1936 sous la direction d'Erich Kleiber. Roussel meurt en août 1937. Le 13 octobre, un hommage lui est rendu au Théâtre des Champs-Elysées. Lélia Gousseau joue son *Concerto pour piano*. Munch est au pupitre. Il dirige également *Bacchus et Ariane*, ainsi que la *Suite en fa*. Désormais, il sera le champion post-mortem de l'ancien officier de marine.

Sans se livrer à des spéculations vaguement astrologiques, incompatibles avec la teneur d'un ouvrage comme celui-ci, il semblerait qu'une espèce de déterminisme ait programmé à l'avance la rencontre du compositeur et de Munch. Déjà, à Strasbourg, Ernst Munch avait été désigné pour mener à bien la création d'une courte pièce de Roussel. Il s'agissait d'une œuvre pour chœurs d'hommes, cuivres et percussions intitulée *Le bardit des Francs*. Le texte en était tiré des *Martyrs* de Chateaubriand. Elle retentit pour la première fois le 21 avril 1928. Ensuite, l'auteur de *Padmavâti* cultiva les meilleurs rapports avec Serge Koussevitzsky, le prédécesseur de Munch au Boston Symphony. Afin de le féliciter, lors de son élévation dans l'ordre de la Légion d'Honneur, Roussel écrit en 1925 un *Duo pour basson et contrebasse*. Le maestro d'origine russe avait, en effet, été un excellent contrebassiste à ses débuts. Un an après sa désignation comme directeur de la célèbre phalange du Massachusetts, il crée la *Suite en fa*. On est alors en janvier 1927. Enfin, le 17 octobre 1930, le même artiste porte sur les fonts baptismaux la *Troisième Symphonie en sol mineur*, opus 42. L'œuvre lui est dédiée, ainsi qu'à l'ensemble du Boston Symphony.

De pareils liens ne contribuaient pas seulement à entériner la politique suivie par Pierre Monteux, le prédécesseur de Koussevitzsky, en faveur de la musique française. Ils la fortifiaient et préparaient l'arrivée de Munch au Symphony-Hall. Entre le début des années 20 et 1962, moment de son départ des Etats-Unis, les troupes bostoniennes auront passé près d'un demi-siècle au service de notre répertoire national. Quant à Munch, il aura défendu et illustré l'œuvre de Roussel avec une vigueur et une fréquence d'exécutions analogues à celles des partitions de Dutilleux et de Ravel. Son apostolat devait être couronné par le Grand Prix du Disque 1966. Il récompensa son enregistrement des *Troisième* et *Quatrième Symphonies*, tandis que la *Première* et la *Seconde* étaient laissées à Pierre Dervaux en compagnie de l'Orchestre des Concerts Colonne. Notons aussi l'absence de gravure — par Munch — des deux suites de *Bacchus et Ariane*. Toutefois, la seconde d'entre elles nous est aujourd'hui offerte par l'édition d'un concert public de 1962 à la tête du National (voir la rubrique Anthologies à la fin de cette partie).

Les disques de la *Troisième* et de la *Quatrième* démontrent une idéale adéquation entre le compositeur et son interprète, « insufflant cette musique comme un sourcier » pour reprendre la formule de Jean Hamon dans le journal *Combat* du 5 décembre 1965, au surlendemain d'un concert mené par Munch. Une écoute de ces enregistrements révèle les facteurs en raison desquels il se sentait pleinement à l'aise dans une telle musique. Ils sont respectivement la couleur, le rythme et la joie de vivre. La couleur ? Elle est omniprésente, en particulier lors des soli de cor anglais et de hautbois de la *Quatrième*. Malgré les divisions complexes des pupitres, elle demeure très latine. Le rythme? Les percussions sont à la fête. La joie de vivre? La *Troisième*, le chef-d'œuvre de Roussel, est traversée par un souffle dionysiaque et une lumière dignes des *Charmes* de Paul Valéry. La trompette solo clame une philosophie hédoniste, celle — en l'occurrence — de Munch. On sent à quel point ce gourmet de l'existence s'est identifié à ces œuvres, qu'il s'agisse de l'opus 42 ou de la *Quatrième*, créée en 1935 par Albert Wolff aux Concerts Pasdeloup.

Notre Alsacien voyait sûrement en Roussel le *nec plus ultra* en matière de musique nouvelle. Sa polytonalité, moderne et actuelle en apparence, paraissait contemporaine sans être, pour autant, choquante. Son langage rythmique s'imprégnait de l'esprit du temps grâce à une agitation déjà présente dans *Pacific 231* d'Honegger ou *Le pas d'acier* de Prokofiev. Enfin, l'humanisme de Roussel, son lyrisme agréaient les convictions profondes de Munch. Toujours soucieux devant le sérialisme et l'aspect sec de la doctrine de Schönberg, il trouvait en l'homme du *Festin de l'araignée* un ennemi déclaré de certaine théorie formulée par Theodor Wiesengrund Adorno. Le chef de l'école de Francfort recommandait aux compositeurs un esprit d'avant-garde systématique. Un jour, lors d'une discussion avec Ernst Kreňec, il entendit l'auteur de *Johny spielt auf* lui rétorquer qu'un créateur doit être capable de s'exprimer en réalisant l'amalgame de styles différents, voire opposés. Telle était aussi la pensée de Munch, et un des motifs de sa fraternité avec Albert Roussel.

CAMILLE SAINT-SAËNS (1835-1921)

Deux œuvres : le *Quatrième Concerto pour piano*, opus 44, et la *Troisième Symphonie*, opus 78. Voilà, en tout et pour tout, ce que le discophile de 1987 possède de Saint-Saëns par Munch. Il existe donc un déséquilibre flagrant entre l'imposante production orchestrale de l'auteur du *Cygne* et ses réalisations discographiques par Charles. Comme entre le nombre de ses partitions qu'il conduisit au concert et la minceur de leur mémoire phonographique. Où sont les *Symphonies* de Saint-Saëns et ses *Concertos pour piano* considérés du point de vue de l'intégrale ? Où sont passés ses poèmes symphoniques, religieusement écoutés lors des manifestations de la Société ou, encore, chez Colonne, Lamoureux et Pasdeloup ?

Outre que Saint-Saëns fut l'allégorie — aux côtés de Berlioz — de l'école symphonique française du siècle passé, trois vecteurs le rapprochaient de Munch. En premier lieu, leur relative contemporanéité. Charles avait trente ans au moment de la disparition du compositeur, survenue en décembre 1921. Le Strasbourgeois assista même à ses obsèques nationales, célébrées en l'église de la Madeleine. A cette occasion, Philippe Gaubert conduisit, à la tête de la Société des Concerts, des extraits du *Requiem* de Fauré. Ensuite, le violoniste Munch connaissait bien la littérature destinée à son instrument par Saint-Saëns. Il l'aimait au point de jouer souvent la *Sonate*, la *Havanaise* et l'*Introduction et Rondo Capriccioso*. Enfin, le mythe américain devint une réalité pour chacun d'entre eux. Au printemps 1914, le vénérable compositeur — il avait alors soixante-dix-neuf ans — s'embarqua pour les Etats-Unis à bord du paquebot *Le Fourchambault*. Il allait représenter la France à l'Exposition Universelle de San Francisco. Au cours de cette manifestation, le Boston Symphony, dont les membres avaient traversé les 3 000 kilomètres de l'Union en chemin de fer, joua la *Troisième Symphonie* en présence de son auteur. Un public estimé à 3 500 personnes l'acclama. Or, cette partition fut une des œuvres préférées de Munch une fois installé outre-Atlantique.

Quatrième concerto pour piano en ut mineur, opus 44

Alfred Cortot, piano
Société des Concerts du Conservatoire
Paris, 9 juillet 1935
EMI-Collection *Références*-2 C 051-43370 (D)

Alexandre Brailowsky, piano
Boston Symphony Orchestra
Boston (Symphony-Hall), 1955
RCA Victor A-630.242 (ND)

Eveillé à la musique en un temps où les grands compositeurs français étaient révérés et particulièrement sensible à une *certaine* idée du classicisme, Charles Munch ne pouvait qu'aller vers Saint-Saëns. Pour preuve ses deux gravures du *Quatrième Concerto pour piano*, réalisées à vingt ans d'intervalle. Lors de la première, effectuée avec Alfred Cortot et la Société des Concerts, il n'était pas encore le directeur de cette phalange. Sa nomination ne fut décidée que trois ans plus tard, en 1938. Mais il pourrait — très certainement — s'agir ici de la première gravure dont nous disposerions en ce qui le concerne. Si telle est la réalité, nul ne peut oublier qu'il émerge, à l'époque du 78 tours triomphant, sous le signe du répertoire français.

-Deux décennies plus tard, Munch est une célébrité internationale. La RCA-Company l'unit au phénoménal Américain d'origine russe Alexandre Brailowsky, ancien élève de Busoni, alors âgé de cinquante-neuf ans et coqueluche du public américain. Nous écrivons *phénoménal* à dessein : interprète forcené de Liszt, ce natif de Kiev — comme Vladimir Horowitz — avait un son énorme. Qu'il joue Saint-Saëns, Chopin ou Rachmaninov. En compagnie de Munch, le résultat ne laisse pas d'inquiéter. Fanatique de l'école du grand, sinon colossal piano, Brailowsky parvient à couvrir le Boston Symphony, à dicter ses volontés au chef et à ne jamais tenir compte du style propre à l'auteur du *Carnaval des animaux*. On sent ses partenaires tout à sa dévotion jusqu'au moment où Munch, poussé par un instinct vengeur, reprend le dessus. L'instant est à la récapitulation triomphale du thème en forme de choral répété par le compositeur au fil de l'œuvre.

En 1935, Alfred Cortot était l'un des pianistes les plus célèbres du monde. Il avait cinquante-huit ans et se trouvait lié à Munch par une grande amitié. Ce détail transparaît, durant l'audition du *Quatrième*

Concerto, dans la fusion complète entre le soliste, le chef et la Société des Concerts. Conçu, à l'origine, comme une espèce de symphonie concertante, il est ici rendu de façon supérieure. Avec une calme ampleur, aussi : 25 minutes, contre 21 pour Brailowsky. Pareille différence n'est pas négligeable. Quatre minutes équivalent presque à un cinquième de l'œuvre. Ou, si l'on préfère, à la durée du premier air de La Reine de la nuit dans *La flûte enchantée* de Mozart. En l'espèce, le piano de Cortot est de l'or et du velours. Il joue avec une inspiration aujourd'hui disparue, tout en trouvant en Munch un compagnon aussi élevé que lui. Ce dernier souligne — avec sérénité — les motifs à principe cyclique de l'opus 44. Il demeure toujours objectif, appliquant le principe qui fera de la *Symphonie en ré mineur* de Franck, gravée avec le même orchestre à Londres onze années plus tard, un des musts de sa discographie. La rigueur inhérente à l'auteur de *Samson et Dalila* l'exige. Munch n'oubliait jamais la devise du Gewandhaus, le grave *Res severa verum gaudium*.

Symphonie avec orgue en ut mineur, opus 78

Edouard Nies-Berger, orgue ; N.N., pianos
Philharmonic Symphony Orchestra of New York
New York, 1949
CBS P 14144 (ND)

Berj Zamkochian, orgue ; Leo Litwin et Bernard Zighera, pianos
Boston Symphony Orchestra
Boston (Symphony-Hall), 1959
RCA RD 85750 (D)

Encore une composition très chère au cœur de Munch. Les interventions de l'orgue n'étaient pas sans évoquer, pour lui, les heures de son enfance. D'ailleurs, le soliste de l'enregistrement réalisé à New York est l'Alsacien Edouard Nies-Berger. Ce musicien, fixé en Amérique du Nord, collabora avec Albert Schweitzer lors de l'édition — chez Schirmer, en 1954 — du sixième tome des *Préludes et Fugues pour orgue* de Bach, enrichie de « suggestions pratiques pour l'exécution de ces œuvres ». Certaines existences sont gouvernées par un déterminisme aux allures de leitmotive.

L'œuvre de Saint-Saëns, quant à elle, eut une destinée anglo-saxonne et germanique assez prononcée qui incite à quelques rapprochements.

Commande du London Philharmonic Orchestra, elle connut sa création mondiale le 19 mai 1886 dans la capitale de l'Empire britannique sous la baguette du compositeur. En février 1887, elle retentissait pour la première fois aux Etats-Unis, grâce à l'Orchestre Philharmonique de New York et à Théodore Thomas. Enfin, Arthur Nikisch fut l'artisan zélé de son entrée au répertoire du Gewandhaus de Leipzig. L'événement eut lieu le 20 décembre 1906 avec la participation de l'organiste Paul Homeyer. L'impétueux Charles n'ignorait rien de ces détails.

Qu'est le Philharmonic Symphony Orchestra de New York, son partenaire dans la première version? Il s'agit de la fusion du New York Philharmonic avec le New York Symphony, l'orchestre de Walter Damrosch, effectuée en 1928. Comme elle dura jusqu'au début des années 50, il est aisé de situer l'enregistrement de cette version tout de suite après la Seconde Guerre mondiale. Malheureusement, sa prise de son n'est guère glorieuse. Elle confère à la phalange un aspect orphéonesque des plus tristes; la spectaculaire entrée de l'orgue au début du *Finale* est ratée, parce que l'instrument soliste manque de puissance et qu'on le situe très loin derrière l'orchestre. En outre, Munch est — pour s'exprimer de façon familière — dans un jour sans. Résultat: médiocre.

En 1959, il a vent que Paul Paray prévoit d'enregistrer l'opus 78 de Saint-Saëns avec Marcel Dupré et le Detroit Symphony. Comme il est alors le Seigneur et Maître de Boston, il décide d'en graver une seconde version et de frapper, pour la circonstance, un grand coup. Ce sera indéniablement A Hi-Fi Spectacular!, terme porté en lettres rouges sur la pochette du nouveau disque. Et pour cause. L'ingénieur du son, Lewis Layton, se vautre dans les délices de la stéréophonie comme s'il s'agissait d'obéir à la phrase de Shakespeare: *Look with thine ears!* A l'époque, cette technologie était aussi *inouïe* que certaines chansons d'Elvis Presley. Le personnel du Symphony-Hall de Boston et les *Custodians* des grandes salles américaines eurent bien du travail. En vue de l'enregistrement, on dut démonter tous les sièges du parterre afin de permettre à Munch et à ses instrumentistes de s'installer là où le public se tenait pour les concerts. L'acoustique la plus impressionnante était recherchée. Elle fut, d'ailleurs, obtenue. Avec l'accord du conseiller musical de la RCA, Richard Mohr.

L'orgue fut également mis en valeur grâce à un microphone à trois canaux, considéré comme un bijou par les spécialistes. Il s'agissait de l'instrument du Symphony-Hall, inauguré en 1949 — l'année de l'arrivée de Munch; il avait été réalisé par les soins de l'Aeolian Skinner Company et fut confié, pour le disque, à Berj Zamkochian, artiste qu'on entend aussi dans le *Concerto* de Poulenc dirigé par Charles. Zamkochian eut le bon goût de ne pas exagérer ses effets au cours du *Finale*. Il

ÉCARTS DE DURÉE D'ENREGISTREMENT
Symphonie en ut mineur, opus 78

Mouvements	P.S.O.N.Y.	B.S.O.	Écart
I.	8'46	10'00	1'14
II.	7'55	9'25	1'30
III.	6'55	7'31	0'36
IV.	7'02	7'13	0'11
Durée totale	30'	34'	4'

Abréviations :
P.S.O.N.Y. = Philharmonic Symphony Orchestra of New York
B.S.O. = Boston Symphony Orchestra (1959)

est, lors de chacune de ses interventions, parfaitement intégré à un orchestre aux détails des plus raffinés. Qu'on écoute les incises du triangle et des timbales durant le *Scherzo* ou les coulés des deux pianos dans le *Finale* ! Il en va de même avec la luminosité des bois et des cordes au cours de l'*Adagio*.

Munch fait de cette méditation une prière très pure, un acte de recueillement latin, là où certaines baguettes d'éducation germanique se prenaient pour les interprètes du mouvement lent d'une symphonie de Brahms. On ne peut pas, ici, rester insensible à sa capacité d'adaptation aux paramètres stylistiques de telle ou telle musiques. En définitive, sa lecture de la *Symphonie en ut mineur* montre une compréhension totale de l'art de Saint-Saëns. Sachant l'auteur du *Carnaval des animaux* classique jusqu'au fond de l'âme, le chef retient sans cesse ses pulsions romantiques. Mieux, il les laisse oublier.

FRANZ SCHUBERT (1797-1828)

Deuxième Symphonie en si bémol majeur, D. 125

Boston Symphony Orchestra
Boston (Symphony-Hall) ; date d'enregistrement non précisée
RCA (ND)

Huitième Symphonie en si mineur, dite *Inachevée, D. 759*

Boston Symphony Orchestra
Boston (Symphony-Hall), 1958
RCA VICS 1035 (ND)

Neuvième Symphonie en ut majeur, dite *La Grande, D. 944*

Boston Symphony Orchestra
Boston (Symphony-Hall) ; date d'enregistrement non précisée
RCA (ND)

Durant les années qu'il passa en Saxe, Munch eut souvent l'occasion de jouer les symphonies de Schubert au Gewandhaus. Une tradition d'interprétation de ses œuvres orchestrales y existait depuis le jour de 1839 où Felix Mendelssohn avait conduit la création mondiale et posthume de la *Neuvième Symphonie* dite *La Grande*. Au cours de son séjour leipzigois, Wilhelm Furtwängler se comporta en émule de l'auteur du *Songe d'une nuit d'été*. Schubert apparaissait alors de manière régulière dans les programmes et, une fois chargé des Berliner Philharmoniker, il continua sur cette lancée. Aujourd'hui, sa discographie ne comporte pas moins de 24 gravures différentes d'œuvres signées par le compositeur viennois. Cependant, ces partitions sont au nombre de trois : la musique de scène pour *Rosamonde*, la *Huitième* et la *Neuvième*. Munch, pour sa part, eut la sagesse de ne pas laisser un enregistrement des pièces destinées à rehausser le drame d'Helmina von Chézy. Son sens très relatif du théâtre n'y aurait pas fait florès.

Il enregistra trois symphonies de Schubert avec le Boston Symphony. A savoir la *Deuxième*. Et — à l'instar de Furtwängler — la *Huitième* et la *Neuvième*. Le choix de l'*Inachevée* résulta, aussi, d'impératifs commerciaux prônés par la firme RCA. En publier une version correspondait à un alignement sur les standards les plus communs du répertoire symphonique et assurait une diffusion universelle. Comme la vision munchienne des *Deuxième* et *Neuvième Symphonies* ne paraît pas tout à fait digne de passer à la postérité, concentrons notre intérêt sur sa lecture de la *Huitième*. Elle présente des caractéristiques particulières, liées à une adéquation relative du grand berliozien à la sensibilité de l'homme du *Voyage d'hiver*.

Lorsque Munch manifeste ici son émotion, lorsque sa bonhomie, sa chaleur, son lyrisme et sa tendresse s'expriment, il est assez proche de la psychologie schubertienne. On est cependant enclin à formuler de nettes réserves quant à un double aspect de la *Huitième* selon lui. En premier lieu, il a tendance à se livrer à une surinterprétation, très représentative d'une partie des chefs de la génération des années 1890. Le thème des cordes ouvrant l'*Andante con moto* est digne de l'épithète britannique *too much*. Un commentaire analogue surgit devant le sort qu'il fait aux trémolos du mouvement initial. En second lieu — la présente observation découle de la précédente — une réflexion stylistique préalable à l'exécution de l'*Inachevée* manque cruellement. Alors qu'il témoignait un respect infini devant le classicisme de Beethoven, il refuse de voir son continuateur en Schubert. Dominé par une imagerie très forte et sommaire, persuadé de la part prédominante des *Lebensstürme* chez le poète des *Lieder*, il reste au degré de splendides gravures romantiques. De pareils clichés sont perceptibles à l'audition des coups de boutoir dont Munch garnit l'*Allegro moderato*. Comme les passages *fortissimo* qui le permettent.

Ces éclaircissements montrent que le romantisme commençant de Schubert n'est pas celui — accompli — de Berlioz. Ni celui de Liszt, dont on aurait aimé que Munch enregistre les poèmes symphoniques. Il aurait brillé dans *Les Préludes* ou *Du berceau à la tombe*. En outre, sa lecture de l'*Inachevée* précise, une fois encore, les limites de l'intéressé. La réflexion musicologique, le travail à caractère historique ne le fascinaient pas. Il leur préférait la seule générosité et une intuition émotionnelle.

ROBERT SCHUMANN (1810-1856)

Première Symphonie en si bémol majeur, dite *Le Printemps,*
opus 38

Boston Symphony Orchestra
Boston (Symphony-Hall), 1951
RCA Victrola 47662 (ND)

Une discographie fort réduite, inversement proportionnelle à la notoriété du compositeur et au nombre considérable de soirées durant
lesquelles Munch — le violoniste — le joua : tel est l'état des enregistrements de Schumann par le Strasbourgeois. Certes, d'aucuns prétendent
qu'Alfred Cortot grava le *Concerto pour piano en la mineur*, opus 54
avec Charles, lors de l'équipée londonienne de la *Société des Concerts*,
en 1946. Mais la firme Decca réplique qu'il s'agit d'une erreur. Et
l'amateur se perd, dès lors, en conjectures.

Il se consolera par l'audition de la *Première Symphonie*, dite *Le
Printemps*. Pour constater que les années passées en compagnie de
Furtwängler furent, pour Munch, des plus profitables. Le *Doktor*
conduisit à Leipzig presque toutes les œuvres orchestrales de l'auteur du
Carnaval. Munch put donc prendre le pouls d'une tradition liée à la cité
saxonne. L'opus 38 y avait eu sa création mondiale en 1841 et le
Concerto pour piano cinq ans plus tard. Toute expérience profite, même
si elle est lointaine.

Enfin, on est redevable aux disques Montaigne d'avoir récemment
exhumé une belle version de concert de la *Quatrième Symphonie en ré
mineur* opus 120, conduite à Stuttgart le 5 avril 1966 lors d'une tournée
de l'Orchestre National. Les références de cet enregistrement figurent à
la rubrique Anthologies.

RICHARD STRAUSS (1864-1949)

Till Eulenspiegels lustige Streiche, poème symphonique opus 28

Boston Symphony Orchestra
Boston (Symphony-Hall), 1961
RCA Victrola VL 84490 (D)

En dehors du disque indiqué ci-dessus et d'une interprétation de la *Danse des sept voiles* de *Salomé*, donnée lors d'un concert radiodiffusé de l'Orchestre National, nous ne possédons pas d'autres lectures straussiennes par Munch. Cette constatation est paradoxale. La production symphonique de l'homme d'*Elektra* ne flatte-t-elle pas les ressources les plus brillantes de l'art de la direction? N'offre-t-elle pas une palette abondante en matière de programmation, entre les *Concerti pour cor*, la *Burlesque*, les suites du *Rosenkavalier*, les *Quatre derniers Lieder*? Ne provoque-t-elle pas des effets spectaculaires, grâce à la *Symphonie alpestre*, à la *Domestica*, aux *Métamorphoses*, et — surtout — aux célèbres poèmes symphoniques intitulés *Don Juan, Une vie de héros, Macbeth, Mort et Transfiguration, Ainsi parlait Zarathoustra*? N'oublions pas, non plus, *Don Quichotte*. Les grands violoncellistes aiment l'inscrire à leur répertoire.

Pourtant, Munch ne fit que de rares incursions en territoire straussien. Une culture commune, celle de l'Europe centrale, aurait dû le rapprocher du compositeur bavarois, de vingt-sept ans son aîné. En outre, il l'avait vu, presque adolescent, diriger à Strasbourg en 1905. Rien n'y fit. Pas même l'admiration de l'auteur d'*Ariane à Naxos* pour la musique française, sa vénération de *Pelléas et Mélisande* ou son travail d'adaptation en allemand du *Grand Traité d'Instrumentation* de Berlioz. Un échange, en cette zone partagée, était donc impossible. Précisons que deux sortes de facteurs ont certainement empêché notre Alsacien de devenir, dans l'hypothèse où il l'aurait désiré, un interprète *emeritus* de Strauss. Au moment où le protégé de Hans de Bülow était septuagénaire, un autre chef de la même génération — puisque né en 1894 — , Karl Böhm, se voyait promu au rang de favori. Il créerait, entre autres, *La femme silencieuse* à Dresde en 1935. En outre, comme Strauss ne composait presque plus que pour le théâtre lyrique, Munch se trouva écarté d'office de la liste des prétendants. Il excellait uniquement au concert.

La complaisance du vieux maître à l'égard du régime nazi exaspéra Munch. Sans entrer dans les subtiles considérations développées par Jack-Alain Léger au cours du roman *Wanderweg*, biographie à peine déguisée de Strauss, notre Alsacien voua un pareil comportement aux gémonies. Tant et si bien que la rencontre entre les deux hommes par le biais de fréquentes exécutions d'*Une vie de héros* ou de *Don Juan* devint impossible. Pourquoi formuler de telles suppositions ? L'enregistrement de *Till Eulenspiegel*, réalisé à Boston en 1961 et couplé au *Roméo et Juliette* de Tchaïkovsky dans certains cas, à la *Sérénade pour cordes* dans d'autres, laisse entrevoir de manière éclatante quelles affinités musicales Munch se serait découvertes avec Strauss... Voici donc un disque somptueux, en dépit des magies bien connues du Digital Remastering. Ses quinze minutes donnent l'impression — rarissime — de ne durer que le tiers de leur déroulement objectif. A quelles caractéristiques cette performance tient-elle ? D'abord, les exécutants de *Till* sont valeureux. Le Konzertmeister du Boston Symphony, le cor solo — bien sûr — , la clarinette, la trompette, le contrebasson — aussi — et le timbalier montrent une bravoure peu courante.

Ensuite, Munch procède à une idéale mise en images de la musique. Les épisodes de *Till* étant découpés avec l'alacrité dont usa Leopold Stokowski pour *Fantasia* de Walt Disney en 1940, on suit aisément les farces du héros populaire flamand comme son arrestation et son exécution au son du tambour. Enfin, la jovialité de l'ancien directeur de la Société des Concerts, sa gourmandise le poussant vers des orchestrations colorées sont ici tout indiquées. Il sait, en particulier, rendre claires et lisibles les intentions de Strauss. Jamais guidé par un esprit de surenchère, Munch débarrasse l'œuvre des amas de cellulite déposés par nombre de ses confrères. En ce sens, il retrouve — à quelque part — la manière de Strauss quand il était lui-même au pupitre et se montre très français. Une telle capacité de stylisation élégante n'était-elle pas le propre de chefs comme Henri Büsser, Eugène Bigot, Camille Chevillard ou Paul Vidal, longtemps chargé des destinées de l'Opéra de Strasbourg ?

PIOTR ILITCH TCHAÏKOVSKY (1840-1893)

D'un côté, un artiste exceptionnel poussé par des pulsions morbides qu'accentuait une homosexualité mal vécue. De l'autre, un bon vivant prompt à festoyer : l'entente entre Tchaïkovsky et Munch était impossible. Une espèce de compromis fut, cependant, trouvé afin de ne pas priver les abonnés du Boston Symphony ou de certaine maison de disques — soucieuse de profit pour des raisons immanentes — des œuvres les plus célèbres du compositeur russe. Une seule exception devait, néanmoins, confirmer la règle issue d'une aussi vive incompatibilité d'humeur. Elle est représentée par un magnifique enregistrement de *Roméo et Juliette*.

Pour le reste, Charles se tint à une réserve affirmée. On ne trouve pas les ballets *La belle au bois dormant*, *Casse-Noisette* et *Le lac des Cygnes* — un des préférés de Pierre Monteux — sous sa baguette. Il évita, avec adresse, les « scies » que sont devenues l'*Ouverture 1812*, le *Premier Concerto pour piano* ou les *Variations Rococo*, opus 33. A Leipzig, Arthur Nikisch et Wilhelm Furtwängler avaient imposé Tchaïkovsky aux mélomanes. Le Gewandhaus lui était voué corps et âme. Notre Alsacien prendra un chemin inverse. Seules cinq œuvres, dues à l'auteur d'*Eugène Onéguine*, devaient figurer à sa discographie.

Concerto pour violon en ré, opus 35

Henryk Szeryng, violon
Boston Symphony Orchestra
Boston (Symphony-Hall), 1962
RCA Victrola 940.039 (ND)

Sur la pochette de ce disque figure la reproduction du tableau d'Ilia-Iéfimovitch Répine *Les haleurs de la Volga*, peint en 1870 et donné ici — à tort — comme une *Procession paysanne de la province de Koursh*. Sans vouloir faire du mauvais esprit, force est de constater que l'auditeur risque de ressembler, à certains moments, à ces malheureux ilotes russes chargés de tirer — telles des bêtes de somme — les navires enlisés dans les sables du grand fleuve. Par la faute du violoniste mexicain d'origine polonaise Henryk Szeryng.

Le soliste montre une justesse assez approximative; pis, il s'écoute jouer. Comme dans *Les trilles du diable* de Tartini, transcrits par Fritz Kreisler, donnés en complément de la deuxième face avec le pianiste Charles Reiner. Mais pour revenir au *Concerto* de Tchaïkovsky, son partenaire — Charles Munch — s'ennuie ferme. En dépit de l'émotion passagère de la *Canzonetta* où l'on retrouve l'âme d'un ancien violoniste, des phrases éperdues du premier mouvement et de la *Coda* conclusive de l'*Allegro vivacissimo,* le maestro strabourgeois fait son devoir. Ni plus ni moins. Voilà, en l'espèce, une belle occasion ratée. Comme on l'a vu, Munch travailla — à Leipzig — dans la tradition élaborée, au Gewandhaus, par Arthur Nikisch pour l'exécution des œuvres de Tchaïkovsky. Il joua certainement le *Concerto* opus 35 lui-même pendant ses années alsaciennes. De plus, il n'est pas exclu que Szeryng se soit servi, pour le présent enregistrement, du Guarneri détenu longtemps par Munch.

Roméo et Juliette, ouverture-fantaisie
Sérénade pour cordes, opus 48

Boston Symphony Orchestra
Boston (Symphony-Hall), 1960
RCA Gold Seal AGL 1 -5218 (D)

Un enregistrement de 1960, ayant subi un traitement digital et bénéficié des avantages du système analogique? Oui. Dans le but de le faire figurer parmi la collection Legendary Performers, lancée par RCA pour mettre en valeur les Ormandy, Reiner et autres Stokowsky de son catalogue. Comme ces immortels sans coupole, Munch a droit à un timbre-poste le représentant, puisqu'il s'agit de la maquette retenue pour cette peu tchaïkovskienne pochette. On le voit donc de profil, représenté par un certain Olbinsky; il regarde deux colombes en train de voler tandis qu'un thème en mi bémol traverse le milieu de sa chevelure. Comme la *Sérénade pour cordes*? De toute évidence, Munch n'avait pas un des feelings majeurs de la musique russe: l'âme des chants populaires. Leur traitement en forme de choral, durant la première et la dernière des pièces constituant l'opus 48 de Tchaïkovsky, s'en ressent nettement. Quant aux cordes du Boston Symphony, elles sont d'autant moins à leur affaire ici qu'elles seront éblouissantes pour *Roméo et Juliette.*

Disons-le sans ambages: les amants de Shakespeare conviennent à Munch de manière idéale. On tient là un de ses grands enregistrements, en dehors de ses lectures de Berlioz. D'ailleurs, ce nom vient à point

nommé. Comme inspirateur de Tchaïkovsky, admirateur du dramaturge britannique d'une façon si forte qu'il écrit aussi un *Roméo*, et —
surtout — romantique éminent. Cette dimension est également la carte
de visite de Munch. Il y a, dans la sombre Vérone à la russe, des éclats,
des râles, des heurts et des cris dignes de la *Fantastique*, sinon de *La
Damnation de Faust*. La scène d'amour selon l'auteur de la *Pathétique*
ressemble même, par instants, à celle composée par Berlioz. Un des plus
éminents chefs d'aujourd'hui, Seiji Ozawa, a — d'ailleurs — eu l'excellente idée de rassembler des extraits des *Roméo* signés Berlioz, Prokofiev et Tchaïkovsky le long d'un disque réalisé avec le San Francisco
Symphony. Les humeurs hypocondriaques de Tchaïkovsky conviennent
tellement à la personnalité de notre Alsacien que le Boston Symphony,
électrisé, crée une pâte sonore ample et épaisse. Du Delacroix mélancolique, lorsque — à la fin — retentit une batterie funèbre des timbales,
suivie d'une large plainte des violoncelles et des contrebasses. Toute la
passion naturelle de Munch transparaît ici, une passion qui — comme
l'amour — rime avec une immense générosité. Délectons-nous-en plusieurs fois pour une !

Quatrième Symphonie en fa mineur, opus 36

Boston Symphony Orchestra
Boston (Symphony-Hall), 1963
RCA Victrola 941.678 (ND)

Tchaïkovsky est à ce point populaire en Amérique du Nord et ses
symphonies y sont si souvent jouées qu'on s'étonnera de ne trouver que
la *Quatrième* et la *Sixième* dans la discographie munchienne vouée à
cette grande forme. Munch s'abstint, en effet, d'enregistrer les quatre
autres. En prenant une telle décision, il éloigna de lui les succès liés aux
interprètes de cette galerie de tableaux auxquels on a donné les appella-
tions de *Rêves d'hiver*, de *Petite Russienne* ou de *Polonaise*. Toscanini,
lui, fut sensible aux arguments des responsables de la RCA. Il occupa les
studios de cette firme pour célébrer le grand compositeur russe. L'opus
36 par Munch ? En dépit d'un savoir-faire impressionnant, l'intérêt
intrinsèque de sa prestation est étroit.

Sixième Symphonie en si mineur dite *Pathétique*, opus 74

Boston Symphony Orchestra
Boston (Symphony-Hall), date d'enregistrement non précisée
RCA GD 86527
CD

Même commentaire que pour la *Quatrième*. Cependant, l'intérêt de la présente réédition tient au complément de programme accompagnant la *Pathétique*. On y trouve, en effet, le *Roméo et Juliette* de 1960, magnifié par les sortilèges du disque compact. De ce fait l'amateur n'hésitera pas, même s'il doit débourser un peu trop...

RICHARD WAGNER (1813-1883)

Ouverture de *Tannhaüser*
Chevauchée des Walkyries
Lever du jour et voyage de Siegfried sur le Rhin

Boston Symphony Orchestra
Boston (Symphony-Hall), 1962
RCA Victor 88.327 (ND)

Charles Munch appartenait à une génération dite wagnérienne, dans le sens où l'auteur d'*Opéra et Drame* la marqua de ses théories. L'emploi du verbe marquer dénote, d'ailleurs, plus d'un sous-entendu ironique. On sait que la tentative de germanisation culturelle à outrance des territoires annexés se réalisa, en bonne partie, par l'exécution fréquente des œuvres de Wagner à l'Opéra de Strasbourg. Charles Munch assista certainement à quelques représentations de *Lohengrin*, *Parsifal* ou *Tristan*. Il y prit peut-être même part.

Cependant, comme il n'eut jamais la fibre théâtrale — en dépit du *Pelléas* de Florence et de supputations autour de *Tristan* comme de deux journées du *Ring* — , notre homme s'abstint longtemps de graver du Wagner. Pas même les *Wesendonck-Lieder* ou *Siegfried-Idyll*. En outre, des préventions inconscientes à l'égard du chantre de la *Germania* durent jouer dans sa réserve. Finalement, en 1962, au moment de quitter Boston de manière définitive, il se ravise. Peut-être aussi devant l'insistance des responsables de la RCA, désireux de le voir se lancer dans un programme dit populaire et propice à la bravoure d'autres baguettes célèbres. Toscanini ne s'était-il pas livré à cet exercice, lui qui avait conduit *Parsifal* dans le sanctuaire de Bayreuth?

Un excellent commentaire des interprétations wagnériennes du fondateur de l'Orchestre de Paris est fourni par quelques phrases d'Edgar Varèse. Evoquant les passages de la *Tétralogie* les plus significatifs à ses oreilles, l'auteur d'*Octandre* écrit: « Précisons: à condition de ne pas entendre ces fragments dirigés par Toscanini. La musique tourne au sucre, au diabète, au soporifique. Non, il faut Munch ou Strauss! » Cette définition est un compliment suprême. Mais, en raison des préjugés négatifs de l'Alsacien, elle demeurera éternellement un rêve. Que sont, en effet, quelques highlights épars au regard d'un *Crépuscule des dieux* intégral?

WILLIAM WALTON (1902-1983)

Concerto pour violoncelle et orchestre

Gregor Piatigorsky, violoncelle
Boston Symphony Orchestra
Boston (Symphony-Hall), 1961
RCA Gold Seal 89901 (ND)

Connaissez-vous Sir William Walton, une des gloires de la musique britannique du vingtième siècle avec Benjamin Britten ? Ce compositeur aimait à se présenter comme « un classique ayant un puissant penchant pour le lyrisme ». En 1928 — il a vingt-six ans — il écrit un *Concerto pour alto* à l'intention de Paul Hindemith. Une décennie plus tard, en 1939, Jascha Heifetz lui commande un *Concerto pour violon*. Devenu, par sa réputation et la célébrité des solistes interprétant ses œuvres, persona grata auprès de la famille royale anglaise, William Walton reçoit en 1951 une demande très importante : écrire un *Te Deum* pour le couronnement d'Elizabeth II. Il s'acquitte de cette tâche avec habileté.

Quelques années passent. Il rencontre Gregor Piatigorsky. Le virtuose lui commande également un *Concerto* destiné à son instrument. La création mondiale en aura lieu au Symphony-Hall de Boston le 13 février 1957, Munch étant au pupitre. Le succès est tel qu'un enregistrement de la partition est réalisé, avec les mêmes interprètes, courant 1961. Depuis, le *Concerto* de Walton a, en dehors de fréquentes exécutions outre-Manche comme en Amérique du Nord, été gravé à trois reprises par Ralph Kirshbaum, Yo-Yo Ma et Paul Tortelier. Une pareille fréquence provient du précieux parrainage de Munch et de Piatigorsky. Si le célèbre chef avait refusé de diriger l'œuvre, si le celliste ne l'avait pas demandée à Walton, le répertoire serait demeuré à un pitoyable statu quo. Couplée à *Schelomo* d'Ernest Bloch, elle constitue désormais un disque très représentatif d'une des tendances de la musique pendant la première moitié du vingtième siècle.

ANTHOLOGIES

JOYAUX DE LA MUSIQUE RUSSE

Nicolaï Rimsky-Korsakov : *La Grande Pâque Russe*, ouverture, opus 36
Alexandre Borodine : *Dans les steppes de l'Asie centrale*
Modeste Moussorgsky : *La Khovantschina*, fragments
Nicolaï Rimsky-Korsakov : *Le Coq d'Or*, fragments
Orchestre National de l'O.R.T.F.
Paris, octobre/novembre 1966
Festival Classique FC 439 (ND)

Un programme serpent de mer pour les concerts symphoniques du dimanche après-midi, à une époque où ils existaient encore, une contradiction de la part de Munch — « On abuse beaucoup des festivals »... : ainsi est-on enclin à décrire de façon sommaire les présents *Joyaux de la musique russe*.

En outre, Munch ne fait guère — ici — son miel de la filiation Berlioz - Rimsky-Korsakov dans l'art d'instrumenter. Célèbre pour son sens de la dynamique et de la tension, il les oublie fréquemment, montrant une irrégularité que ses détracteurs se plaisaient à souligner. On en comprend d'autant moins la recommandation du magazine *Records and Recordings* : « Même si vous possédez déjà toutes ces œuvres, je vous conseille vivement d'acheter ce disque, car il est vraiment hors ligne... »

LES MUSICIENS FRANÇAIS

Œuvres de Chausson, d'Indy, Dukas, Franck, Milhaud, Poulenc et Saint-Saëns.
Nicole Henriot-Schweitzer, piano
David Oïstrakh, violon
Boston Symphony Orchestra
RCA 940.009/12 (ND)

Le présent coffret comportait quatre disques. Il obtint le Grand Prix de l'Académie Charles Cros mais n'était, en réalité, qu'un habile agencement d'enregistrements préexistants. Chacun d'entre eux a été passé en revue au cours de cet ouvrage. A l'exception — toutefois — du *Poème* d'Ernest Chausson, interprété par le légendaire violoniste soviétique David Oïstrakh. Sa prestation est un enchantement suprême !

L'ORCHESTRE DE PARIS ET CHARLES MUNCH

Œuvres de Berlioz, Brahms, Honegger et Ravel
Nicole Henriot-Schweitzer, piano
Orchestre de Paris
Paris, octobre 1967 à septembre 1968
EMI 2 C 165-52511/4 (ND)

La firme EMI a publié ce coffret en 1978, pour commémorer le dixième anniversaire de la disparition de Münch. L'ensemble des pages qui le composent a été repris dans nos précédentes analyses. Par voie de conséquence, il s'agit encore d'une construction effectuée à partir d'enregistrements épars.

CHARLES MUNCH DIRIGE L'ORCHESTRE NATIONAL

Claude Debussy : *Iberia, Fantaisie pour piano et orchestre, La mer*
Arthur Honegger : *Première Symphonie*
Henri Dutilleux : *Deuxième Symphonie*, dite *Le Double*
Albert Roussel : *Bacchus et Ariane*, deuxième suite
Nicole Henriot-Schweitzer, piano
Orchestre National
Paris, Théâtre des Champs-Elysées, 8 mai et 5 juin 1962
Disques Montaigne/INA TCE 8730 (D)

Hector Berlioz : Ouverture de *Benvenuto Cellini*, Ouverture du *Corsaire*, Symphonie fantastique, opus 14
Orchestre National
Baden-Baden, 1966 ; Montréal, 25 septembre 1967 ;
Besançon, 13 septembre 1964
Enregistrements réalisés en public
Disques Montaigne MUN 2011 (D)
CD

Johannes Brahms : *Deuxième Symphonie en ré majeur*, opus 73
Robert Schumann : *Quatrième Symphonie en ré mineur*, opus 120
Orchestre National
Paris, Théâtre des Champs-Elysées, 16 novembre 1965
Stuttgart, 5 avril 1966
Enregistrements réalisés en public
Disques Montaigne MUN 2021 (D)
CD

Paul Dukas : *La Péri*
Gabriel Fauré : *Pelléas et Mélisande*, suite d'orchestre
César Franck : *Symphonie en ré mineur*
Orchestre National
Montréal, 25 septembre 1967
Enregistrement réalisé en public
Disques Montaigne MUN 2031 (D)
CD

Albert Roussel : *Bacchus et Ariane, Troisième Symphonie en sol mineur*, opus 42, *Quatrième Symphonie en la majeur*, opus 53
Orchestre National
Edimbourg, 19 août 1964 ; Besançon, 13 septembre 1966
Paris, Théâtre des Champs-Elysées, 22 novembre 1966.
Enregistrements réalisés en public
Disques Montaigne MUN 2041 (D)
CD

Ces cinq enregistrements ne sont disponibles que dans les FNAC.

Quelques mois avant de quitter définitivement la direction du Boston Symphony, Charles Munch renoue avec une grande formation française. Il effectue son retour parisien à la tête de l'Orchestre National, lors de deux concerts programmés au Théâtre des Champs-Elysées.
Le 8 mai 1962, dans le cadre d'un hommage rendu par la capitale à Claude Debussy dont on célèbre — cette année-là — le centenaire de la naissance, Munch enflamme le public et la critique avec *Iberia*, *La mer* et la *Fantaisie pour piano et orchestre*. La partie soliste de cette dernière œuvre est assurée par Nicole Henriot-Schweitzer. Le 5 du mois suivant, le tandem Munch-National récidive au cours d'une soirée vouée à la *Première Symphonie* d'Honegger, à la *Deuxième* de Dutilleux et à la seconde suite de *Bacchus et Ariane* d'Albert Roussel. Dorénavant,

Munch se produira régulièrement à Paris ou en tournée à l'étranger avec l'Orchestre National.

Lorsqu'on observe chaque rencontre du maestro et de la formation naguère confiée à Désiré-Émile Inghelbrecht, on assiste à un véritable coup de foudre artistique. Après les deux concerts de 1962, publiés au printemps 1987, et avant plusieurs autres prestations consacrées à Beethoven, Ravel, Debussy, Honegger et Berlioz, une nouvelle série d'enregistrements réalisés en public vient — grâce au disque compact — témoigner avec éclat de ces affinités électives.

Édités par les disques Montaigne à partir de bandes radiophoniques, ces jalons inattendus du catalogue de Munch sont précieux à un double titre. D'une part, ils comblent quelques-unes des lacunes les plus criantes de sa discographie. Si nombre d'œuvres gravées ici ont fait l'objet d'enregistrements en studio pour de grandes compagnies, la plupart d'entre elles, comme on a pu le constater au long de nos *Explorations discographiques*, ont — pour l'essentiel — été retirées du commerce. Ainsi en va-t-il de diverses compositions de Debussy, Honegger, Dutilleux, Roussel, Brahms, Schumann ou Franck, ainsi que de certaine ouverture de Berlioz. Les fervents de Munch se réjouiront, au demeurant, que les œuvres retenues par l'éditeur appartiennent toutes au répertoire de prédilection de notre Strasbourgeois. Il évolue ici en pleine intimité avec chacune d'entre elles.

Mais il y a plus. Au-delà du service signalé rendu à la discographie munchienne, on dispose soudain d'une série de documents exceptionnels : Charles Munch pris sur le vif, en public. Aux côtés du National transcendé par sa présence magnétique, on entend littéralement l'enthousiasme et la fougue du maestro. La mémoire que nous avons de lui serait restée incomplète s'il n'avait pas existé de tels témoignages relatifs à son formidable appétit de musique. Munch faisait, plus qu'aucun autre, de cette présence collective quasi créatrice la pierre angulaire de ses interprétations. Elle sublimait dans l'instant son inspiration et sa parfaite connaissance des œuvres. Aussi ces enregistrements s'imposent avec une force exceptionnelle. Ils constituent des moments essentiels de l'aventure discographique du chef alsacien.

PRINCIPALES CRÉATIONS MONDIALES

DIRIGÉES PAR CHARLES MUNCH

Nom et prénom du compositeur Titre de l'œuvre	Année	Orchestre
Aubert Louis *Les saisons*	1937	O.P.P.
Bozza Eugène *Concertino pour saxophone*	1939	S.C.C.
Barber Samuel *Die Natali* *Prayers of Kierkegaard*	1956 1959	B.S.O. B.S.O.
Casadesus Robert *Symphonie en ré majeur*	1935	O.P.P.
Copland Aaron *Ode symphonique*	1960	B.S.O.
Dutilleux Henri *Deuxième symphonie*, dite *Le double*	1959	B.S.O.
Ferroud Pierre-Octave *Types*	1936	O.P.P.
Françaix Jean *Concerto pour piano* *Musique de Cour*	1937 1937	O.P.P. O.P.P.
Harsanyi Tibor *Les Pantins*	1938	S.C.C.
Honegger Arthur *Chant de Libération* *Troisième Symphonie*, dite *Liturgique* *Cinquième Symphonie*, dite *Di tre re*	1946 1946 1951	S.C.C. B.S.O.
Ibert Jacques *Bostoniana*	1956	B.S.O.
Jolivet André *Trois complaintes du soldat* *Première Symphonie*	1943 1953	S.C.C. O.N.R.

Landowski Marcel		
Deuxième Symphonie	1965	O.N.R.
Lourié Arthur		
Concerto spirituale	1936	O.P.P.
Markévitch Igor		
Le paradis perdu	1936	O.P.P.
Malipiero Gian-Francesco		
Concerto pour violon	1938	S.C.C.
Martinon Jean		
Psaume 136	1943	S.C.C.
Martinü Bohuslav		
Concerto pour violoncelle	1938	S.C.C.
Sixième Symphonie	1956	B.S.O.
Milhaud Darius		
Quatre poèmes de Ronsard	1935	O.P.P.
Sixième Symphonie	1955	B.S.O.
Cantate *Pacem in terris*	1963	O.N.R.
Piston Walter		
Sixième Symphonie	1956	B.S.O.
Poulenc Francis		
Concerto pour piano	1950	B.S.O.
Gloria	1961	B.S.O.
Rieti Vittorio		
Concerto pour piano	1938	S.C.C.
Schmitt Florent		
Oriane sans égale	1937	O.P.P.
Légende pour saxophone alto	1938	S.C.C.
Stèle pour le tombeau de Paul Dukas	1938	S.C.C.
Vogel Vladimir		
Tripartita	1938	S.C.C.
Walton William		
Concerto pour violoncelle	1957	B.S.O.

Abréviations
B.S.O. = Boston Symphony Orchestra
O.N.R. = Orchestre National de l'O.R.T.F.
O.P.P. = Orchestre Philharmonique de Paris
S.C.C. = Société des Concerts du Conservatoire

REMERCIEMENTS

L'auteur adresse ses vifs remerciements aux personnes qui l'ont aidé dans sa tâche :

Mlle Irène Aitoff
M.   Guy Arnaud
M.   Frank Baudoux, *TF1*
Mlle Joann Bennett, disques *EMI*
M.   Bruno Brochier
M.   Hervé Desarbre, Orchestre de Paris
M.   Didier Durand, Orchestre de Paris
M.   Gabriel Dussurget
M.   Henri Dutilleux
Mme   Elisabeth Furtwängler
Mme   Eleanor McGourty, Boston Symphony Orchestra
M.   Daniel R. Gustin, Boston Symphony Orchestra
M.   Pierre Jourdan
M.   Bernard Julien, disques *Erato*
Mme   Elisabeth Koehler, disques *Deutsche Gramophon*
M.   Alain Lanceron, disques *EMI*
M.   Marcel Landowski, de l'Institut
M.   Eric Lipmann
Mlle Willemien Schroeder, Orchestre Philharmonique de Rotterdam
M.   Albert de Sutter
M.   Gérard Verlinden
M.   Pierre Vozlinsky, Orchestre de Paris

Il exprime également sa gratitude aux artistes suivants, qui ont bien voulu lui accorder de longs entretiens consacrés à Charles Münch : M. Jean-Claude Casadesus, Mme Régine Crespin, Mme Victoria De Los Angeles, M. Gérard Souzay, Mme Rita Streich et M. Luben Yordanoff.

Enfin, il est particulièrement redevable à Mme Nicole Henriot-Schweitzer et à son époux, l'amiral Jean-Jacques Schweitzer, d'un certain nombre d'informations relatives aux origines familiales et à la psychologie de Charles Munch.

Cet ouvrage a été réalisé sur
Système Cameron
par la SOCIÉTÉ NOUVELLE FIRMIN-DIDOT
Mesnil-sur-l'Estrée
pour le compte des Éditions Belfond
le 26 octobre 1987

Imprimé en France
Dépôt légal : octobre 1987
N° d'édition : 2060
N° d'impression : 7946